"十三五"国家重点出版物出版规划项目

转型时代的中国财经战略论丛

高质量城镇化发展道路探索

杨志恒 著

中国财经出版传媒集团
经济科学出版社
Economic Science Press

图书在版编目（CIP）数据

高质量城镇化发展道路探索/杨志恒著.—北京：经济科学出版社，2021.1

（转型时代的中国财经战略论丛）

ISBN 978-7-5218-2331-8

Ⅰ.①高… Ⅱ.①杨… Ⅲ.①城市化-发展-研究-中国 Ⅳ.①F299.21

中国版本图书馆 CIP 数据核字（2021）第 018091 号

责任编辑：于海汛 王芝文
责任校对：刘 昕
责任印制：李 鹏 范 艳

高质量城镇化发展道路探索

杨志恒 著

经济科学出版社出版、发行 新华书店经销
社址：北京市海淀区阜成路甲 28 号 邮编：100142
总编部电话：010-88191217 发行部电话：010-88191522
网址：www.esp.com.cn
电子邮箱：esp@esp.com.cn
天猫网店：经济科学出版社旗舰店
网址：http://jjkxcbs.tmall.com
北京季蜂印刷有限公司印装
710×1000 16 开 15.5 印张 240000 字
2021 年 3 月第 1 版 2021 年 3 月第 1 次印刷
ISBN 978-7-5218-2331-8 定价：62.00 元
（图书出现印装问题，本社负责调换。电话：010-88191510）
（版权所有 侵权必究 打击盗版 举报热线：010-88191661
QQ：2242791300 营销中心电话：010-88191537
电子邮箱：dbts@esp.com.cn）

总　序

转型时代的中国财经战略论丛

　　山东财经大学《转型时代的中国财经战略论丛》（以下简称《论丛》）系列学术专著是"'十三五'国家重点出版物出版规划项目"，是山东财经大学与经济科学出版社合作推出的系列学术专著。

　　山东财经大学是一所办学历史悠久、办学规模较大、办学特色鲜明，以经济学科和管理学科为主，兼有文学、法学、理学、工学、教育学、艺术学八大学科门类，在国内外具有较高声誉和知名度的财经类大学。学校于2011年7月4日由原山东经济学院和原山东财政学院合并组建而成，2012年6月9日正式揭牌。2012年8月23日，财政部、教育部、山东省人民政府在济南签署了共同建设山东财经大学的协议。2013年7月，经国务院学位委员会批准，学校获得博士学位授予权。2013年12月，学校入选山东省"省部共建人才培养特色名校立项建设单位"。

　　党的十九大以来，学校科研整体水平得到较大跃升，教师从事科学研究的能动性显著增强，科研体制机制改革更加深入。近三年来，全校共获批国家级项目103项，教育部及其他省部级课题311项。学校参与了国家级协同创新平台中国财政发展2011协同创新中心、中国会计发展2011协同创新中心，承担建设各类省部级以上平台29个。学校高度重视服务地方经济社会发展，立足山东、面向全国，主动对接"一带一路"、新旧动能转换、乡村振兴等国家及区域重大发展战略，建立和完善科研科技创新体系，通过政产学研用的创新合作，以政府、企业和区域经济发展需求为导向，采取多种形式，充分发挥专业学科和人才优势，为政府和地方经济社会建设服务，每年签订横向委托项目100余项。学校的发展为教师从事科学研究提供了广阔的平台，创造了良好的学术生态。

习近平总书记在全国教育大会上的重要讲话，从党和国家事业发展全局的战略高度，对新时代教育工作进行了全面、系统、深入的阐述和部署，为我们的科研工作提供了根本遵循和行动指南。习近平总书记在庆祝改革开放40周年大会上的重要讲话，发出了新时代改革开放再出发的宣言书和动员令，更是对高校的发展提出了新的目标要求。在此背景下，《论丛》集中反映了我校学术前沿水平、体现相关领域高水准的创新成果，《论丛》的出版能够更好地服务我校一流学科建设，展现我校"特色名校工程"建设成效和进展。同时，《论丛》的出版也有助于鼓励我校广大教师潜心治学，扎实研究，充分发挥优秀成果和优秀人才的示范引领作用，推进学科体系、学术观点、科研方法创新，推动我校科学研究事业进一步繁荣发展。

伴随着中国经济改革和发展的进程，我们期待着山东财经大学有更多更好的学术成果问世。

山东财经大学校长

2018 年 12 月 28 日

前　言

转型时代的中国财经战略论丛

城镇化是地区发展理论与规划领域的重要议题之一。随着一个国家或地区社会生产力的发展、科学技术的进步以及产业结构的调整，城镇化的社会语境由传统乡村型社会向现代工业化社会演进，在这一过程中，城镇化的发展理念与指导思想不断与时俱进，体现了公众对社会发展共同愿景的预期，也是地区发展战略与公共政策的重要着力点。

当前，中国已完成全面建成小康社会的历史任务，处于"两个一百年"奋斗目标的历史交汇期，也是全面开启社会主义现代化强国建设新征程的重要机遇期。从全球经济发展形势来看，国际化进入分化阶段，全球新一轮产业分工和贸易格局加快重塑，尤其在新冠肺炎疫情冲击影响下，世界经济处于缓慢复苏阶段，面临诸多不确定因素，风险日益加深。从国内经济发展形势来看，面对经济下行压力增大、资源环境约束趋紧等问题的制约，速度换挡、结构优化、动力转换成为今后经济发展的大逻辑，对应的以工业化驱动的城镇化发展模式亟待转型，高质量发展成为新一轮城镇化发展的切入点和突破口。

新型城镇化提出"以人为本、四化同步、优化布局、生态文明、传承文化"，彰显了坚持发展第一要务，突出以人民为中心的发展思想，遵循城镇化发展规律，着眼长远、统筹兼顾，着力推动高质量发展。然而，基于中国经济发展和自然结构、地理环境极其复杂多变的社会现实，人们对任何一种宏大理论和构想都会存在分歧，这种分歧涉及到理念理解、指向价值判断、具体行动等方面，很多因素难以一概而知，需要对理念进行细致解读，并在实践中探索完善。

本书以高质量发展为着眼点，针对新型城镇化建设过程中不断涌现的问题开展了系列理论探索与应用实践，包括：构建城镇化高质量发展监测评价指标体系，为定量评价地区城镇化高质量发展水平提供理论技术支撑；立足新旧动能转换，寻求存量产业用地资源盘活和增量产业用地供给结构优化并举的新旧动能转换路径；提高土地资源要素保障发展能力和利用效率，防止闲置土地的形成，盘活现有闲置土地；关注"非正规经济"就业人员、"候鸟型"农民工、"民二代"等城市流动人口，改变低成本城镇化发展模式，提升城镇化的品质；坚持城乡融合发展，明确新型城镇化战略实施过程中乡村的新定位，推动乡村振兴和城乡社区同步建设，满足新时期社会转型发展与释放经济潜在动力的要求，追求国家和地区发展的长远利益和战略目标。

本书内容是国家自然科学基金青年项目（41501606；71704094）、国家社会科学基金青年项目（20CJY017）、教育部人文社会科学研究青年项目（13YJC790182）、农业农村部华东都市农业重点实验室开放课题（HD201803）、山东省自然科学基金面上项目（ZR2020MD012）、山东省社会科学规划项目（19CJJJ13，P202011105105518914）、山东财经大学青年骨干教师境外研修重点支持计划项目（2016年度）以及涉及城镇化发展的多项纵横项课题研究成果的汇集，并加以总结使之体系化，相关成果完成时间集中在2018年底至2020年初，所使用的数据均来自权威的统计年鉴、各级政府部门的信息公报以及权威行业发展报告等公开数据源，以2017年度为主。其中，部分内容得到李少星、曲衍波、吴先华、于兰军等专家的切实指导，在此一并表示感谢！

全书由杨志恒统稿撰写，曲永山、朱伟亚、李成友、李晨曦、刘朝旭、张英、王慧艳以及研究生沈能能、刘天天、侯纯纯参与了部分内容的研讨、资料收集整理等工作。限于作者水平，书中疏漏不当之处在所难免，恳请专家与读者提出宝贵的意见和建议。

杨志恒
2020年9月

目 录

转型时代的中国财经战略论丛

第1章 导论 ··· 1
  1.1 研究背景 ··· 1
  1.2 研究框架 ··· 4
  1.3 本书价值 ··· 6

第2章 城镇化高质量发展内涵 ································· 8
  2.1 "发展"的概念 ·· 8
  2.2 "质量"的解析 ··· 11
  2.3 高质量发展的界定 ······································· 13
  2.4 城镇化高质量发展的界定 ······························· 15

第3章 城镇化高质量发展机制 ································ 21
  3.1 城镇化高质量发展的理论支撑 ·························· 21
  3.2 城镇化高质量发展的内在逻辑 ·························· 23
  3.3 城镇化高质量发展的关键领域 ·························· 26
  3.4 城镇化高质量发展评价指标体系与评价方法 ·········· 29

第4章 城镇化高质量发展水平监测评价：山东省的实践 ···· 39
  4.1 城镇化高质量发展监测评价背景 ······················· 39
  4.2 山东省城镇化高质量发展监测评价理论体系 ·········· 41
  4.3 山东省城镇化高质量发展监测评价实践 ··············· 57
  4.4 推进山东省城镇化高质量发展的对策建议 ············ 79

第5章　新旧动能转换与产业空间发展：莱州市的实践 …………… 87
　　5.1　莱州市总体经济运行情况 ……………………………… 89
　　5.2　莱州市新旧动能转换与产业空间协同发展分析 ……… 102
　　5.3　面向新旧动能转换的莱州市产业空间优化方向 ……… 113
　　5.4　推动新旧动能转换的莱州市域产业空间布局指引 …… 137

第6章　城镇闲置土地形成原因与防治对策：山东省的实践 ……… 153
　　6.1　闲置土地相关概念 ……………………………………… 154
　　6.2　山东省闲置土地现状特征 ……………………………… 157
　　6.3　山东省闲置土地形成原因 ……………………………… 162
　　6.4　闲置土地处置经验与困难 ……………………………… 173
　　6.5　山东省闲置土地防治处置机制 ………………………… 183

第7章　农村人口进城定居影响动力分析：潍坊市的实践 ………… 190
　　7.1　农村人口进城定居理论分析框架 ……………………… 192
　　7.2　研究区域及数据来源 …………………………………… 195
　　7.3　分析方法 ………………………………………………… 196
　　7.4　结果和发现 ……………………………………………… 199
　　7.5　结论和讨论 ……………………………………………… 206

第8章　城乡联系视域下的乡村空间重构分析：济南市的实践 …… 208
　　8.1　城乡联系的相关研究 …………………………………… 210
　　8.2　城乡联系影响下的乡村空间重构 ……………………… 213
　　8.3　基于城乡联系的乡村空间重构实证分析 ……………… 215

第9章　面向时代转型的城镇化高质量发展路径 …………………… 222
　　9.1　推进措施 ………………………………………………… 222
　　9.2　现实路径 ………………………………………………… 225

参考文献 ………………………………………………………………… 227
后记 ……………………………………………………………………… 239

第1章 导 论

改革开放以来，中国经历了大规模的快速城镇化过程，取得了非凡的成就，引发了现代中国发展史上的最大社会变迁，不仅直接影响了中国的经济和社会发展进程，也极大地影响了世界经济一体化与多边贸易体制，成为全球城市发展史浓墨重彩的一笔。

1.1 研究背景

我国社会经济发展至今，城镇化建设步入转型期，面对片面注重城市规模的扩张，与农业转移人口市民化不同步，大城市与中小城市"两极分化"严重，城乡二元结构梗阻城乡一体化发展进程等现实问题，推进以人为核心的新型城镇化是新时代党中央作出的重大战略决策。为有效推进新型城镇化，党中央、国务院先后出台一系列重大举措。2014年，中共中央、国务院印发《国家新型城镇化规划（2014—2020年）》，随后国务院发布《国务院关于进一步推进户籍制度改革的意见》《关于深入推进新型城镇化建设的若干意见》《国务院关于实施支持农业转移人口市民化若干财政政策的通知》等文件，国家发展和改革委员会自2015年起逐年发布《新型城镇化建设重点任务》，将城镇化视为现代化的必由之路，坚持以促进人的城镇化为核心、提高质量为导向的新型城镇化战略，是乡村振兴和区域协调发展的有力支撑，其中《2019年新型城镇化建设重点任务》中特别提出坚持以人民为中心的发展思想，坚持稳中求进工作总基调，坚持新发展理念，坚持推进高质量发展，为本研究的展开指明了方向。

进入经济新常态以来，地区发展模式从规模扩张向质量提升转变，习近平总书记在中国共产党第十九次全国代表大会上作的报告《决胜全面建成小康社会 夺取新时代中国特色社会主义伟大胜利》中指出："我国经济已由高速增长阶段转向高质量发展阶段，正处在转变发展方式、优化经济结构、转换增长动力的攻关期，建设现代化经济体系是跨越关口的迫切要求和我国发展的战略目标。"在高质量发展宏观背景下研判我国城镇化发展的新趋势、新特点，以高质量发展为目标推动新型城镇化建设，是对中国经济高质量发展的重要支撑，也是当前和今后一个时期中国新型城镇化发展的根本指针，有着坚实的理论基础和重大的现实意义。

从全球范围来看，发展中国家进入 21 世纪后，城市化增长速度持续高于发达国家，但过快的城市化进程则引发了一系列问题，比如过度城市化、滞后城市化、城市发展不合理等，陷入发达国家曾经出现过的"中等收入陷阱"。破解发展中国家城镇化发展困境，必须转变城镇化的发展方式，践行第三次工业革命的发展理念，走绿色、可持续发展的新兴城镇化道路，提高城镇化水平和质量。而且受 2020 年新冠肺炎疫情影响，世界经济出现了大幅度的震荡，疫情蔓延使得全球产业链紊乱、供应链面临断裂危机，传统以工业制成品出口拉动的外向需求增长乏力，全球化面临停滞风险。而且有观点将疫情的爆发归咎于城市化的快速发展和城镇人口的集中居中，城市化程度高、城市人口高度密集和人口流动性大的地区受疫情的波及严重，开始从疫情处置层面反思城镇化发展模式，开展新的社会治理方式探索。

从国内来看，自改革开放以来，我国经历了世界历史上最快速的城市化发展历程，在短短四十余年间，城镇常住人口达到了 8.5 亿人，城市化率突破了 60%，平均每年提高 1 个多百分点，城镇建成区面积不断扩大，突破 10 万平方公里，其中城市建成区面积超过 5 万平方公里。由于我国城镇化快速发展过度依赖低成本的资源进行数量扩张，导致城镇化发展质量滞后。城镇化发展中"重面子轻里子""重地上轻地下""重硬件轻软件""重短期轻长期"等问题突出，造成城市功能不完善、不协调。城市地下空间普遍缺乏统一规划和有效利用。城市基础设施建设滞后，城市公共事业投入严重不足，一些大城市、超大城市交通拥堵、环境污染、住房紧张、空间拥挤、安全风险严重、生态空间不足等"城市病"显现。我国城镇化过程中存在的问题和矛盾如果得不到很好解决，势必影响城镇化健康有序发展，影响高质量发展进程。面对"后疫情时代"的挑战，转变城镇化发展方式，提高城镇化发展质量，是摆在我们面前的一项重大而紧迫的任务。

当前，我国已进入由高速增长向高质量发展转变的新时代，城镇化作为引领地区发展的重要战略与动力引擎，需要率先顺应时代发展潮流，实现高质量发展。坚持新型城镇化发展理念，紧扣社会主要矛盾变化，对加快经济社会发展转型步伐，奋力开创发展新局面具有重要的现实意义和深远的历史意义。

1. 城镇化高质量发展是实现高质量发展的重要支撑

高质量发展是着眼于发展方式转型与民生改善，以此解决诸多领域的发展不平衡不充分问题，最大限度满足人民日益增长的美好生活需要，而高质量的城镇化无疑是实现高质量发展的有力支撑。面向高质量发展的城镇化，将会促进更多高端要素向城镇集聚，支撑产业转型升级，为城镇化人口创造新的就业岗位，持续吸引人口向城镇转移，为经济发展增添动力，推动知识、技术的传播，带来观念碰撞和思想融合，由此极大地推进创新；同时，带动农村社会结构、经济结构及生活方式等变革，由向城镇单向流动转向城乡之间双向流动，弥补现有城镇化建设的短板和不足，形成支撑高质量发展的一系列基础。

2. 城镇化高质量发展是加快新旧动能转换的必由之路

新旧动能转换的核心是通过发展新技术、新产业、新业态、新模式，实现产业智慧化、智慧产业化、跨界融合化、品牌高端化。在新旧动能转换发展过程中，找准城镇化发展的新着力点和实施路径，通过推动城镇化高质量发展为地区发展注入新动力，建设集"扩内需、聚产业、促创新"于一体的新兴城镇化，摒弃高投入、高消耗、高排放的粗犷式发展模式，激发创新活力，推进科技创新、机制创新、管理创新，推动产业创新发展，将为农业现代化提供有力支撑，也为工业化和信息化发展提供空间，是有效推进新旧动能转换的关键。

3. 城镇化高质量发展助推乡村振兴

乡村振兴强调农村一二三产业融合发展和走城乡融合发展道路，这就需要新型城镇化战略与乡村振兴战略同步推进，一手抓新型城镇化，一手抓乡村振兴，统筹谋划、协同推进，城镇化高质量发展侧重要素高效利用与全面整合，是城乡产业融合发展的助推器和融合剂，有助于创新城乡融合发展的体制机制，推动美丽乡村建设，推进城市基础设施向农村覆盖、城市公共服务向农村延伸，促进城市现代文明向农村传播，构建城乡共同繁荣、区域协调的发展新格局。

4. 城镇化高质量发展推动生态文明建设

生态文明建设是中国特色社会主义事业的重要内容，关系人民福祉，关乎民族未来，事关"两个一百年"奋斗目标和中华民族伟大复兴中国梦的实现。传统的城镇化给生态环境造成了巨大的压力，城镇化高质量发展将充分考虑生态系统的承载能力，合理布置城镇的空间格局，不断加强生态保护与环境治理，提倡绿色的生活方式和消费模式，扭转环境污染、生态退化的被动局面，改善人居环境，造福子孙后代。城镇化高质量发展与生态保护战略相融合、相促进、共发展，着力建设资源节约型、环境友好型、绿色建设型社会，能够走出一条速度快、质量高、百姓富、生态美的发展新路。

5. 推进城镇化高质量发展是推进创新发展的必然要求

以城镇化推动质量变革、效率变革、动力变革，实现创新发展、持续发展、领先发展，能够为推进经济社会持续健康发展提供强大引擎，为实现人民共享改革发展成果奠定坚实基础。在城镇化进程中加强文化保护、传承与发展，有利于弘扬传统文化，彰显地方特色，丰富人民群众的精神文化生活，营造多元、包容、开放的城市文化氛围。

然而，由于城镇化的语义广泛（单卓然和黄亚平，2013；张占斌，2013；周剑云等，2018），对城镇化高质量发展尚未形成统一的认识以及为此目标所形成的一致行动，有必要对城镇化高质量发展进行系统的理论分析，明晰其内涵和发展机制，推动城镇化持续高效运行。

1.2　研究框架

本书从"发展""高质量"和"高质量发展"等基本概念入手，聚焦于城镇化的发展主旨与新时代发展理念的切换，借助经济学、地理学、管理学、社会学等学科知识与技术手段，开展系列理论研究与实践探索。研究遵从"理论分析—体系构建—应用实践"的思路，综合运用多种定性与定量分析方法，解析城镇化高质量发展的内涵，分析城镇化高质量发展的机制，探索"以人为本"的城镇化高质量发展重点，提出面向时代转型的城镇化高质量发展路径，具体思路框架如图 1-1 所示。

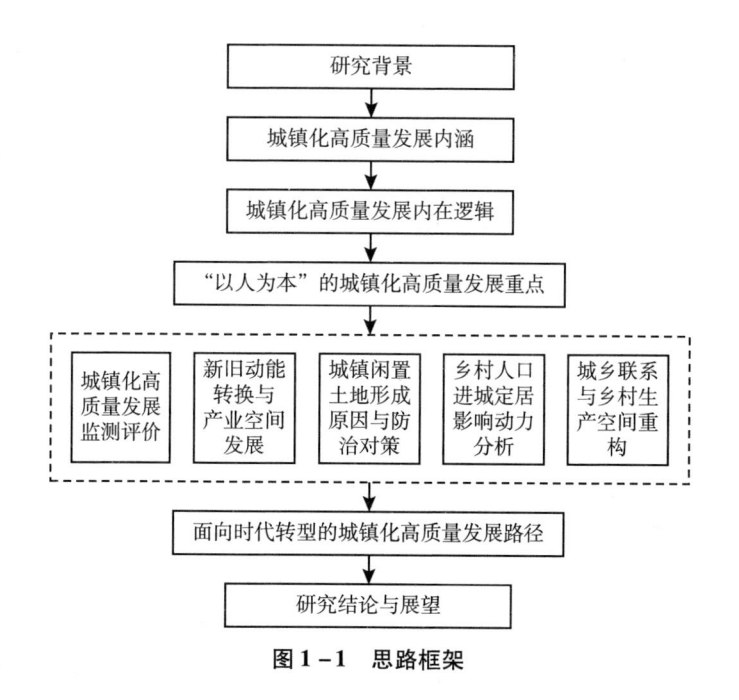

图 1-1　思路框架

章节安排如下：

第 1 章是导论，阐述本书研究背景、思路框架与章节安排以及研究价值。

第 2 章阐述城镇化高质量发展内涵，综合运用文献分析、归纳等方法梳理有关"发展""高质量""高质量发展""城镇化"等概念界定，立足城镇化发展的时代背景，总结提炼"城镇化高质量发展"的概念内涵，给出城镇化高质量发展的目标价值导向。

第 3 章分析城镇化高质量发展机制，从人的发展需求与城镇化发展弹性的系列理论出发，分析城镇化高质量发展内在逻辑，确定城镇化高质量发展的关键领域，构建城镇化高质量发展水平评价指标体系，为城镇化高质量发展实践提供理论支撑，并为城镇化高质量发展从理论构想进入实操阶段打下基础。

第4章至第8章为城镇化高质量发展研究案例，主要包括：立足山东省城镇化发展实践开展的山东省城镇化高质量发展监测评价、基于莱州市的实践开展的新旧动能转换与产业空间发展分析；基于山东省的实践开展的城镇闲置土地成因与防治对策；基于潍坊市的实践开展乡村人口进城定居影响动力分析；城乡联系与乡村生产空间重构分析等内容。

第9章阐述面向时代转型的城镇化高质量发展路径。主要从目标叠合、用地混合和诉求弥合三个维度展开，多方面研究如何推进新时代的高质量城镇化。

第10章是研究结论与展望，总结本书研究结论，对未来研究作出展望。

1.3 本书价值

本书以"高质量城镇化发展道路探索"为题，围绕城镇化高质量发展的内涵、理论机制、评价体系与发展侧重点，开展了系列研究与应用实践。研究主要回答了"高质量的城镇化什么样""高质量的城镇化该如何发展"两个问题，具体体现在：

在理论上，研究从高质量发展的"高效率增长""有效供给性增长""均衡增长"等理念出发，科学界定城镇化高质量发展的内涵，将城镇化高质量发展目标设定为适度增长、投资回报以及空间优化三大导向，并进一步把城镇化高质量发展的内在逻辑为概括为城市增长管理、产业空间优化、城乡人口迁移、人力资本支撑、用地冲突调和、乡村空间重构等六大领域的全面融合与互动推进与协同建设，进而通过目标叠合、用地混合利用和诉求弥合等途径实现城镇化的高质量发展，为新时期处于经济社会转型的城镇化发展实践提供理念支撑与现实参考。

在实践上，研究汇总了高质量的城镇化发展最为关注的现实问题，如城镇化高质量发展水平评价与动态监测问题、产业空间发展问题、城镇存量用地盘活问题、城镇流动人口定居问题和乡村空间重构问题，揭示快速城镇化进入中后期发展阶段的突出矛盾与现实解决方案，在尊重城镇化自身发展规律的同时，用足制度优势带给我们的政策调控空间，以化解矛盾、解决问题为契机，推进新型城镇化工作的有序开展，为撬动地区经济增长与提供社会进步新引擎提供可行路径。

第 2 章 城镇化高质量发展内涵

2.1 "发展"的概念

"发展"一词是现代社会使用最为频繁和广泛的词汇，用来表示事物不断演进的过程。通过对已有文献进行检索，发现"发展"概念源自 17 世纪以来欧洲启蒙思想中关于社会"进步""进化"的观念，包含了对现象过程的认知与目标预期，在美国社会学家罗伯特·尼斯比特看来，"发展"是一个享有特殊威望的科学用语，推动发展进程的条件与保障其正当性的思维传统紧密联系①。"发展"本身是一个复杂、动态的概念，其含义随着人类对社会发展认识的深化而不断充实、完善，涉及经济学、社会学、管理学、地理学等多学科领域。

"发展"最早作为经济学概念出现于 19 世纪 50 年代，早期关注物质产品及经济增长，简单地认为发展就是经济增长效率的提升，19 世纪 70 年代以来开始从对物质量增长的关注转向对经济社会其他方面变化的关注②，开始关注保障经济持续发展的其他要素，如技术要素等，全要素生产率理论被视为揭示这种发展的最重要动力，发展意味着资源配置效率的改善③。从社会学角度对"发展"的认识出自历史观，反映

---

① Robert A. Nisbet, *Social Change and History: Aspects of Western Theory of Development*. New York: Oxford University Press, 1968, pp.335.
② 邓祥征等：《发展地理学研究进展与展望》，载于《地理学报》2020 年第 2 期。
③ 刘亚雪、田成诗、程立燕：《世界经济高质量发展水平的测度及比较》，载于《经济学家》2020 年第 5 期。

了人类在如何认识和处理人与自然、人与社会、人与人三重关系[①]，人类的发展往往表现出自发性、非理性、盲目性特征，缺乏共同利益基础及其发展的共识，随着资本主义生产方式的形成，大机器生产创造了前所未有的生产力，人类改造自然的能力得到了巨大的提升，改造与战胜自然的乐观主义开始形成并成为发展观的主要取向。管理学对"发展"概念的认识聚焦于调节、决策、制度变迁等方面，第二次世界大战后，发达国家在对发展中国家和地区的援助和贷款项目实施过程中形成了一套"战略""规划"和"方案"，构建起一整套关于发展的话语体系[②]；地理学领域主要从欠发达国家或地区社会发展史出发，主要研究发展中社会的人类福祉模式和状态，分析不平等原因和后果，关注发展在时间空间上的不同、变化以及发展干预是如何在不同空间尺度上实施和产生的[③]。

总体来看，自工业时代以来，思索发展的价值、以价值逻辑修正发展实践的短视主义成为研究发展概念的意义所在，对"发展"的构想始终处于学术思想探索状态[④]。特别是对于欠发达国家或地区（underdeveloped areas），发展意味着社会变迁和生活质量的改善，在现代化话语语境内，发展包含了城市与人口发展、技术变革与产业发展、区域协调与社会公平、消除贫困与生活品质提升等物质层面的提升，同时包括社会经济结构、公众观念和政策制度以及人口更广泛的选择权利等精神层面的演进[⑤]，不同的"发展"定义确立了不同的发展关键目标，包括经济增长、技术变革、平等与公平提升、社会结构改进等（见图2-1）。

[①] 李建群、魏靖宇：《发展观的历史进路与新发展观的理论超越》，载于《中共中央党校（国家行政学院）学报》2020年第2期。
[②] 田毅鹏、张帆：《解构与超越发展主义——〈发展的故事：幻象的形成与破灭〉》，载于《中国农业大学学报（社会科学版）》2016年第3期。
[③] 刘小鹏等：《发展地理学的发展与展望》，载于《地理科学》2019年第12期。
[④] Potter R, Conway D, Evans R et al., *Key concepts in development geography*. London：SAGE Publications Ltd，2012.
[⑤] Potter R, Binns T, Elliott J A, et al., *Geographies of Development: An Introduction to Development Studies*. London and New York：Routledge，2017.

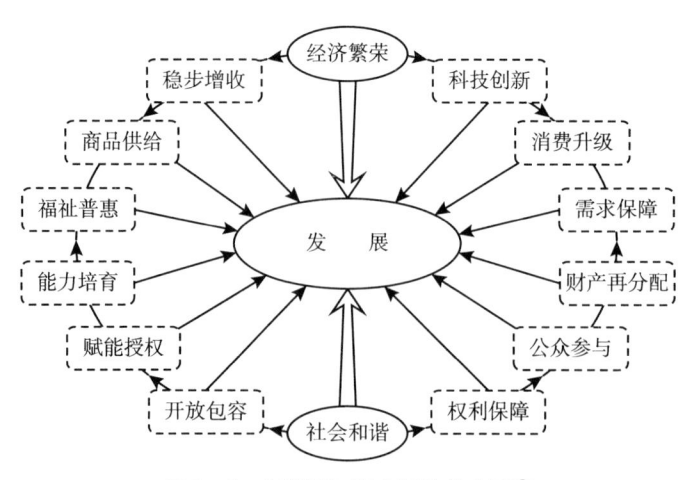

图 2-1 "发展"概念涵盖的方面①

可见,"发展"是时代主题,既关系价值认知,又关系现实践履,发展被赋予了主体性价值期望,是发展行动的先导,即认为"通过发展,全人类都可以实现美好生活的理性预期,可以促使不公正的社会关系和制度安排逐渐走向正轨"。对发展的构想源于对时代背景的理解,以及在此基础上设定发展目标的完成程度。正如卡尔·贝克在《十八世纪哲学家的天城》(2003)中提到的,每个时代都有几个词语概括了它的世界观,并且这些词语是衡量其他一切事物的锚点②。当今中国的时代词语可以概括为"效率""理性"和"兼容"。追求"效率"是事物处于相对不成熟阶段的目标,而接受"效率"作为衡量标准是社会进入工业化大生产时代以来的管理策略首选③,特别是对于高效的政府绩效管理体系,应该明确将"效率"作为评估实现目标的方法,加强科学决策。"理性"意在构建长效机制,面对当今高度复杂和相互关联的社会,"理性"有助于梳理复杂利益关系,减少不确定性的发生。"兼容"是秉持包容性,注重经济、社会、自然等各领域协调发展,可以为地方经济转型升级注入持久动力,降低公共成本并保留使其独特的特

---

① 邓祥征等:《发展地理学研究进展与展望》,载于《地理学报》2020 年第 2 期。
② Becker C L, The heavenly city of the eighteenth-century philosophers. Yale University Press, 2003.
③ Waldo D, The administrative state: A study of the political theory of American public administration. Routledge: 2017.

征。这些时代词语赋予了当代发展的新内涵,以最新的价值衡量标准设置发展目标,用创新性思维和科学方法服务国家与地方建设,实现经济学、社会学、管理学、地理学等多学科交叉研究与应用实践,促进发展理念落地。

2.2 "质量"的解析

传统质量概念以企业为主体,主要围绕物质产品和服务如何满足顾客需求,形成了一套质量管理理论和质量控制工具,用以表达客体满足主体某种期望或潜在需求的能力。随着买方市场的逐渐形成,制造商们发现,在生产流程中符合标准的产品并不能确保他们在市场竞争中获胜,于是开始关注质量的第二个侧面,即将满足顾客的主观需求确定为质量的至上目标。全面质量管理理论的提出者菲根堡姆认为,质量是由顾客来测定的,是多维的,衡量标准就是适用性(Fitness for Use)[1][2]。

随着区域经济和社会发展过程中人们对质量的作用与价值的日益关注,质量概念不仅在内涵上日益丰富,在外延上也不断拓展,已经从原有的面向企业的微观产品领域,逐步拓展到社会其他组织以及更为宏观的服务、行业、工程、生态等领域。面对经济全球化的发展和社会变迁,质量的概念正迅速扩大并联系到政治、经济、社会日常生活的方方面面[3],质量管理理论作为经济学和管理学的衍生品、工具和手段,已经在实践中大加应用。但质量概念的扩展应用也带来了对质量概念的再解析,仅围绕可用性出发的质量思维缺乏对基本价值问题的关怀,无法起到促进发展进步的作用,需要在概念中增加对客观世界的发展价值判断,与当代社会背景中的文化、价值观协调一致,才能有效把握时代脉搏。这是发展伦理、环境伦理和现代管理的一个不可缺少的研究领域。

在质量体系里,质量可以拆分为"总量""增量""存量"和"流量"四个维度,不同维度的表现决定了质量的状态,历史积累的存量决

---

[1] 俞钟行:《休哈特和田口关于质量的定义》,载于《质量译丛》2003年第3期。
[2] 宝鹿:《关于质量定义的研究、讨论与探索》,载于《上海质量》2004年第3期。
[3] 黄镇海:《现代社会的质量概念》,载于《自然辩证法研究》2009年第7期。

定了质量的水平，总量决定了质量的走向和趋势，增量代表了质量水平的提升，流量代表了质量体系中的交换频率，个体质量的变化会影响其他个体的质量表现，带来整体质量结构的优化；同时，"总量""增量""存量"和"流量"对质量的烘托体现了经济学的马太效应，是映射质量表现的不同侧面，如果将质量置于"发展"这一动态过程，总量变动引发的规模效应会体现在增量上，而增量变动的集聚效应会使存量继续增长，持续增长带来的溢出效应将带动流量的上升，进而通过扩散效益促使其他主体总量的提升（见图2-2）。从质量的发展路径来看，质量是建立在存量基础上，以总量牵引向前，以增量和流量决定质量提升的时间节点，代表五种量值的指标不止表现在物质产品和服务的产出数量，还包括技术、资金、推广度、潜在的社会福祉提升等。质量经济学强调，在考虑质量问题时应当把劳务收益和损失作为基本的参照系，这将对质量的考核从纯技术的角度和纯企业的角度中解放出来，扩展了质量衡量的体系，质量的概念已由具体的、孤立的、客观的概念逐渐发展成为抽象的、系统的、主观的综合式概念，强调对公众需求的持续满足，在追求发展时考虑社会进步与环境影响，在制定社会发展与环境保护战略时考虑到经济绩效。

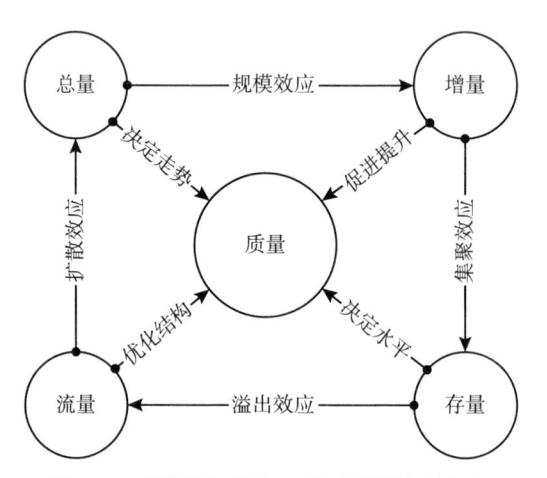

图2-2 "发展"视角下的"质量"的解析

2.3 高质量发展的界定

在这一背景下，以高质量发展为核心目标的发展战略成为我国社会经济领域关注的焦点。党的十九大报告指出："中国经济已由高速增长阶段转向高质量发展阶段。"这一论断标志着我国经济开始由"数量优先"步入"质量优先"的新阶段。从理论表述看，"高速增长"是一个比较容易理解的概念，统计上也较容易把握和核算，而关于"高质量发展"，则是一个看似简单却不易把握的概念，涉及诸多抽象概念与主观意向的复合统一，是对"意义""真""价值"等的符号化、公式化处置，是对人之存续、发展的积极求索，即将发展的有限价值与无限可能集成在一起，在吸收旧（现有）价值念的合理性与现实优势基础上，克服其存在的弊病，实现超越[1]。

高质量发展是"发展"与"质量"理论的合集，有研究认为：高质量发展是对生产"有用产品"的探讨，随着商品社会的演化，产品价值形式呈现多元化，质量只是产品流通过程中的负荷形式[2]，高质量是在低成本条件下能够满足使用需要以及在交换过程中获取最大回报的最优点，高质量发展是能够更好满足人真实需要的发展方式、要素结构和动力状态[3]，高质量发展阶段的主要目标是"高效""公平"和"可持续"；高质量发展的本质内涵，是以满足人民日益增长的美好生活需要为目标的高效率、公平和绿色可持续的发展，是经济建设、政治建设、文化建设、社会建设、生态文明建设五位一体的协调发展[4]；高质量发展阶段"不是单纯地追求经济发展的高速度，而是要追求效率更高、供给更有效、结构更高端、更绿色可持续以及更和谐的增长，甚至可以部分放弃对经济增长速度的追求，而达到更高质量的发展"[5]；进入高质量发展阶段需要构建包括发展战略转型、现代产业体系建设、市

---

[1] 张彦、张登皓：《"发展好的"与"好的发展"：新发展理念价值排序的选择可能》，载于《内蒙古社会科学》2020 年第 3 期。

[2] 陈其林：《商品社会价值决定的三个历史层次》，载于《中国经济问题》1986 年第 3 期。

[3] 金碚：《关于"高质量发展"的经济学研究》，载于《中国工业经济》2018 年第 4 期。

[4] 张军扩等：《高质量发展的目标要求和战略路径》，载于《管理世界》2019 年第 7 期。

[5] 魏杰：《高质量发展的六大特质》，载于《北京日报》2018 年 7 月 23 日。

场体系深化、分配结构调整、空间布局结构优化、生态环境的补偿机制以及基于内需的全球化经济等在内的支撑要素①；提高发展质量，是促进经济、政治、社会和生态环境全方位的、协调的发展；以其他方面的停滞为代价换取某一个或某一些方面的高质量，并不可持续；政策导向可以从高效率、有效供给、中高端结构、绿色环保、可持续以及社会和谐性增长等方面切入，从而推动高质量发展的实现。

从具体领域来看，经济领域的高质量发展在于构建新的发展动力，从规模数量扩张型发展向高质量发展转变，促进产业结构现代化，增长方式由依靠资源和资本投资为主的发展方式向人力资本积累和创新转型，提高劳动生产率和全要素生产率，完善要素市场化配置、转变政府职能、优化营商环境等方面②。社会领域从关注人的全面发展、推动高质量社会建设、实现社会现代化三个角度关注高质量发展③，更突出百姓的获得感、幸福度、尊严感等多维度的提升，是物质水平和精神水平全方位的高质量，是经济生活、政治生活、精神文化生活、社会保障、社会安全和生活劳动环境的协调发展④。生态环境的高质量发展要求人类在利用和改造自然以保障自身生存与发展的同时，尽量消减对自然环境破坏和污染所产生的危害人类生存的各种负反馈效应，在高质量发展目标下，生态环境得到改善，资源的消耗强度得到降低，并走向绿色发展，实现在保持一定自然资本存量基础上的可持续发展，经济增长必须控制在自然生态系统的承载能力之内⑤。制度层面主要从构建与高质量发展相匹配的体制机制，在新的发展阶段，原有适应高速增长阶段的体制机制不仅很难继续支撑高质量发展，在一些方面甚至可能制约高质量发展，需要加快营造与高效、公平和可持续发展目标相契合的体制政策环境，深化要素市场改革，在全社会营造高质量发展的社会环境，需要

---

① 刘志彪：《理解高质量发展：基本特征、支撑要素与当前重点问题》，载于《学术月刊》2018 年第 7 期。
② 陈昌兵：《新时代我国经济高质量发展动力转换研究》，载于《上海经济研究》2018 年第 5 期。
③ 宋国恺：《新时代高质量发展的社会学研究》，载于《中国特色社会主义研究》2018 年第 5 期。
④ 任保平、李禹墨：《新时代我国高质量发展评判体系的构建及其转型路径》，载于《陕西师范大学学报（哲学社会科学版）》2018 年第 3 期。
⑤ 金乐琴：《高质量绿色发展的新理念与实现路径——兼论改革开放 40 年绿色发展历程》，载于《河北经贸大学学报》2018 年第 6 期。

弘扬企业家精神、工匠精神和绿色消费意识，更加注重区间调控、定向调控、供给管理与需求管理相结合以及综合协调平衡，破解生产要素流动中所遇到的机制性障碍，消除区域市场壁垒，坚持按劳分配，增加劳动者特别是一线劳动者的劳动报酬，努力实现劳动报酬增长①。

2.4 城镇化高质量发展的界定

美国国家科学基金会（CHNS）在有关的研究计划中，强调了"人与自然耦合系统的集成研究可以揭示新的、复杂的格局和过程，而单独的自然科学或者社会科学的研究不能揭示这种规律"。因此，他们重视组织跨学科研究。界定城镇化高质量发展概念就是属于这种类型的研究，该概念是一个包容性概念（container concept），由"城市""发展""质量"等概念复合而成，这造成了概念虽有明确的直观含义，但内涵极为丰富，不易准确把握②。而且，城镇化具有工业化信息化的生产力发展属性、人的城镇化和社会组织形态变迁等规律化约束，城镇化的高质量发展需要回归城镇化本体表现，关注有形的物质形态发展和无形的思想意识转化，并立足当前"发展""质量"和"高质量发展"的时代内涵，强调适度增长、投资回报以及空间优化，重点关注社区建设、产业就业、交通设施、公共服务、生态环境和文化氛围等领域，以此为基础构建城镇化高质量发展评价指标体系，在现实中需要加强目标叠合、用地混合和诉求弥合，保障城镇化高质量发展策略实现。

2.4.1 基本概念

城镇化的高质量发展围绕城镇化这一主题的发展设定。一般意义的城镇化概念包含三个属性，一是政策属性。我国的城镇化是基于中国早

---

① 张军扩等：《高质量发展的目标要求和战略路径》，载于《管理世界》2019年第7期。
② 鲍悦华、陈强：《质量概念的嬗变与城市发展质量》，载于《同济大学学报（社会科学版）》2009年第6期。

期农业国属性做出的战略性选择①,主要表现为乡村城市化,一方面自上而下地确立工业立国战略,壮大城市经济,另一方面通过乡村工业化激发自下而上的城镇化动力,实现人口非农化转型,是区域发展层面的重要战略。二是过程属性。城镇"化"本身具有多维时空特征,在时间维度上,城市化进程符合"S"形曲线发展规律,在空间维度上表现为土地利用格局的变化,同时与地区人口结构、产业结构、资源环境和城乡迁移等多个过程相叠合,共同决定了当地城镇化曲线的上限和变化速度②。三是行政属性。城镇化发展的监测统计单元沿革行政区划体系,城镇化发展水平被认为代表了地区经济社会发展水平,各地有关发展的表述都会冠以城镇化为抓手,以城镇化为统领等,城镇化建设被视作政府治理的成效加以大力推动,对地区发展影响深远。因此,寻求城镇化水平提升的多方利益交叉平衡点成为城镇化高质量发展的关键。

从国外发达国家的城市化发展经验来看,高度城市化的"效率""理性"和"兼容"意味着社会经济系统高效运行,并规避诸如人口过载、"大城市病"等弊端,相应的,精明增长、新城市主义等理念已经被奉为指导城镇化和城市规划的行动指南③④⑤。中国新型城镇化高质量发展是一种人地和谐、高效低碳、生态环保、节约创新、智慧平安的质量提升型城镇化,是高质量的城市建设、高质量的基础设施、高质量的公共服务、高质量的人居环境、高质量的城市管理和高质量的市民化的有机统一⑥;城镇化的质量主要表现在城镇经济和社会的发展、产业结构的调整、基础设施的完善、科技文化的发展、生活方式的改变、环境

---

① 蔡云辉:《城乡关系与近代中国的城市化问题》,载于《西南师范大学学报(人文社会科学版)》2003年第5期。

② Chen M, Ye C, Zhou Y, Comments on Mulligan's "Revisiting the urbanization curve". *Cities*, Vol. 41, No. 7, 2014, pp. 54 – 56.

③ Daniels T., Smart growth: A new American approach to regional planning. *Planning practice and research*, Vol. 16, No. 8, 2001, pp. 271 – 279.

④ Smith N., New globalism, new urbanism: gentrification as global urban strategy. *Antipode*, Vol. 34, No. 3, 2002, pp. 427 – 450.

⑤ 马强、徐循初:《"精明增长"策略与我国的城市空间扩展》,载于《城市规划学刊》2004年第3期。

⑥ 方创琳:《中国新型城镇化高质量发展的规律性与重点方向》,载于《地理研究》2019年第1期。

质量的提高、社会保障的建立、城镇管理的加强等方面[①]；城镇化建设质量的提升就是摒弃片面强调城镇化过程中的速度和数量，强调产业结构优化升级、居民生活水平提升、生态环境改善、基础设施和公共服务优化以及城乡协调互补等多方面的综合发展[②]；除了大中城市要高质量发展外，城镇化质量的提升还应重视小城镇的发展。其中，县域城镇化高质量发展体现在集约高效、包容共享、绿色低碳、特色鲜明与治理现代五个方面，不仅是国家整体发展的形势要求，更是新型城镇化与乡村振兴的内在诉求[③]；

综合来看，城镇化高质量发展的内涵是以人的城镇化为核心，以土地承载和城乡融合为主体形态，重点关注生产、生活、生态功能协调，短期与长期、局部与整体利益的冲突解决，城镇空间布局和形态优化，充分运用市场化经济手段，持续完善城镇基础设施，提升公共服务水平，推进城镇绿色低碳发展和市民文化营造，推动区域整体发展水平的提升（见图2-3）。

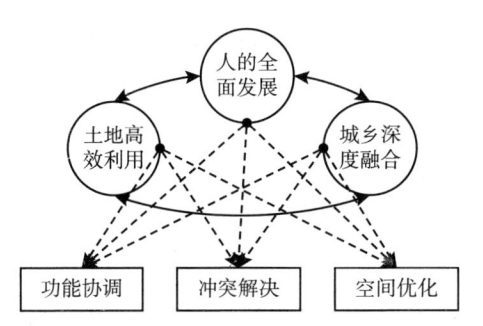

图2-3 城镇化高质量发展的内涵

2.4.2 目标价值导向

城镇化高质量发展目标是其概念内涵的具体化，也是地区发展的价

[①] 丁江辉：《中日城市化高质量发展比较研究——基于两国1985—2014年的实证分析》，载于《江西社会科学》2018年第5期。
[②] 杨增凡：《推动城镇化高质量发展的策略研究》，载于《中州学刊》2018年第8期。
[③] 王耀、何泽军、安琪：《县域城镇化高质量发展的制约与突破》，载于《中州学刊》2018年第8期。

值导向。面对城镇化过去 30 年的惯性发展模式，城镇化高质量发展的目标侧重于强调适度增长、公共投资的社会经济效益回报以及空间优化，如图 2-4 所示。

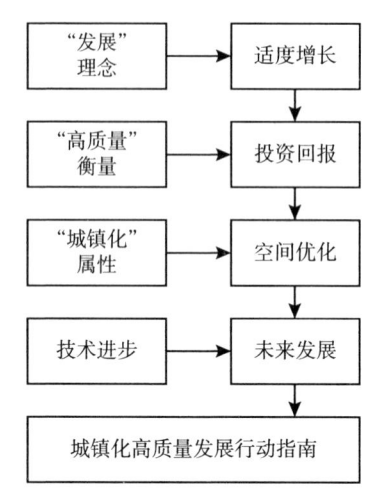

图 2-4　城镇化高质量发展目标价值导向

1. 适度增长

适度增长放弃对增长速度的偏好，是面对地区发展对经济新常态作出的理性响应，是在满足本地居民发展需求与生产力释放上的再平衡。现代化大生产极大解放了人类生产力，假设有足够的资金投入企业运营，多数产品产量远远超过使用需求，以钢铁为例，世界钢铁协会（The World Steel Association，worldsteel）做得最多的工作是根据年度地区钢铁需求平抑产能。同样在城镇化领域，适度增长一方面表现为城镇化水平与社会发展领域之间的同步，人口的城乡身份转换与土地的城乡用途转型与地区产业发展、公共服务、资源环境、文化习俗等相匹配，以确保城镇居民能够有充足的就业、完备的社会福利、理想的生活环境等，符合以人为本的城镇化高质量发展需求；另一方面，是城镇化预期与本地居民的实际需求同步，应注重城镇化方案的可行性，规划愿景不必过于宏大理想，否则脱离实际，会将城市拖入债务沼泽并将原有居民驱离，理想的城镇化适度增长应该在激发地区活力与留住居民之间取得平衡，实现有质量的城镇化而非"被城市化""豪华城化""边缘城市化"等。鉴于中国农村人口基数很大，城镇化与耕地保护矛盾突出，城镇人口就业压力大，资源环境承载力已接近饱和的基本国情，城镇化率的长远目标不一定非要像发达国家一样达到70% ~ 80%或更高的水平[①]。

2. 强调投资效益回报

由于城镇化关涉众多公共服务领域，由公共财政和政府融资负担的投资对城镇化具有重要影响，追求公共投资的社会经济效益回报是促进城镇化高质量发展的关键。首先，公共投资承担了社会财富和社会资源再分配的职责，城镇化同样对弥合社会阶层分化和贫富差距负有责任，现有对财政资金使用考核方式多为资金使用流向的审计监管，应加强资金收益的重要性认识，考核公共投资是否取得预期的社会经济效应是城镇化实现的重要响应。其次，出于"经济增长即是发展"的狭隘发展观，往往将公共投资绩效等同于经济增长和生产效率提升，较少考虑满足居民需求的社会效益，而且社会效益的创造不像经济领域一样立竿见影，需要考虑短期收益和长期效益，当前城镇化进程处于社会利益分化交织阶段，将公共投资社会经济综合收益最大化作为标准，筛选出最具带动力的城镇化发展事务，将助推地区达到更高层级的城镇化发展阶段。

3. 突出承载空间优化

地域空间是人类活动的载体，对城镇地域的空间组织进行优化调控是城镇化高质量发展的必然要求。城镇化的空间优化包含两个层面，一是地区城镇体系的优化，现在大城市极化、都市区化已成常态，具有发展潜力的中小城市绝大多数处于这些大城市影响范围内，这就造成区域之间城镇体系发育存在较大落差，高质量的城镇化发展应注重不同尺度下的城镇体系调控，加强区域之间的联系与协同。二是城市空间的优化，城镇是人工环境与自然系统对话的空间，城市中心搭建起"人与人"之间的联系，郊区搭建了"人与自然"联系，然而，很多本应该通过空间优化解决城市中心"人与人"联系不畅导致的问题，被转移

---

① 陆大道、陈明星：《关于"国家新型城镇化规划（2014—2020）"编制大背景的几点认识》，载于《地理学报》2015年第2期。

到郊区，通过继续挤压自然空间加以解决，既有问题没有得到很好的处理，新的问题又开始叠加，对城镇化持续发展提出挑战，因此在城镇化走向纵深发展阶段，应加强对城镇功能与空间利用的思考，并通过城镇物质空间载体加以体现出来。

4. 适应未来城市发展

随着科学技术越来越成为城市发展的核心动力，以物联网、云计算等技术为核心的智慧城市理念颠覆了之前城市物理基础设施与IT信息基础设施截然分开的传统思维，将城市中各类设施有效联系在一起，使得城市管理、生产制造以及个人生活全面实现互联互通，为未来城市发展提供了一种全新理念[1]，也为从城市管理方式、城市基础设施建设、物联网技术及产业发展、智能生活方式等方面提升城镇化高质量发展指明方向。城市必须使用新的科技去改善他们的核心系统，从而最大限度地优化和利用有限的能源。

---

[1] 巫细波、杨再高：《智慧城市理念与未来城市发展》，载于《城市发展研究》2010年第11期。

第3章 城镇化高质量发展机制

3.1 城镇化高质量发展的理论支撑

3.1.1 马斯洛人类需求五层次理论

马斯洛需求层次理论是亚伯拉罕·马斯洛于1943年提出的，其基本内容是将人的需求从低到高依次分为生理需求、安全需求、社交需求、尊重需求和自我实现需求五种需求。新型城镇化强调以人的全面发展为核心，高质量的城镇化则是以满足人类各层面需求为导向，具体来看，城镇化高质量发展应该能满足绝大多数人或所有人的基本生理需求为出发点，充分保障人民的物质财产的安全和人民的生命安全，还要形成一种机制来应对突发安全事件，构建不同利益群体融洽发展的氛围，还要满足建立在人民文化和知识诉求基础之上的自我实现需要（self-actualization），满足最高层次的需求的衍生性需求，如自我实现，发挥潜能等。

3.1.2 韧性发展理论

韧性（resilience），也译作恢复力、弹性等，生态学家巴兹·霍林（Buzz Holling，1973）首次将"韧性"这一概念引入生态学领域，经过五十余年的发展，韧性的概念已经发生了较大的变化，并从生态领域逐渐延伸至工程、社会、公共管理等领域。韧性除蕴含了社会—生态系统承受力能抵抗外来干扰而不被损毁之意外，更为强调在经历外来干扰后能自我调适，学习并提高抵御能力，变得更具有韧性，而非恢复到初始的平衡状态，这就意味着转型而不是维持系统状态[1]。近年来，城市韧性成为城市可持续发展建设的关键抓手，城市韧性反映了城市系统这一综合体应对外冲击的反应能力，如抵抗力、吸收力、恢复力和调整能力，城镇化高质量的发展是城市韧性的增强，令城市在面对危机干扰时仍能保持生存，并通过转变为在当前环境中更加可持续的新状态来应对危机[2]。

3.1.3 复杂适应系统理论

复杂适应系统（Complex Adaptive System）理论是美国霍兰（John Holland）教授于1994年正式提出的，是继第一代系统观"系统组成的个体是被动的个体"和第二代系统观"个体不会自学习、自适应，不会根据环境的改变改进自己"之后的第三代系统观，包括微观和宏观两个方面，在微观方面，具有适应能力的、主动的个体会在与环境的交互作用中遵循一般的刺激——反应模型，能够根据行为的效果修改自己的行为规则；在宏观方面，主体之间以及主体与环境的相互作用决定了宏观系统的分化演化过程。该理论没有对主体的性质进行特定的限制，因此理论和方法可以用于解释任何复杂系统，被广泛应用到自然科学和社会科学等诸多领域中。城镇化从初始到现在，经历着一个复杂多变的发展演化过程，在高质量发展的多方面目标导向下，其演化过程更为多变和难以预测，而且需要不断调整自身行为以更好适应外部环境的变化，这必然使城镇化系统的复杂性增加。高质量发展下的城镇化复杂适应系统由众多的微观基本主体（如政府、企业、创业者、研究机构、各领域领导者等）和智慧系统、物理支撑系统、动力系统及平衡保障系统等组成部分构成，包括了文化力、生态环境力、设施服务力和资源禀赋力组

---

[1] 汪辉、徐蕴雪、卢思琪、任懿璐、象伟宁：《恢复力、弹性或韧性？——社会——生态系统及其相关研究领域中"Resilience"一词翻译之辨析》，载于《国际城市规划》2020年第4期。

[2] 陈韶清、夏安桃：《快速城镇化区域城市韧性时空演变及障碍因子诊断——以长江中游城市群为例》，载于《现代城市研究》2020年第1期。

成的原始张力，创新力、政策制度力、管理能力和社会力组成的智慧弹力，及经济力、资金力、产业力、市场力组成的聚合力量①。

3.1.4 可持续发展理论

可持续发展一词最早出现于1980年国际自然保护同盟的《世界自然资源保护大纲》："必须研究自然的、社会的、生态的、经济的以及利用自然资源过程中的基本关系，以确保全球的可持续发展。"1981年，美国的布朗（Lester R. Brown）出版《建设一个可持续发展的社会》，提出以控制人口增长、保护资源基础和开发再生能源来实现可持续发展。1987年，世界环境与发展委员会出版《我们共同的未来》报告，将可持续发展定义为"既能满足当代人的需要，又不对后代人满足其需要的能力构成危害的发展"，系统阐述了可持续发展的思想。1992年里约会议通过的《21世纪议程》中提出一个国家的可持续发展在很大程度上取决于在其生态和地理条件下人民和体制的能力。可持续发展是在综合调控"经济—社会—生态"三个基本子系统的基础之上的可持续发展，城镇化高质量发展正是在可持续发展理念框架下的发展新内涵，表现为如何在生态基础、自然状况和地理条件下，认识发展成本，选择适合本国的城镇化发展道路，进行国家制度建设等发展问题。

3.2 城镇化高质量发展的内在逻辑

立足当前中国城镇化发展实际，围绕"以人为本"的发展内核，城镇化高质量发展的着眼点与突破点可以归纳为城市增长管理、产业空间优化、城乡人口迁移、人力资本支撑、用地冲突调和、乡村空间重构等方面，各方面之间相互影响，协同促进，共同构成了城镇化高质量发展的内在逻辑（见图3-1）。

---

① 陈明曼：《复杂适应系统视角下的特色小镇演化研究》，重庆大学博士学位论文，2018年。

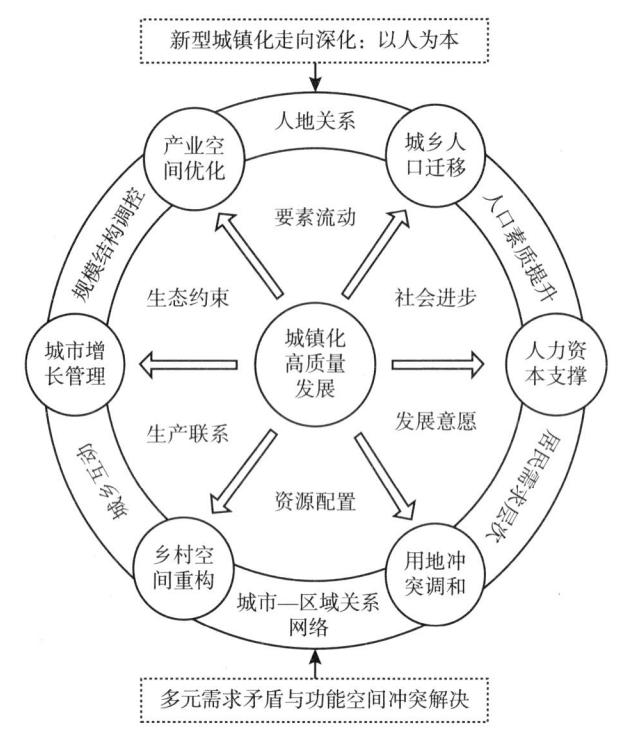

图 3-1 城镇化高质量发展的内在逻辑

具体来看，城市增长管理是对原有城市无限制增长认知的调整，近三十年来，城市增长（或称"城市扩展""城市蔓延"）作为城市化地域典型的空间组织模式，为地区发展提供了源源不断的动力，也引发了社会经济结构深层次转变，并以都市区化、半城市化、郊区化、碎片化等多种形式呈现了城市的转型，使这种转变有着不同的层次和维度。城镇化高质量发展强调放弃速度偏好，弱化对城镇化数量和规模的考量，注重城镇化内在质量的全面提升，追求经济—社会—环境综合效益最大化，生态环境成为城市增长管理的最大约束条件，重点落在规模结构的优化调整，进而影响产业空间优化。

产业空间优化是城镇作为生产功能载体不断调整的体现，是否调整取决于生产部门结构与发展预期和空间结构的匹配程度，通过完善集群网络规划、强化区域空间关联和引导产业集聚发展等政策措施，取得发展的持续高效。而伴随产业空间优化创造的就业机会更是建设高质量城镇化的基石。城镇化展现了工业化时代"人与自然"关系的激烈碰撞，与时代发展观、技术文明的财富效应以及人类的自我实现紧密联系在一起，聚集在产业周边的资金、劳动力、技术等要素流动，不断激发城乡人口迁移。

城乡人口迁移是城镇化最为经典的话题，早期乡村人口为了获得更多的就业机会和更高的收入向城市迁移，城市经济的活跃程度影响乡村人口向城镇迁移流量的历史波动，而融入现代城市文明的乡村人口综合素质得到大幅提升，减少了新农村建设的观念阻力及能力障碍，"外出务工"成为一场规模巨大的以追求现代生活为目标的群众运动，以"户籍"制度为代表的人口城乡迁移制度性障碍不断被破除，具备社会地位跃升能力的高技能人群得到提供机会，城市的知识外溢效应得到最大程度发挥，是社会进步的体现。这种跨区域迁移的人口技能结构变化会极大地影响区域人力资本形成和积累。

人力资本支撑是城镇化实现高质量发展的最关键一环，人口的年龄结构、教育结构和城乡结构决定了社会领域供给侧结构性改革的深化方向。人口变量不论作为经济增长的内生性因素，还是作为生产者或者消费者从供给和需求两个方面影响各个要素市场，都会影响整个经济的供给与需求长期均衡。随着人口规模拐点的到来，人口分布走向"零和博弈"，在城市化完善人力资源市场体系、使人口得到充分流动和提升之际，与人口生产居住匹配的城乡土地资源配置制度尚未完全放开，城市化高质量发展将人力资源和土地资源的有效匹配统一在一起，从满足人口的多元需求、实现"人""地"尽其用的发展意愿出发对用地冲突进行调和。

用地冲突调和是在生产力发展的影响下，人们的生产方式、生活方式和行为方式发生变化，从而使得现代城市功能呈现多面性，随着城市功能由生产基地向控制中心转变。以城市群、经济区演进为核心的区域发展格局开始转型，开启了对城镇化地域的重新定义，将对城镇化的讨论上升到区域层面，城镇化地域被概念化为一个混合和网络化的"城市—区域"关系空间，与之相关的物质条件和话语权都会对区域内的要素交换和公共资源配置构成影响，对城镇化高质量发展目标的达成尤为重要，与此同时，在地域上与城镇相辅相成的乡村空间也逐渐表现出多元化、复杂化、复合型、空间分异等特征。

乡村空间重构是伴随城镇化进程，乡村生产空间、生活空间和生态空间的重新塑造,在乡村内生发展需求和外源驱动力综合作用下,乡村社会经济结构发生调整乃至根本性变革,地区进入城镇化高质量发展通道,乡村生产正经历以家庭为单元的土地细碎化经营向多种形式的适度规模化经营转变[①],呈现出乡村多元主体利益竞合的空间博弈局面,以生产部门合作与人员往来为代表的城乡互动与联系,为乡村回流了大量资金,从经济上奠定了城乡融合发展的基础,促进城乡地域空间走向结构合理、功能互补、综合效益最大化的高质量发展道路。

最终,城镇化高质量发展的实现是多元需求矛盾与功能空间冲突解决的结构,强调产业结构优化升级、居民生活水平提升、生态环境改善、基础设施和公共服务优化以及城乡协调互补等多方面的综合发展,形成有力的产业支撑、创新驱动的增长机制、高品质的城市建设、良好的城市治理和管理,实现共建共享与推进城乡一体化发展。

3.3 城镇化高质量发展的关键领域

城镇化高质量发展以人的城镇化为核心,融入经济发展、社会进步、生态友好、文化传承等发展目标,体现城镇化建设的系统性、综合性和现实性。根据城镇化高质量发展的内涵解析、目标价值导向和内在逻辑,其涉及的重点领域包括社区建设、产业就业、交通设施、公共服务、生态环境和文化氛围6个方面。

1. 产业就业

根据欧洲城市土地研究所联合普华永道发布的研究报告《不动产新趋势》(2019)的数据,人力资本赋存和经济多样性是高水平城市的主要特征,那些具有人口持续增长、商业环境繁荣、成本结构合理、科技资源丰富特征的地区最具发展潜力,会吸引大量投资,带动地区就业增长,从而形成城镇化的持久动力。从人口流向与企业创新活动的分布区域范围来看,城镇化水平高的地区产业发展前景也十分广阔,已经形成良性循环,对于城镇化高质量发展来说,产业支撑是持久动力。但是城

---

① 王成、李颢颖:《乡村生产空间系统的概念性认知及其研究框架》,载于《地理科学进展》2017年第8期。

镇化所关注的产业不同于经济发展战略，更在乎产业能否使本地居民受益。很多地方经常期望引入一些产业迅速带动城镇化水平的提升，简单复刻异地发展模式。现实中能够看到工业园区、开发区与周边社区住户相互隔离，企业用工和原材料、市场均不在本地，一旦国际市场和政策有所变动，就会出现关门潮，这对壮大本地经济与汇聚人口的意义不大。因此，应从带动本地就业这一基本指标入手，关注产业与地区经济和人力资源的联合，走产城融合道路。

2. 社区建设

社区是城镇化地域的基础性社会建制，其人口密度、用地模式、建筑格局、功能布局等体现了地区城镇化发展特征，特别是在一些城市大肆扩张背景下，城市内部联系变得松散，成为一系列的由交通线为纽带、社区所组成的城区组团。城镇化工作实操阶段经常遇到的政策落实"最后一公里"问题，其实缺失的就是基层社区单位这一环。从国外发达国家的建设经验来看，以社区为基本单位的建成环境与人类行为之间的联系一直是城市规划领域的研究热点，社区居民在日常活动中的感受是城镇化发展质量的直接体现。社区人口的规模与迁移动向为分析和解决国家和地方各级规划和政策问题指明方向，而且公众对城市建设的诉求往往夹杂了城市空间结构优化、城市功能改善等期望，需要借助经济社会发展、土地利用等多领域规划协同解决，并通过合理的空间规划构想、用地约束与引导以及建筑设计加以实现。

3. 交通设施

交通是城镇演化的先导，交通体系在城镇化推进进程中占有重要地位。为适应普及的汽车通勤方式，各地城镇交通设施的建设得到长足发展，也导致城镇蔓延、能源消耗等问题。城镇化高质量发展阶段的交通设施建设应兼顾大多数人的利益，彰显公平、健康、包容的城市生活方式，具体应满足三方面需求：（1）便捷生活，科学规划交通枢纽和线路，让居民能够更方便地获得通勤、购物、公共服务的出行需求，并通过交通连接促进人员的往来，促进就业和多样化的住房选择；（2）维护社会公平，倡导公共交通体系发展，并将更多的资金用于建设区域性快速交通设施，注重改善弱势群体如残障人士出行服务；（3）传递健康生活理念，根据世界卫生组织的定义，健康是身心的全面健康和社会福祉全覆盖，不仅是疾病发病率，现实生活中交通设施规划建设不当会引发多种健康问题，如交通事故伤害、过度肥胖、焦虑抑郁等，改善措施包括加强交通路线设计、完善步行和自行车组成的"慢行系统"等，提高城镇居民居住幸福感。

4. 公共服务

城镇化之所以蓬勃发展，原因主要在于城镇所汇聚的有效需求远高于农村地区，也就使得城镇能够提供更优质的教育、医疗、市政设施等公共事业服务，养老、住房等社会保障以及治安等社会风险防范。公共服务是日常维系城镇居民联系的纽带，是除就业以外吸引人口流动的另一大主因。关注城镇人口社会福祉的提升，继续发挥公共服务对地区人口要素配置的带动作用，对城镇化高质量发展至关重要。但有研究表明，地区公共服务水平的改善主要得益于政府支出向民生领域的倾斜，而城镇化进程本身并没有带来居民社会福利水平的提高，应改变这种脱离公共服务体制的城镇化发展模式，重视公共服务对城镇建设的外溢效应，如基础教育阶段的学校对城镇成长性的影响巨大，学区房、陪读大军现象就是典型的例证。未来应加强对新增城镇人口和流动人口的公共服务设计，提高公共服务综合水平，这是对推进以人为本的新型城镇化的有效响应。

5. 生态环境

城镇是建立在自然环境承载基础上的人工系统，生态环境恶化会强烈约束城镇化的发展。把生态文明理念和原则融入城镇化建设，注重提升城镇化地区环境质量与生态服务功能，能够长久维持城镇化的高质量发展。面向城镇化的生态环境建设主要关注：(1) 改善城市小气候，注重城市风道、高层建筑物、道路管网、园林绿化等的规划设计，降低城市发生热辐射、冷岛效应、洪涝等极端气象的概率；(2) 保留自然开敞空间，随着城镇居民收入的增加，对自然开敞空间的需求越来越高，因此，在城市开发过程中，要尽量保留城区内原生态自然系统，满足居民对宜居城市的向往，而且城市人口越密集，自然开敞空间越值得留存；(3) 维护自然环境系统的循环，持续加大对环境污染物治理，加强人工系统与自然系统的对接，保护大气、水资源、土壤等系统的自净能力。

6. 文化氛围

文化氛围是城镇重要的发展名片，也见证了城镇化推动下的社会转型。文化对提升社会凝聚力、打造城市知名度具有不可替代的地位，早期城市蓬勃发展时强调现代化都市形象，当下又有结合地域文化的城市复兴实践，文化的多样性与感染力奠定了城镇化高质量发展的基础。为营造理想的文化氛围，在城镇化建设中需要关注：（1）注重保护城镇传统建筑风貌，加强城市物质景观整体设计，避免城市风貌"千城一面"；（2）强调城市文化软环境建设，倡导环境卫生、交通秩序等文明行为，提升市民素质，注重地域文化的传承与创新，以弥合新市民与老市民群体之间的隔阂和断裂，营造市民文化氛围；（3）增强规划中的人文体验，将文化活动与城市功能完善融合，助力城镇品质的提升。

3.4 城镇化高质量发展评价指标体系与评价方法

城镇化的内涵是随着时代的发展而发展的，新的时代和新的城镇化发展实践赋予了城镇化新的内涵，城镇化高质量发展的评价指标体系构建的出发点是测度城镇化高质量发展是否推动实现了高质量的市民化、高质量的基础设施、高质量的人居环境、高质量的城市建设、高质量的公共服务和高质量的城市管理的有机统一，在厘清新型城镇化时代内涵的基础上，构建城镇化高质量发展评价指标体系将更具有代表性。为具体化定量化表达城镇化高质量发展，有必要构建一套评价指标体系，便于我们在实际操作中参考运用，并可成为指导城镇化建设的标准。

3.4.1 相关评价指标体系

按评价目标的不同简要概括为以下几个方面。

第一，城镇化健康发展监测评价指标体系。张占斌、黄锟和王海燕等（2016）用水平适当性指数、速度适中性指数、发展可持续指数和城乡协调性指数构建了城镇化健康发展监测评价指标体系，对4个直辖市、5个计划单列市和26个省会城市共35个城市的城镇化健康发展状况进行了评价，其研究发现，我国地级以上城市的健康发展水平与城镇化率、城市规模、行政层级、地区分布等密切相关，东部和东北地区城市的城镇化健康程度比中西部地区高。高顺成（2016）从定量和定性两个角度重构了中国城镇化健康发展质量监测评价指标体系，很好地体现了党的十八届五中全会提出的创新、协调、绿色、开放和共享的发展理念。武振国和李雪敏（2017）通过构建包含54个具体指标的健康城镇化监测评价指标体系，对内蒙古5个地级区划的资源型城市进行综合评价分析，结果显示包头市的健康城镇化水平优于其他城市，资源型城市的健康城镇化指数呈现交通区位、产业结构、人口密度特征分布明显的基本特征。

第二，新型城镇化新型度的评价体系。曾志伟和汤放华（2012）运用熵权法和多目标线性加权函数构建了新型城镇化新型度的评价体系和方法，并对环长株潭城市群进行定量评价后发现，长沙、株洲、湘潭的总体情况相对最好，娄底、常德的环保相对较好，长沙的经济发展和社会建设情况最好。

第三，基于行政区划层级视角的城镇化监测评价指标体系。基于省级行政区划的有张纪录（2017）构建的河南省新型城镇化监测评价指标体系，基于市级行政区划的有倪维秋（2017）构建的京津冀城市群新型城镇化的监测评价指标体系，赵先超等（2017）构建的株洲市监测评价指标体系，基于县级行政区划的有吴凡等（2016）构建的县域尺度的江苏省新型城镇化发展水平监测评价指标体系。他们是通过对某一地域建立一套城镇化监测评价指标体系，采用层次分析法等方法得出分析结果来为这个区域内城镇化的发展提出建设性建议。

第四，基于可持续发展视角定义的新型城镇化监测评价指标体系。戚晓旭、杨雅维和杨志尤（2014）从可持续发展角度为出发点构建了新型城镇化评价指标，旨在说明城镇化进程中对资源的消耗，尤其是对非可再生资源的消耗，已成为城市可持续发展的制约因素。作为城市发展的重要物质基础，水、土地、能源等，都呈现人均拥有量相对匮乏的状态。同时，城市空间增长快于城市人口增长的低密度化倾向较为严重，导致占用国土空间过多、耕地减少过快，威胁到国家生态环境安全。杨伟和姜晓丽（2017）以资源型城市——晋城市为例，在对其城镇化及可持续发展进行评价的基础上，采用麦肯锡矩阵对其可持续城镇化进行了评价。

第五，基于空间载体视角定义的城镇化质量监测评价指标体系。叶裕民（2001）提出城镇化质量的研究可从城市化核心载体——城市的发展质量，即城市现代化问题和城市化域面载体——区域的发展质量，即城乡一体化问题两个方面进行，并就此构建监测评价指标体系通过分析得出的计量结果对提升城市化质量作出相应对策。

第六，从新型城镇化内涵视角定义的监测评价指标体系。李明秋、郎学彬（2010）对城市化质量的内涵进行了深入探讨，认为城镇化质量应包括城市自身的发展质量、城市化推进效率、实现城乡一体化程度3个方面，并以此为基础构建了一套城市化质量评价的指标体系，阐述了城市化质量评价的方法过程。田静（2012）在深入理解新型城镇化内涵及特征的基础上，建立了由3大系统、8项子目标、45个指标构成新型城镇化监测评价指标体系，力求系统表现新型城镇化"经济高效、功能完善、环境友好、资源节约、城乡统筹、社会和谐、管理有序"的内涵目标，有助于用量化的方法对新型城镇化的程度、速度、质量、协调性等进行全面系统的监测和评估，为新型城镇化战略的制定提供科学依据。

第七，从某一产业出发结合城镇化构建监测评价指标体系。吕萍（2018）根据农业现代化与城镇化协调发展监测评价指标体系并运用耦合度模型分析发现：2006~2016年期间，粮食主产区农业现代化与城镇化协调程度与全国平均水平比较相似，均由勉强协调提升为初级协调型，主销区协调程度较好并一直处于初级协调型；粮食主产区内部协调程度发展不平衡，呈现黄淮海地区与长江流域均由勉强协调提升为初级协调型，东北地区协调程度较弱，处于勉强协调型，且粮食主产区"两化"协调度对粮食产量的影响显著。刘晓庆、斯琴和包奇志（2017）构建了内蒙古旅游业与新型城镇化耦合系统协调度监测评价指标体系，借鉴耦合协调模型，对2006~2015年内蒙古旅游业与新型城镇化耦合协调关系进行定量分析，发现：内蒙古旅游业与新型城镇化综合发展水平稳步提高；内蒙古旅游业与新型城镇化耦合协调度逐步提升，总体分为三个阶段，即2006~2007年为失调阶段，2008~2013年为基本协调阶段，2014~2015年为中级协调阶段；旅游业发展滞后于新型城镇化发展，旅游业发展潜力较大，但没有很好地发挥其资源优势、区位优势。周想凌等（2017）构建了一套新型城镇化发展对电网公司运营影响的监测评价指标体系，以某省 8 个地市的实际数据为例，对他提出的综合评价模型进行计算验证。周想凌的算例结果表明，新型城镇化发展对电网公司运营影响的综合评价结果与城镇化率的发展趋势大体一致，同时也验证了他提出的新型城镇化发展对电网公司运营的影响评价模型是可行的，有良好的实用价值。

第八，综合评价城镇化进程效果的监测评价指标体系，即从经济、社会和文化等多维度定义城镇化质量的监测评价指标体系。杨艳琳和翟超颖（2016），选取中国 1990～2012 年城镇化质量和就业质量的相关数据，探究中国城镇化质量与就业质量之间的关系，研究结果表明：中国的城镇化质量不断提升，但是经济城镇化快于土地城镇化、人口城镇化、社会城镇化及生态城镇化；中国的就业质量也在提升，安全需求和社会尊重需求是提升就业质量的关键；就业质量与城镇化质量之间存在单向因果关系，城镇化质量的提升能够带动就业质量的提高，反之则这种关系不成立。朱洪祥（2007）从宏观和微观两个角度全面分析了山东省城镇化发展质量，在宏观层面运用判断城镇化质量的三个宏观判据，总体上判断了全省城镇化质量所处的基本阶段。在微观层面，他通过建立城镇化发展质量监测评价指标体系，计算出各市城镇化质量指数，据此分析认为，城镇化是经济发展方式、居民生活状况、社会事业同步推进的过程。他的研究重点在于城镇化带来的经济、社会、生态等方面的复合效应。

第九，基于社会学视角构建监测评价指标体系。攀红敏和李晨煜（2017）从社会学的视角，建构了包括"就业城镇化""居住城镇化""行为城镇化"三个维度的新型城镇化评估框架。基于新型城镇化评估框架，他们构建了包括就业状况、就业服务、居住状况、住房服务、基本公共服务、社会参与、社会认同 7 个三级指标以及 15 个四级指标的人的城镇化监测评价指标体系。该监测评价指标体系既体现了人的城镇化的本质，也反映了人的城镇化的动态演进过程。

3.4.2 城镇化高质量发展评价指标体系

借鉴国际上通用的指标体系研究方法和框架，本书的城镇化高质量

第3章 城镇化高质量发展机制

发展评价指标体系采取分层构建原则（见图3-2），共包括四个层级。第一层为总目标层，对"城镇化高质量发展"内涵和目标进行定性、定量诠释；第二层为维度层，结合城镇化高质量发展重点领域确定支撑总目标实现的分维度要素；第三层为路径层，是实现各维度发展目标的路径选择；第四层为指标层，包括约束上述路径的具体因子，可作为考核的各项量化指数。

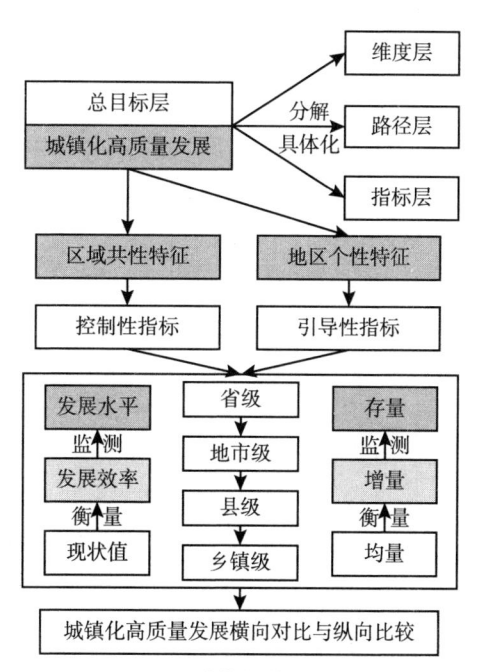

图3-2 评价指标体系构建思路

城镇化高质量发展评价主要从社区建设、产业就业、交通设施、公共服务、生态环境和文化氛围等维度展开，在具体指标选取时主要考虑对城镇化高质量发展的水平和质量的评价，指标类型包括存量指标、增量指标和均量指标，并根据指标对城镇化高质量发展目标实现的支撑作用分为控制性指标和引导性指标（见表3-1），并用"*"标出省级、地市级、县级和乡镇级等不同行政层级的关键指标。

表 3-1 城镇化高质量发展指标体系

维度层	路径层	指标层	序号	性质	省级	地市级	县级	乡镇级
社区建设	人口	年末总人口（万人）	1	控制性正指标	*	*	*	
		常住人口城镇化率（%）	2	控制性正指标	*	*	*	*
		小学生在校学生数（人）	3	引导性正指标		*	*	*
		城镇登记失业人员数（人）	4	引导性正指标	*	*	*	
		老年人口与青少年人口之比（%）	5	引导性正指标	*	*	*	*
	空间	城市开发密度（%）	6	控制性正指标	*	*	*	*
		居住用地与商服用地比例（%）	7	控制性正指标	*	*	*	*
		市政公用设施建设实际到位资金（万元）	8	引导性正指标	*	*	*	
		住房空置率（%）	9	引导性正指标	*	*	*	*
产业就业	产业发展	人均GDP（元）	10	控制性正指标	*	*	*	
		非农产业增加值占地区GDP的比重（%）	11	控制性正指标	*	*	*	*
		公共财政预算收入（万元）	12	控制性正指标	*	*	*	*
		规模以上工业企业总产值（亿元）	13	引导性正指标	*	*	*	*
		电子商务交易量（亿元）	14	引导性正指标	*	*	*	
		生活与生产用电量增幅差距（%）	15	引导性正指标	*	*	*	
	就业支撑	平均月度网站发布的招聘人数（个）	16	引导性正指标	*	*	*	
		城镇就业人员平均工资（元）	17	控制性正指标	*	*	*	*
		地区最低工资标准（元）	18	控制性正指标	*	*	*	

第3章 城镇化高质量发展机制

续表

维度层	路径层	指标层	序号	性质	省级	地市级	县级	乡镇级
交通设施	便捷性	居民到公共设施的步行可达性（分钟）	19	控制性正指标			*	
		高速公路过境车辆数（辆）	20	引导性正指标	*	*	*	*
		城市拥堵日天数（天）	21	引导性正指标		*	*	
	公平性	公共交通出行分担率（%）	22	控制性正指标	*	*	*	
		路网密度（千米/平方千米）	23	引导性正指标	*	*	*	
	健康性	交通事故发生率（%）	24	控制性正指标	*	*	*	
		步行和自行车道路密度（千米·平方千米）	25	引导性正指标			*	*
公共服务	福利水平	公共服务支出占公共财政总支出比例（%）	26	控制性正指标	*	*	*	
		万人拥有医生数（人）	27	控制性正指标	*	*	*	*
		普通高中在校学生数（人）	28	控制性正指标	*	*	*	
		城镇常住人口保障性住房覆盖率（%）	29	引导性正指标	*	*	*	
	保障水平	失业保险参保率（%）	30	引导性正指标	*	*	*	
		流动人口子女入学率（%）	31	引导性正指标	*	*	*	*
		低保补贴标准（元）	32	引导性正指标	*	*	*	
	设施水平	建成区透水面积率（%）	33	控制性正指标	*	*	*	*
		建成区供水管道密度（公里/平方公里）	34	控制性正指标		*	*	*

35

续表

维度层	路径层	指标层	序号	性质	省级	地市级	县级	乡镇级
生态环境	环境质量	人均公园绿地面积（平方米）	35	控制性正指标	*	*	*	*
		环境噪声达标率（%）	36	引导性正指标		*	*	*
		地表水达到或好于Ⅲ类水体比例（%）	37	控制性正指标	*	*	*	*
	开放空间	城市通风廊道面积占建成区面积比重（%）	38	引导性正指标		*	*	*
		城市开敞空间与总用地的比例（%）	39	引导性正指标	*	*	*	*
	资源承载	空气质量指数优良天数（天）	40	控制性正指标	*	*	*	
		多年平均水资源总量（亿立方米）	41	控制性正指标	*	*	*	*
		万元GDP能耗（吨标准煤/万元）	42	控制性正指标	*	*	*	
文化氛围	传统风貌	特色景点数量（个）	43	引导性正指标		*	*	*
	市民文化	居民对标志性景观的认可度（%）	44	引导性正指标		*	*	*
		城市居民对本地事务的关注程度（%）	45	引导性正指标		*	*	*
	城市融入	居民参加社区服务的参与率（%）	46	引导性正指标		*	*	*

3.4.3 评价方法

城镇化高质量发展的评价方法就目前来看主要集中在以下几个方面：

一是单一指标法。马世尧等（2012）提出，最常用的评价城镇化水平的单一指标方法是人口评价法，它包括城镇人口比重指标法、非农业人口比重指标法、非农劳动力占总劳动力比重指标法。

二是加权综合指数法。郭晓燕（2012）提出，在对城镇化进程总体水平进行综合评价时，一般采用加权综合指数法，主要有两种方式：一是德尔菲法，二是对每个指标赋权，可分为主观赋权法和客观赋权法。此后，邓剑伟（2015）、吴红霞、赵爽、金一多（2016）也相继运用主观赋权法或是客观赋权法来测度新型城镇化水平。赵爽、吴红霞（2015）也用灰色关联度分析方法进行综合评价新型城镇化发展水平。此外，常用的城镇化评价方法还包括层次分析法，如李倩蓉等（2010）、马瑶、代合治（2014）、林木西（2017）等。还有张轩（2015）提出从物理学的耦合系数模型和耦合协调模型，从时空角度判定人口和土地城镇化两大系统的耦合协调关系。

三是主要指标与复合指标法。赵燕、赵秀清（2016）提出，新型城镇化评价方法主要有两种，即主要指标法与复合指标法。主要指标法是以城镇人口比重、非农业人口比重、城市用地指标作为衡量城镇化发展水平的标准重要方法。复合指标法着重强调城镇的人口性质变化、经济发展水平、社会生产生活和人居环境，它是一种综合性指标，由若干个指标构成，全面系统评价某个地区城镇化水平。

四是DPSIR模型。郑磊、韦海民、刘正顺（2014）提出，基于DPSIR模型构建新型城镇化发展的综合监测评价指标体系。DPSIR模型是欧盟统计局（EUROSTAT）和欧洲委员会欧洲环境机构（EEA）在进行环境系统分析和环境指标制定工作过程中，基于PSR模型所建立的新模型，主要用于评价环境的可持续发展水平。该模型涵盖经济、社会、环境三大要素，它基于因果关系组织信息及相关指数的逻辑框架，是对PSR框架的进一步完善，存在着驱动力（driving force）——压力（pressure）——状态（state）——影响（impact）——响应（response）的因果关系链。DPSIR模型从系统分析的角度看待系统因素间的相互作用，将一个系统的评价指标分成驱动力、压力、状态、影响和响应五个准则层,同时每个准则层中又包含若干指标。

五是TOPSIS评价方法。王一惠(2017)提出基于折中比值的TOPSIS评价方法,构建了一套新的城镇化水平评价指标集,并采用组合赋权法确定出评价指标的权重。针对城镇化水平评价过程中存在的不确定性因素,该方法采用三角模糊数作为评价测度,基于逼近理想解方法,对各区域城镇化水平评价信息与正负理想解之间的距离进行折中融合,给出基于理想解方法的城镇化水平评价方法。

第4章 城镇化高质量发展水平监测评价：山东省的实践

4.1 城镇化高质量发展监测评价背景

改革开放以来，山东省城镇化水平有了大幅提升，1978年山东省城镇化率仅为13.46%，2017年提高到了60.58%，年均提高1.21个百分点。这也说明山东省的城镇常住人口已经超过农村常住人口，标志着山东省进入城市社会占主导地位的新的历史时期。

山东省城镇化快速发展的过程中，也积累了很多不容忽视的问题。表现在：

（1）城镇化总体水平不高，农业转移人口市民化的任务艰巨。与发达省份相比，山东省城镇化的总体水平还不高。2017年山东省城镇化率达到了60.58%，略高于全国平均水平58.52%，但在GDP总量前四位的省份中，山东省最低，分别比广东、江苏和浙江三省低9.27个、8.22个和7.42个百分点。2016年山东省的户籍城镇化率仅为49%，比人口城镇化率低10个百分点，这说明山东省还有大量农业转移人口没有市民化，城镇常住人口中的"两栖人"比例较高，农业转移人口市民化的任务还十分艰巨。

（2）城镇化发展协调性不强。山东省各市之间、不同区域之间城镇化水平存在较大差距，发展很不平衡。设区市的城镇化率最低的与最高的相差20多个百分点，同一市域内市区好于县域，县城好于镇域，城乡差距比较明显。总体来说，山东省城市群区域一体化程度不高，城市群综合竞争力较低。

（3）城镇土地利用方式比较粗放。在推进城镇化进程中，山东省有些城市规划设立了数量过多、规模过大的新城新区、各类产业园区，导致城镇土地利用的集约化程度较低，造成了土地资源的浪费。

（4）城镇综合承载压力日增，生态环境问题日益严峻。相关研究表明山东省城镇资源环境承载力综合指数整体呈现"先上升、后下降"的变化趋势，而资源环境承载力响应指数由"正响应"转变为"负响应"，城镇化的资源环境承载力响应度由相对稳定转变为急剧提高。

（5）体制机制不够健全，城镇化发展面临着一系列的制度障碍。城乡二元户籍管理制度、土地管理制度、就业制度、社会保障制度等方面的改革滞后，制约了山东省公共资源在城乡的优化配置和生产要素在城乡之间的合理流动，影响了城镇化的健康有序发展。

上述问题的存在降低了山东省城镇化发展的质量。经济新常态背景下，山东省作为东部地区的经济大省和人口大省，要着力引领城镇化加快发展的历史进程，同时还要注重提高发展质量。

当前，山东省围绕"全面深化改革开放，聚焦聚力高质量发展"，全面实施新旧动能转换重大工程，创建了全国首个新旧动能转换综合试验区。对于处在转型发展关键期的山东而言，综合实验区的设立，将助力山东冲出传统路径依赖，打破困扰多年的"资源魔咒"，开创一条依靠"四新"谋发展的新路径。推动山东省城镇化高质量发展，应以新旧动能转换重大工程为契机，全面破除影响城镇化高质量发展的各种障碍，转变城镇化发展方式，以人的城镇化为核心，以城市群为主体形态，以提高综合承载能力为支撑，以创新体制机制为保障，不断优化城镇空间布局和形态，推进农业转移人口市民化和基本公共服务均等化，提高城镇可持续发展能力，推动共享发展与城乡一体化，稳步提升山东省城镇化发展的水平和质量。

因此，山东省城镇化高质量发展监测评价的目标应是：贯彻党的十九大关于推进高质量发展的要求，以新型城镇化"创新、协调、绿色、开放、共享"的发展理念为引领，坚持以人的城镇化为核心、提高质量为关键，结合山东省多年来城镇化监测评价实践，研究提出新时代背景下城镇化高质量发展监测评价指标体系，据此开展省级和设区市等多层级的实证研究，为定量评价地区城镇化高质量发展水平提供理论技术支撑，并为地区城镇化发展决策提供依据。

本书遵循"提出问题、分析问题、解决问题"的研究思路，围绕研究主题，综合运用多种分析方法开展城镇化高质量发展监测评价指标体系构建和实证分析，具体的技术路线设置如图4-1所示。

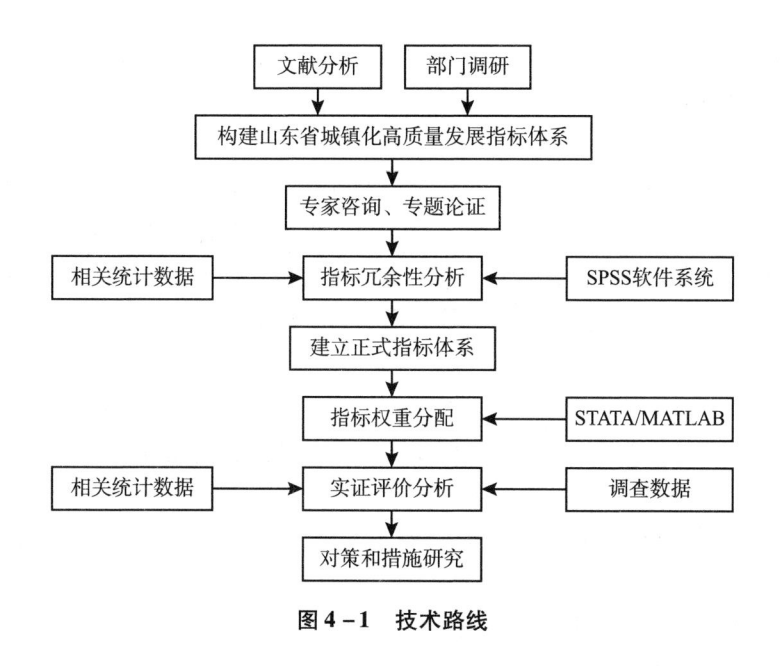

图4-1 技术路线

4.2 山东省城镇化高质量发展监测评价理论体系

4.2.1 目标与核心领域

1. 山东省城镇化高质量发展的目标

党的十九大和中央经济工作会议提出，要把高质量发展作为确定发展思路、制定经济政策、实施宏观调控的根本要求。提升城镇化发展质量是高质量发展的必由之路，事关发展全局。近年来，山东省经济快速增长，城镇化率处于30%~70%的快速发展区间，仍处在城镇化较快的发展阶段。制定城镇化高质量发展目标，必须总结借鉴国内外城镇化实践成果，结合山东省城镇化阶段性特征，紧扣社会主要矛盾变化，贯彻落实新发展理念，着力推动新型城镇化高质量发展。

（1）提升城镇化水平和质量。到2020年，全省常住人口城镇化率达到62%左右、户籍人口城镇化率达到52%左右。努力实现700万左右农业转移人口在城镇落户，促进1000万左右城中村居民完全市民化。

（2）优化城镇格局。"一群、一带、双核六区"为主体的城镇化格局基本形成，山东半岛城市群产业、人口集聚能力明显提升，城市规模结构更加完善，济南、青岛两大中心城市辐射带动作用更加突出，中小城市数量明显增加，小城镇服务功能明显增强，达到产业、城市、人口之间互为依托、互相促动、高效优质的发展目标。

（3）实现"产·城·人"融合发展。山东省产城融合发展应立足实际，借鉴国内外先进经验，以"产·城·人"融合互动发展为遵循，以产业发展为保障，驱动城市更新和完善服务配套，提升产城融合发展的客观条件；以城市发展为载体，拓展产业空间的经济承载，夯实产城融合发展的物质基础；以人的发展为目标，推动产城融合发展，构建"产、城、人"互动的有机体系。

（4）创造更加和谐宜人的城镇生活。稳步提高义务教育、就业服务、基本养老、基本医疗卫生、保障住房和市政基础设施发展建设水平；生态环境明显改善，自然文化特色更加突出，公共安全有效保障，城市管理更加人性化、智能化、精细化。

（5）推动城乡发展一体化。实现城乡发展一体化，是经济社会发展的内在规律，也是城市化高质量发展的重要内容。长期以来，城乡二元结构的存在，导致城乡发展差距不断拉大，引发城乡关系失衡。解决城乡二元结构的关键是统筹城乡发展，完善城乡一体化发展体制机制，提高农业现代化水平，增强农村发展活力，逐步缩小城乡差距，构建城乡经济、社会和生态一体化发展新格局。

2. 山东省城镇化高质量发展的核心领域

立足山东省实际，山东省城镇化高质量发展核心领域主要集中以下方面。

（1）农业转移人口市民化。按照尊重意愿、自主选择，因地制宜、分步推进，存量优先、带动增量的原则，以农业转移人口和随迁家属、城中村和棚户区人口、大中专学校毕业生为重点，统筹推进户籍制度改革和基本公共服务均等化，建立健全市民化推进机制，逐步提高人口市民化质量。到2020年，实现700万农业转移人口市民化。济南、青岛等市城区年均增长7万~8万人；淄博、烟台、潍坊、临沂等市城区年均增长3万~4万人；其他设区城市和经济强县（市）城区年均增长1万~2万人；一般县（市）城区年均增长0.5万人以上；小城镇和农村新型社区重点吸纳就地转移人口。

（2）新旧动能转换。2017年山东省GDP总量位列全国第三，但大而不强，经济发展不平衡、不充分问题比较突出，多数产业处于价值链中低端，转型升级压力大，传统动能主体地位尚未根本改变，淘汰落后产能任务艰巨。山东省新旧动能转换形势迫切，应紧紧抓住新旧动能转换综合试验区获批建设的重大机遇，统筹谋划、科学部署，以供给侧结构性改革为主线，以新技术、新产业、新业态、新模式为核心，以知识、技术、信息、数据等新生产要素为支撑，促进产业智慧化、智慧产业化、跨界融合化、品牌高端化，实现传统产业提质效、新兴产业提规模、跨界融合提潜能、品牌高端提价值，着力加快建设实体经济、科技创新、现代金融、人力资源协同发展的产业体系，统筹区域协调、城乡一体、陆海联动和减排节能绿色发展。到2022年，基本形成新动能主导经济发展的新格局，经济质量优势显著增强，现代化经济体系建设取得重要阶段性成果。"四新"经济增加值占比年均提高1.5个百分点左右，力争达到30%。到2028年，改革开放50周年时，基本完成这一轮新旧动能转换，创新发展的体制机制系统完备、科学规范、运转高效，要素投入结构、产业发展结构、城乡区域结构、所有制结构持续优化，市场活力充沛，发展动力强劲。到2035年，山东省经济实力、科技实力大幅跃升，法治政府基本建成，美丽山东目标基本实现，文化软实力显著增强，共同富裕迈出坚实步伐，在基本实现社会主义现代化进程中走在前列。

（3）乡村振兴。乡村振兴战略是我国立足新的历史起点，在新的历史背景下农业农村发展到新阶段的必然要求。目前，山东省常住人口已突破1亿人，即使未来城镇化率达到70%的较高水平，仍将有3000多万人生活在农村，蕴含着巨大的市场潜力和广阔的发展空间。但同时，我们也要清醒地看到，山东省乡村发展仍存在一系列深层次矛盾和问题。破解乡村发展的难题，必须全面贯彻党的十九大精神，以习近平总书记关于打造乡村振兴齐鲁样板的重要指示精神为根本遵循，统筹生产、生态、生活一体布局，实现生产美产业强、生态美环境优、生活美家园好"三生三美"融合发展。到2020年，乡村振兴取得重要进展，建成一整套齐鲁样板政策体系、制度体系、标准体系和考核体系；到2022年，乡村振兴取得重大突破，全省30%的村基本实现农业农村现代化；到2035年，乡村振兴取得决定性进展，基本实现农业农村现代化，齐鲁样板全面形成；到2050年，乡村全面振兴，农业强、农村美、农民富全面实现。

（4）绿色发展。绿色发展是城镇化高质量发展的主要核心特征，把绿色发展理念融入城镇化全过程，转变城镇建设模式，保护自然生态本底，推进绿色发展、循环发展、低碳发展，建设资源节约型和环境友好型城镇，促进城镇化发展与资源环境相协调。

4.2.2 监测评价指标体系构建

为聚焦城镇化高质量发展的新要求，转变发展方式，加快推动地区发展质量变革、效率变革、动力变革，我们应积极开展城镇化高质量发展监测评价考核，构建一个科学合理、符合山东省城镇化特点的高质量发展监测评价体系，综合反映和客观评价城镇化高质量发展水平。

1. 构建原则

评价城镇化高质量发展必须有一套明确的量化指标，指标体系的建立是城镇化高质量发展评价的核心部分，是关系评价结果可信度的关键因素。构建科学合理的城镇化高质量发展监测评价指标体系应遵循科学性、系统性、层次性、可比性、实用性基本原则。

（1）科学性原则。城镇化高质量发展监测评价指标体系必须遵循城镇化发展规律，采用科学的方法和手段，确立的指标必须是能够通过观察、测试、评议等方式得出明确结论的定性或定量指标。指标体系较能客观、真实反映城镇化发展质量的状态，能从不同角度和方面进行衡量。因此，体系构建应坚持科学性原则，统筹兼顾，指标体系过大或过小都不利于做出正确的评价，必须以科学态度选取指标，把握科学发展规律，提高发展质量和效益，以便真实有效作出评价。

（2）系统性原则。城镇化高质量发展是一个多方面、多层次的概念。评价城镇化发展质量水平，必须首先对城镇化高质量发展系统进行全面的分析，将整个指标体系分为若干个互相联系的子系统，各个子系统相对独立，内涵清晰，符合人们对系统整体的认知习惯。评价指标之间要具有系统性逻辑，避免过于庞杂，尽可能界限分明。监测评价指标体系不仅要统筹兼顾，还必须结构清晰，简洁明了，以较少的指标全面系统地反映城镇化高质量发展的内容。

（3）层次性原则。城镇化高质量发展是多层次、多因素综合影响和作用的结果，评价体系也应具有层次性，从不同方面、不同层次反映城镇化高质量发展的实际情况。指标体系应选择一些指标从整体层次上把握评价目标的协调程序，以保证评价的全面性和可信度。指标设置上按照指标间的层次递进关系，尽可能体现层次分明，通过一定的梯度，能准确反映指标间的支配关系，充分落实分层次评价原则，这样既能消除指标间的相容性，又能保证指标体系的全面性、科学性。

（4）可比性原则。城镇化发展是不断变化的，其监测评价指标体系也是一个不断发展演变的过程。构建城镇化高质量发展监测评价指标体系，一是为了客观评价城镇化高质量发展的水平，二是为今后的发展及政策的制定提供指导。因此，监测评价指标体系的设置既要具有动态发展性，又要具有横向的可比性。一方面，评价指标的设置既要参考过去指标体系的优点，又要充分体现新型城镇化发展进程的新趋势和新特点，使其具有一定的历史延续性和发展性；另一方面，要与全国指标相一致，使其在具体指标上具有可比性，方便进行客观的评价以发现不足。

（5）实用性原则。指标体系的构建必须具有简单实用可操作性，才具有较高社会价值。在设置指标时应既要满足全面系统的要求，又要注意指标的简便实用性。即：监测评价指标体系不要过于繁琐，在保证评价结果的客观性、全面性的前提下尽可能简化；数据要易于获取，准确可靠，否则评价工作难以进行；评价指标以及相关数据要标准化、规范化，便于广泛的使用。全面系统性与简便实用性是难以兼顾的两个方面，应妥善处理二者之间的关系。

综合上述普遍原则的要求，构建山东省城镇化高质量发展监测评价指标体系时，对具体指标的设置将按以下原则进行具体的设置：以比例指标为主，以总量指标为辅；以客观指标为主，以主观指标为辅；以宏观指标为主，以行业指标为辅。

2. 设计思路

指标体系的设计，应围绕城镇化高质量发展的内涵、目标和核心领域，在突出重点中找准路径，重点理清楚"指标内涵是什么""山东省基础怎么样""提升空间在哪里"等问题，从而科学、准确概括出城镇化高质量发展所涉及的内容，分别从动能支撑、创新驱动、城市建设、宜居环境、共享发展、城乡一体6个维度出发，构建城镇化高质量发展监测评价指标体系。其中，动能支撑意在实现传统产业提质效、新兴产业提规模，创新驱动强调知识、技术、信息、数据等新生产要素，城市建设和宜居环境重在打造更加和谐宜人的城镇生活，共享发展侧重社会公共服务和社会保障，城乡一体在于统筹城乡经济、社会和生态发展，这几方面构成了监测评价指标体系的准则层；进而筛选规模、速率、结构和效率等指标，完成城镇化高质量发展监测评价目标纵向与横向的层层分解，建立城镇化高质量发展指标体系的基本框架，全面监测评价城镇化高质量发展水平（见图4-2）。

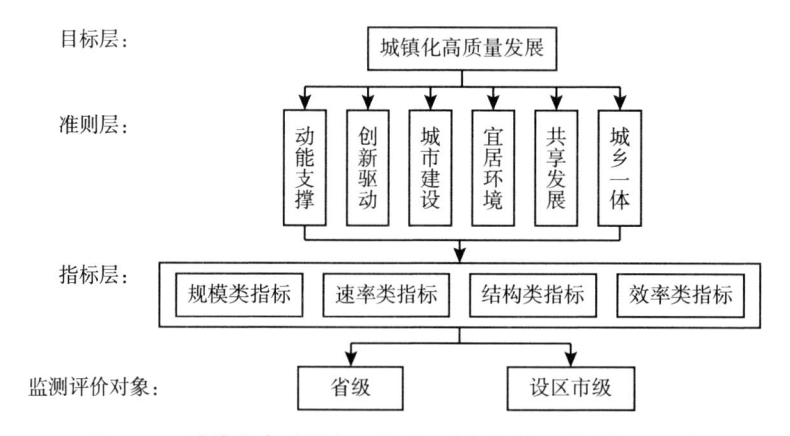

图4-2 城镇化高质量发展监测评价指标体系基本框架示意

由于城镇化在不同行政层级表现出的发展水平和发展阶段不尽相

同,所承载的引领带动使命也不相同,相应的监测评价工作也要有所侧重,为此,本书研究在设计监测评价指标体系时,将针对不同行政层级设计不同的指标体系。一般来讲,城镇化高质量发展评价对象可以分为全省、设区市、县级市、县四个层级。考虑到目前城镇化高质量发展尚处于摸索阶段,较多侧重于引领区域性大都市区和城市群的新型城镇化建设发展,而且县级市和县级城镇化高质量发展相关指标数据相对难以获取,因此,本书将监测评价重点放在了省和设区市层级,按照山东省城镇化高质量放在全国进行审视、设区市城镇化高质量放在全省进行审视的基本思路,分别构建山东省、设区市城镇化高质量发展监测评价指标体系。

3. 省级城镇化高质量发展监测评价指标体系

该指标体系由目标层、准则层和指标层构成,准则层从动能支撑、创新驱动、城市建设、宜居环境、共享发展、城乡一体6个方面体现山东省城镇化高质量发展的内涵,准则层下又用具体指标来反映其相应涵义,共包括24个指标,如表4-1所示。

表4-1　省级城镇化高质量发展监测评价指标体系

目标层	准则层	序号	指标层	目标值	指标性质	单位	权重
城镇化高质量发展指数	动能支撑(17)	1	人均GDP	180000	正向	元	6
		2	公共财政预算收入占GDP比重	21.68	正向	%	5
		3	第三产业增加值占GDP比重	80.56	正向	%	3
		4	进入全球百强的瞪羚企业数量	38.00	正向	家	3
	创新驱动(20)	5	R&D投入占GDP比重	5.64	正向	%	6
		6	有效发明专利五年以上维持率	100.00	正向	%	5
		7	高技术企业主营业务收入占规模以上工业企业的比重	45	正向	%	4
		8	单位人均R&D人员全时当量	60	正向	人·年	5

续表

目标层	准则层	序号	指标层	目标值	指标性质	单位	权重
城镇化高质量发展指数	城市建设(17)	9	万人拥有公共交通车辆数量	21.69	正向	辆	5
		10	路网密度	8.12	正向	km/km²	5
		11	地下管廊密度	6	正向	km/km²	4
		12	进入全球综合竞争力排名的城市数量	15	正向	个	3
	宜居环境(17)	13	环境质量指数	100	正向	%	5
		14	地表水达到或好于Ⅲ类水体比例	100	正向	%	4
		15	人均公园绿地面积	20.65	正向	平方米	4
		16	万元GDP主要污染物排放强度	79.54	负向	吨/亿元	4
	共享发展(15)	17	城镇居民人均可支配收入	70000	正向	元	5
		18	万人拥有执业医师数	43.5	正向	人/万人	4
		19	大专及以上人口占总人口的比重	19.7	正向	%	2
		20	户籍城镇人口与常住城镇人口比值	1	负向	—	4
	城乡一体(14)	21	城乡居民收入差异度	1	负向	—	3
		22	城乡居民人均消费性支出之比	1	负向	—	3
		23	城乡基础设施差异度	1	负向	—	4
		24	城乡建设资金投入差异度	1	负向	—	4

主要指标解释如下。

（1）人均GDP：是反映一个国家经济实力的最具代表性的指标，可以反映经济增长与创新能力发展之间相互依存、相互促进的关系，计算方法为人均GDP＝总产出（即GDP总额，社会产品和服务的产出总额）/总人口，用来表征一国（地区）全部生产活动最终成果的重要指标。人均GDP上升是经济提质增效的重要体现。

（2）公共财政预算收入占GDP比重：指一个国家或地区，在核算期内（通常为一年）公共财政预算收入与总产出的比值，计算方法为公共财政预算收入占 GDP 比重 = 公共财政预算收入/总产出。公共财政预算收入占 GDP 比重的增加是地区综合经济实力持续增强、经济增长质量和效益不断提高的重要表征。

（3）第三产业增加值占 GDP 比重：指一个国家或地区，在核算期内（通常为一年）第三产业增加值与总产出的比值，计算方法为第三产业增加值占 GDP 比重 = 第三产业增加值/总产出。这是产业升级的重要体现，第三产业增加值占 GDP 比重的值越高，说明产业结构的优化程度越高。

（4）进入全球百强的瞪羚企业数量：指成长性好、具有跳跃式发展态势的高新技术企业进入全球百强的数量，用来表征企业发展集约化、国际化、轻资产化、员工高素质化以及科技活动日益活跃化程度。进入全球百强的瞪羚企业数量越多，说明新兴产业发展规模越大。

（5）R&D 投入占 GDP 比重：指用于研究与试验发展（R&D）活动的经费占地区生产总值（GDP）的比重，计算方法为 R&D 投入占 GDP 比重 = 用于研究与试验发展（R&D）活动的经费/总产出，用来表征在科学技术领域，为增加知识总量以及运用这些知识去创造新的应用而进行的系统的创造性的活动的投入占比。R&D 投入占 GDP 比重的值高低显示的是对科技创新的重视程度，也即创新建设在知识、技术要素投入的重要体现。

（6）有效发明专利五年以上维持率：有效发明专利指作为第一专利权人拥有的、经境内外知识产权行政部门授权且在有效期内的发明专利，其五年以上的维持率作为维护知识产权领域核心竞争力的保护盾。较高的有效发明专利维持率对于构建支撑产业发展、提升企业竞争力的专利储备意义重大。

（7）高技术企业主营业务收入占规模以上工业企业的比重：计算方法为高技术企业主营业务收入占规模以上工业企业的比重 = 高技术企业主营业务收入/规模以上工业企业。高技术企业主营业务收入占规模以上工业企业的比重的值越高，说明高技术企业对工业经济的支撑度越强，经济结构处于持续优化升级中。

（8）单位人均 R&D 人员全时当量：指按常住全部人口平均计算的 R&D 人员全时当量。R&D 人员包括企业、科研机构、高等学校的 R&D

人员，是全社会各种创新主体的 R&D 人力投入合力。R&D 人员全时当量是指按工作量折合计算的 R&D 人员，用来表征自主创新人力的投入规模和强度，该指标数值高代表创新驱动活力强。

（9）万人拥有公共交通车辆数量：指按人口计算的每万人平均拥有的公共交通车辆标台数，计算方法为万人拥有公共交通车辆数量＝全省公共交通运营车标台数/全省人口数（万人），用来表征所在地区的交通通达度。指标值高显示人们交通出行的便捷度，是衡量城市建设必不可少的一个方面。

（10）路网密度：指的是线路网分布的疏密程度，计算方法为路网密度＝运营线路网长度/城市面积。它对交通控制方式、居民日常生活及运输营运费用产生很大的影响，用来表征城市路网发展水平。交通建设越完善越有利于经济发展，路网规模与经济发展的匹配度，是构造城镇便捷生活的重要组成部分。

（11）地下管廊密度：指的是地下管廊分布的疏密程度，计算方法为地下管廊密度＝地下管廊长度/城市面积。地下综合管廊系统不仅解决城市交通拥堵问题，还极大方便了电力、通信、燃气、供排水等市政设施的维护，是现代化城市综合承载能力的体现。

（12）进入全球综合竞争力排名的城市数量：《全球城市竞争力报告》由中国社会科学院发布，主要从城市经济竞争力与可持续竞争力两方面构建指标体系，其中经济竞争力是指城市当前创造价值、获取经济租金的能力，从显示的角度，使用经济密度指标与经济增量指标；而可持续竞争力指一个城市通过提升其经济、社会、环境和技术优势，更好、更持续地满足城市居民复杂而挑剔的社会福利的长期可持续的能力，从解释性的角度选取经济活力、环境质量、社会包容、科技创新、全球联系、政府管理、人力资本潜力和基础设施 8 个指标，共测度了全球 1007 个城市的可持续竞争力指数。进入全球综合竞争力排名的城市数量越多，代表该省的城市整体竞争力水平越优异。

（13）环境质量指数：是表征自然环境污染危害的情况以及自然环境质量的优劣测度指标，包括对污染源、环境质量和环境效应三部分的评价。环境质量指数的提出与研究是随着各国对环境质量的关注和环境污染的加重而逐步深入和广泛，是宜居环境建设的直接体现。

（14）地表水达到或好于Ⅲ类水体比例：依据地表水水域环境功能

和保护目标，按功能高低依次划分为五类：Ⅰ类主要适用于源头水、国家自然保护区；Ⅱ类主要适用于集中式生活饮用水地表水源地一级保护区、珍稀水生生物栖息地、鱼虾类产场、仔稚幼鱼的索饵场等；Ⅲ类主要适用于集中式生活饮用水地表水源地二级保护区、鱼虾类越冬场、洄游通道、水产养殖区等渔业水域及游泳区；Ⅳ类主要适用于一般工业用水区及人体非直接接触的娱乐用水区；Ⅴ类主要适用于农业用水区及一般景观要求水域。计算方法为地表水达到或好于Ⅲ类水体比例 = 地表水达到或好于Ⅲ类水体/全部的地表水，用来表征水资源的优劣程度。

（15）人均公园绿地面积：指城镇公园绿地面积的人均占有量，计算方法为人均公园绿地面积 = 公园绿地面积/城市人口数量，是反映城市居民生活环境和生活质量的重要指标。

（16）万元 GDP 主要污染物排放强度：计算方法为万元 GDP 主要污染物排放强度 = 主要污染物排放量/地区总产出，用来表征生产活动造成环境污染的程度。

（17）城镇居民人均可支配收入：指反映居民家庭全部现金收入能用于安排家庭日常生活的那部分收入，计算方法为城镇居民人均可支配收入 = （家庭总收入 - 交纳的所得税 - 个人交纳的社会保障支出 - 记账补贴）/家庭人口，用来表征居民的平均生活水平，城镇居民人均可支配收入指标值越高，消费能力也越高，说明经济发展成果的惠及面也更广。

（18）万人拥有执业医师数：反映的是地方的医疗力量，计算方法为万人拥有执业医师数 = 职业医师总数/总人口数（万人），用来表征地区医疗保障水平的高低。指标值越高说明卫生基础保障方面越广泛，体现了社会公共服务的完善度。

（19）大专及以上人口占总人口的比重：反映的是地区人口的受教育程度的高低，计算方法为大专及以上人口占总人口的比重 = 大专及以上人口数/总人口数，为衡量各地区人力资本、居民受教育程度的变量。

（20）户籍城镇人口与常住城镇人口比值：衡量的是一个地方的城镇化率，计算方法为户籍城镇人口与常住城镇人口比值 = 户籍城镇人口数/常住城镇人口数，用来表征人口在一定时期内向城市聚集的过程。

（21）城乡居民收入差异度：指的是城镇居民可支配收入与农村居

民人均纯收入之比，用来表征城乡居民收入的均衡度，其值越大说明城乡差距越大。

（22）城乡居民人均消费性支出之比：指的是城镇居民人均消费性支出与农村居民人均消费性支出之比，用来表征城乡居民在消费方面的差异程度。

（23）城乡基础设施差异度：指的是城镇基础设施建设支出与农村基础设施建设支出之比，用来表征城乡基础设施建设的一体化程度。基础设施建设水平与一个区域的经济和社会发展息息相关，城乡基础设施差异度的值越小说明该地区城乡社会一体化程度高。

（24）城乡建设资金投入差异度：指的是城镇建设资金投入与农村建设资金投入之比，用来表征政府在城乡建设资金投入的偏倚程度，其对城乡一体化的贡献体现在，其值越小说明政府的建设资金也全面照顾到了乡村，不再是仅仅片面追求城镇化数量的增加及规模的扩张，更注重城镇化质量的提高。

4. 设区市城镇化高质量发展监测评价指标体系

该指标体系与省级城镇化高质量发展监测评价指标体系设置相同，立足于山东省城镇化发展实际，在设区市评价体系指标选择上更突出强调了山东省各设区市城镇化高质量发展的横向对比，最终指标体系共包括28个具体指标，其中沿用了17个省级指标体系中采用的指标，调整补充了11个设区市级独有的指标（见表4-2）。

表4-2　设区市城镇化高质量发展监测评价指标体系

目标层	准则层	序号	指标层	目标值	指标性质	单位	权重
城镇化高质量发展指数	动能支撑（17）	1	人均GDP	180000	正向	元	5
		2	公共财政预算收入占GDP比重	22	正向	%	4
		3	城镇就业支撑系数	1	正向	—	3
		4	瞪羚企业数量	31	正向	家	3
		5	名牌产品和服务名牌数量	95	正向	—	2

续表

目标层	准则层	序号	指标层	目标值	指标性质	单位	权重
城镇化高质量发展指数	创新驱动(20)	6	R&D投入占GDP比重	3	正向	%	6
		7	发明专利年申请量	22492	正向	%	5
		8	高新技术企业产值占规模以上工业企业产值的比重	45	正向	%	4
		9	每万人拥有研发人员数	116	正向	人	5
	城市建设(17)	10	人均供热面积	45	正向	m^2/人	4
		11	万人拥有公交车辆	20	正向	辆	4
		12	路网密度	8	正向	km/km^2	3
		13	排水管道密度	21	正向	km/km^2	2
		14	地下综合管廊长度	88	正向	km	2
		15	海绵城市建设面积占建成区面积比重	45	正向	%	2
	宜居环境(17)	16	城市空气质量指数	100	正向	%	5
		17	地表水达到或好于Ⅲ类水体比例	100	正向	%	4
		18	人均公园绿地面积	28	正向	平方米	4
		19	万元GDP主要污染物排放强度	48	负向	吨/亿元	4
	共享发展(15)	20	城镇居民人均可支配收入	70000	正向	元	4
		21	居民生活满意度	100	正向	%	2
		22	万人拥有医生数	45	正向	人/万人	3
		23	农民工随迁子女在城镇接受义务教育比例	100	正向	%	3
		24	城镇职工社会保障覆盖率	100	正向	%	3
	城乡一体(14)	25	城乡居民收入差异度	1	负向	—	3
		26	城乡居民人均消费性支出之比	1	负向	—	3
		27	城乡基础设施差异度	1	负向	—	4
		28	城乡建设资金投入差异度	1	负向	—	4

下面的指标解释主要侧重于设区市级独有的指标。

（1）城镇就业支撑系数：指就业人数增长率与GDP增长率的比值，计算方法为城镇就业支撑系数＝就业人数增长率/GDP增长率，用来表征城镇吸收劳动力能力的强弱。

（2）名牌产品和服务名牌数量：根据《山东名牌认定管理办法》，由第三方机构评选确定的山东名牌产品和山东省服务名牌认定，代表了质量管理水平高、市场竞争力强、品牌形象突出的企业、产品、服务品牌和产业集群。

（3）发明专利年申请量：指的是这一年内经专利机构受理技术发明申请专利的数量，是发明专利申请量、实用新型专利申请量和外观设计专利申请量之和，用来表征科技创新活动的活跃度。

（4）每万人拥有研发人员数：指的是按人口计算的每万人拥有的研发人员数，计算方法为每万人拥有研发人员数＝研发人员总数/总人口数（万人），用来表征高技术人才的密集度。

（5）人均供热面积：指的是每人享受供热面积的大小，计算方法为人均供热面积＝供热总面积/总人数。在北方省份，集中供热是现代化城市的基础设施之一，也是城市公用事业的一项重要设施。

（6）排水管道密度：指一定区域内排水管道分布的疏密程度，计算方法为排水管道密度＝排水管道总长度/建成区面积，是城市基础设施建设中不可或缺的重要组成部分。

（7）海绵城市建设面积占建成区面积比重：海绵城市是新一代城市雨洪管理概念，也可称之为"水弹性城市"，计算方法为海绵城市建设面积占建成区面积比重＝海绵城市建设面积/建成区面积。海绵城市的建设，能有效缓解城市热岛效应，促进和谐城镇的构建。

（8）城市空气质量指数：指的是据城市空气环境质量标准和各项污染物的生态环境效应及其对人体健康的影响，所确定的污染指数分级以及相应的污染物浓度限值，其值越高显示该地的空气越洁净，生态环境越宜居。

（9）居民生活满意度：指城市基本公共服务满意度，即城镇常住人口对当地政府所提供的基本公共服务与居民期望相比较的主客观感受状况，其指标值越高，说明人们对城镇生活的满意度越高。

（10）农民工随迁子女在城镇接受义务教育比例：计算方法为农民

工随迁子女在城镇接受义务教育比例＝农民工随迁子女在城镇接受义务教育人数/农民工随迁子女在城镇和乡村接受义务教育总人数，其值越高说明城市能够为各类居民群体提供的社会保障水平也越高。

（11）城镇职工社会保障覆盖率：指的是接受社会保障人数的疏密度，计算方法为城镇职工社会保障覆盖率＝社会保障参保城镇职工数/城镇就业职工总数，是制度构成的社会安全网，也是社会进步的体现。

4.2.3 监测评价方法

城镇化高质量发展评价主要从动能支撑、创新驱动、城市建设、宜居环境、共享发展、城乡一体等维度展开，通过指标权重和目标值确定，数据标准化以及信息集成等技术方法，实现对城镇化高质量发展指数的综合评价。城镇化高质量发展指数越高表明城镇化发展水平越高。其技术方法具体如下：

1. 指标权重确定

依据美国学者萨蒂（T. L. Saaty）教授提出的层次分析法（AHP），我们可以结合熵值法对各指标对评价目标的贡献率大小进行定量表达。首先，邀请省内外从事城镇化研究的知名专家填写《城镇化评价指标判断矩阵表》，计算出每个专家矩阵表的最大特征根、特征向量，并对判断矩阵进行一致性检验，计算得出每级指标的平均权重。其次，采用熵技术对使用层次分析法确定的指标权重进行修正，最终分别确定各级指标权重。

2. 确定目标值

目标值的确定方法主要采用的是：（1）先进目标拟定法，基于地区发展愿望和竞争需要对现有社会资源基础上可实现的合理性判断，主要参考发达国家各指标的现状值，并结合山东省情和未来发展趋势进行一定的调整，突出引导性和可操作性，该类指标多为总量指标；（2）理想值逼近法，依据指标设计思路选择其理想值（100%）作为目标值，该类指标多为比例指标。

3. 数据标准化

由于指标体系涉及指标较多，各指标之间的度量单位不一致，为消除量纲影响,我们需要将数据进行标准化处理。为使高质量发展指数具有横向和纵向的可比性,同时更简明地表征距离高质量发展的距离,综合各种数据标准化方面之后,本书采用目标值标准化法对数据进行标准化处理。其中,对于正向指标:

$$X_{ij} = \frac{x_{ij}}{x_{minj}} \times 100$$

对于负向指标:

$$X_{ij} = \frac{x_{maxj}}{x_{ij}} \times 100$$

式中,x_{ij}为第 i 个评价对象的第 j 项指标值,x_{minj},x_{maxj}分别为第 j 项指标的最小值、最大值,y_{ij}为无量纲化后的指标值。这样的无量纲化处理把指标值变换到 0~100 的区间,只消除各个指标值的量纲,而不改变各个指标在区域单元之间的差异程度,同时保证指标之间仍然是"横向"可比。

4. 综合评价方法

本书采用加权求和模型计算的城镇化高质量单维度(d)发展水平(z_{id})和综合发展水平(z_i):

$$z_i = \sum_{d=1}^{6} w_d z_{id} = \sum_{d=1}^{6} w_d \left(\sum_{j=1}^{n} w_{dj} X_{idj} \right)$$

单维度影响指数 z_{id} 越大,该维度高质量发展水平越显著,综合影响指数 z_i 值代表地区城镇化高质量发展的综合水平。

4.2.4 监测评价工作机制

实施城镇化高质量发展监测评价考核是贯彻落实中央要求和山东省委省政府部署的重大决策,是落实新型城镇化重点任务的一项重要基础工作。为确保山东省城镇化高质量发展工作的顺利开展,需要建立健全监测评价工作机制,为监测评价提供全方面制度保障。

强化监测评价实施,畅通指标收集渠道,确保数据来源的权威性。明确各项指标的责任主体,对于已经具有明确部门归属的指标,由相应职能部门进一步加强动态监测工作。对于统计机制尚未健全的指标,尽快界定指标内涵,研究明确常态化监测机制。对于进入全球百强的瞪羚企业数量、有效发明专利五年以上维持率、名牌产品和服务名牌数量等指标，相关部门要密切配合，加强与山东省发改委、知识产权局等部门的协调、衔接，及时、定期掌握相关监测数据。强化科技支撑，提高指标数据的准确性。充分应用物联网、大数据等新一代信息技术，在可操作指标范围内，加快探索建立适时、动态监测的信息化平台。

加强成果应用反馈。一方面，根据城镇化高质量发展监测评价的评估结果，及时发现城镇化高质量发展的政策短板，努力向上争取政策、向下执行政策。评估提出的政策建议应纳入全省城镇化年度工作要点，加快政策创新和落地，对于政策支撑不足的，责任部门应加强与中央、省级有关部门的沟通、衔接，力争得到更宽松的政策环境。对于与国家、省发展新战略新要求不相适应、不相协调，或受政策调整、自然灾害等不可抗力因素影响的发展目标，在科学论证、按程序核实批准后，应予以修正调整。另一方面，强调监测评价指标动态调整，根据城镇化最新发展形势和趋势，结合国家和省城镇化战略决策的最新要求，对指标体系实施动态调整修正，以适应发展形势变化，更好地指导地区实践。

建立全方位保障体系。成立工作协调小组，考虑到城镇化高质量发展监测评价工作专业性强、涉及面广，山东省城镇化工作领导小组办公室负责日常工作以及各相关部门的协调工作，负责城镇化数据统计和协调工作，并牵头组织开展城镇化高质量发展监测评价工作。建立经费保障机制，城镇化高质量发展监测评价是推动城镇化科学发展的一项基础性、长期性工作，需要一定的人力、物力支持。鉴于这项工作的社会公益性，其所需经费应列入各级财政的年度预算，实行专款专用，本书建议在现有城镇化监测评价工作经验的基础上增加财政专项资金支持，为实现多源数据监测城镇化高质量发展提供资金支撑。

4.3 山东省城镇化高质量发展监测评价实践

4.3.1 全省城镇化高质量发展分析

本书依据构建的省级城镇化高质量发展监测评价指标体系，选择全国 31 个省份为评价样本，收集整理了 2017 年统计数据，依据上述评价方法，从动能支撑、创新驱动、城市建设、宜居环境、共享发展、城乡一体六个方面开展单向评价和综合评价，结果显示：2017 年，山东省城镇化高质量发展指数为 45.36%（如表 4-3 所示），位居全国第 8 位，排名较为靠前，且高于常住人口城镇化率的排名（全国第 11 位），表明山东城镇化属于质量优先型的典型代表。

表 4-3　　　　山东省城镇化高质量发展指数和排名一览表

目标层	全国排名	准则层	发展指数	全国排名
城镇化高质量指数（45.36%）	8	动能支撑	15.39%	17
		创新驱动	27.01%	8
		城市建设	46.89%	4
		宜居环境	60.13%	18
		共享发展	62.92%	6
		城乡一体	69.37%	4

1. 城市建设、城乡一体和共享发展优势较大

从全国范围来看，山东城镇化高质量发展的优势主要体现在城市建设、城乡一体和共享发展等方面，其中城市建设指数达到 46.89%，居全国第 4 位，路网密度、万人拥有公共交通车辆等指标分别排在第 4、7 位；进入全球综合竞争力百强排名的城市数量有 4 个，排名靠前，与广东（5 个）、浙江（3 个）接近；人均公园绿地面积为 17.19 平方千米，排在第 4 位；瞪羚企业高成长 100 强入选数量（2 家）和城镇居民人均可支配收入（3.4 万元）等指标，排名均靠前，为山东省迈向高质量发展奠定了扎实基础。城乡一体指数达到 69.37%，居全国第 4 位；共享发展指数达到 62.92%，居全国第 6 位。总体来看，以上方面是山东省城镇化高质量发展的优势所在。

2. 部分指标达到国内先进、国际中等偏上水平

总体来看，山东省人均 GDP、科研投入力度等部分指标已达到国内先进、国际中等偏上水平。2017 年，山东省人均 GDP 达到 72592 元，高于全国平均水平（60697元），远超排名接近的内蒙古（63646元）和重庆（63166元）；折合为10675美元，接近全球平均水平10728美元。根据世界银行2017年标准，处于中等收入经济体的中间水平（3956～12235美元），与罗马尼亚（10757美元）、俄罗斯（10608美元）、土耳其（10512美元）、格林纳达（10360美元）等相当，正在平稳有序地迈入高收入经济体行列。在科技投入方面，山东省R&D经费支出占GDP比重为2.41%，超过欧盟15国2.1%的平均水平。

3. 城镇化发展动能转换正处于关键期

推进山东省城镇化高质量发展，应与新旧动能转换重大工程相配合，切实转变城镇化发展方式，为城镇化提供强大动力支撑。从评价结果来看，山东省动能支撑指数为15.39%，列全国第17位，而除北京（83.32%）、上海（72.12%）、天津（39.42%）和广东（35.60%）外，其他省份指数均在20%左右波动。具体指标中，公共财政预算收入占GDP比重为8.40%，低于全国平均水平（11.18%）2.78个百分点，列全国第27位，比北京（19.39%）、上海（21.68%）分别低10.99个和13.28个百分点；第三产业增加值占GDP比重为47.99%，低于全国平均水平（50.42%）2.43个百分点，排全国第17位，远低于北京（80.56%）和上海（69.18%）。进入全球百强的瞪羚企业数量指标的排名靠前，但是与第一名北京（38家）和第二名上海（16家）相比差距悬殊。总体看来，山东省城镇化发展动能支撑方面处于全国中下游水平，2017年山东省GDP总量位列全国第三，但大而不强，经济发展不平衡、不充分问题比较突出，多数产业处于价值链中低端，转型升级压力大，传统动能主体地位尚未根本改变，淘汰落后产能任务艰巨，支撑能力有待进一步提高。

4. 科技创新为城镇化发展持续发力

2017年，山东省创新驱动指数为27.01%，全国排名第8位，而北京、上海、广东、江苏等均已超过50%，山东与以上地区相比差距较大。其中R&D投入经费1563.68亿元，在全国排名第3位，仅次于广东（1865.03亿元）和江苏（1833.88亿元）；有效发明专利五年以上维持率为56.70%，低于全国平均水平（62.55%）5.85个百分点，在全国排名第 26 位，与连续 7 年居发明专利申请量全国首位的广东（74.90%）尚有不小差距；山东省高技术企业主营业务收入占规模以上工业企业的比重为 8.14%，低于全国平均水平（10.07%）1.93 个百分点，在全国排名第 20 位，与安徽（8.50%）、吉林（8.83%）和浙江（8.99%）基本接近；单位人均 R&D 人员全时当量为 23.90 人年，高于全国平均水平（16.18 人年），在全国排名第 8 位，与北京（24.29 人年）和福建（26.98 人年）处于同一层次。总体来看，山东创新驱动虽在全国排名较为靠前，但与先进省市相比差距较大，与其身后省份相比，优势并不明显。山东创新投入和创新人才在全国具备一定优势，但创新成果排名较为靠后，创新的投入产出效率亟待提高（见表 4-4）。

表 4-4　　山东省创新驱动指标与全国平均水平对比一览表

省市名称	R&D 投入占 GDP 比重（%）	有效发明专利五年以上维持率（%）	高技术企业主营业务收入占规模以上工业企业的比重（%）	单位人均 R&D 人员全时当量（人年）
山东省	2.41	56.70	8.14	23.90
全国平均	1.65	62.55	10.07	16.18
山东省排名	1	26	20	8

5. 完善的城市设施为高质量发展提供了硬件基础

城市建设作为履行政府职能、完善城市基础设施的重要内容，是衡量城镇化高质量发展的重要方面。山东省城市建设指数为 46.89%，位列全国第 4 位，其中，万人拥有公共交通车辆数量（16.66 辆）、路网密度（7.44 千米/平方千米）、地下管廊密度（0.07 千米/平方千米）、进入全球综合竞争力排名的城市数量（4 个）等各项指标均位列前茅，公共交通出行、市政基础设施建设水平不断提升，城市综合承载能力得到加强，未来应加强现代化城市建设引导，适应新型城镇化的要求。相关指标情况如图 4-3 所示。

第4章 城镇化高质量发展水平监测评价：山东省的实践

（a）万人拥有公共交通车辆数量

（b）路网密度

（c）地下管廊密度

（d）进入全球综合竞争力排名的城市数量

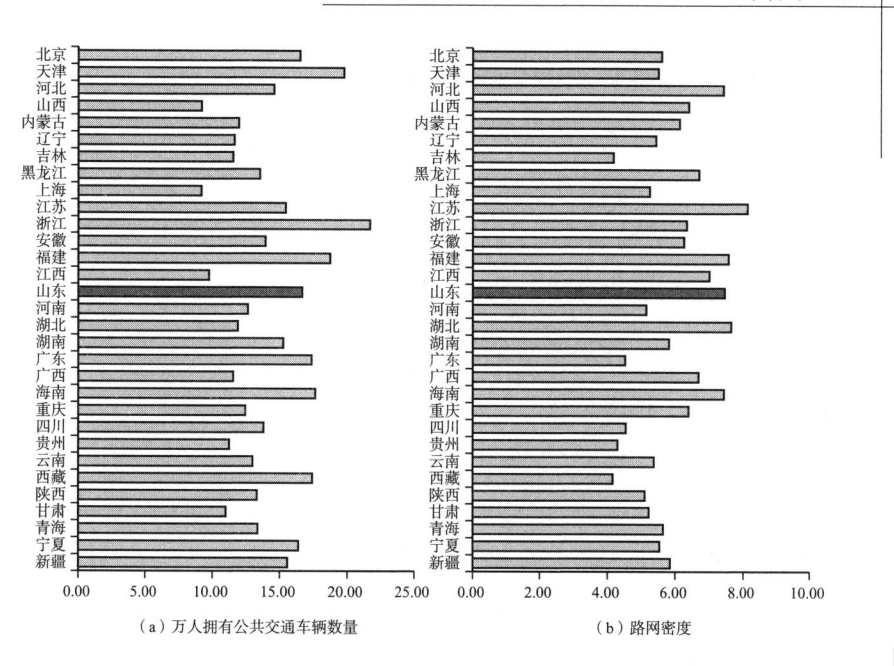

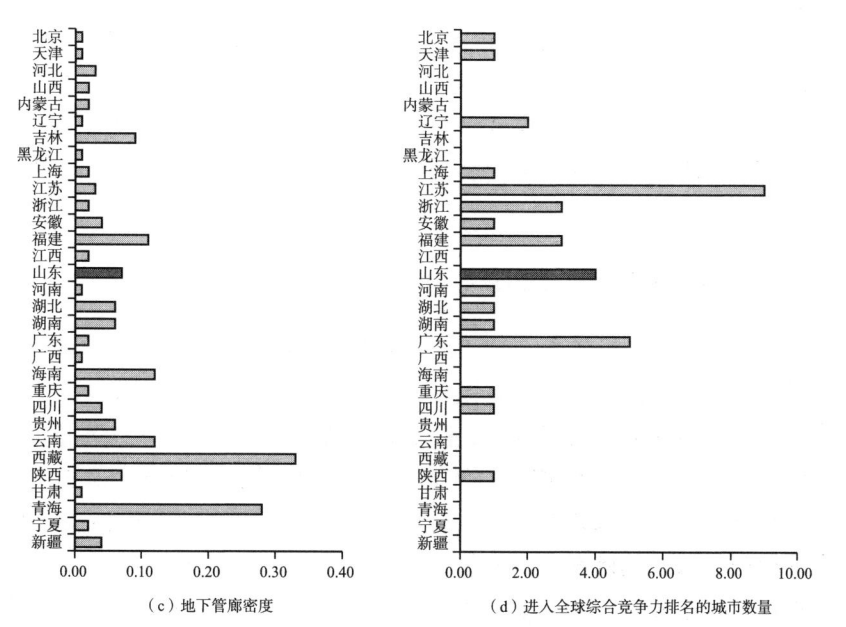

图4-3 山东省与外省城市建设指标对比

6. 城镇化宜居环境建设有待加强

营造宜居、舒适、安全的人居环境，是推进新型城镇化的应有之义，也是推进城镇化高质量发展的关键。山东省宜居环境指数为 60.13%，列全国第 18 位，与广东（第 4 位）、浙江（第 7 位）相比，山东省并未在城镇化进程中实现与生态环境的协调发展。具体来看，环境质量指数虽高，为 82.35%，但位次不理想，居全国第 23 位，拉低了整体水平；地表水达到或好于Ⅲ类水体比例为 55.4%，与北方大部分省市指数接近，位次不高；万元 GDP 化学需氧量、万元 GDP 二氧化硫排放强度分别列全国第 28 位、第 17 位，表明集约发展水平仍需进一步提高。

7. 居民共享改革发展成果得到落实

城镇化为增强人民群众的获得感，实现全省人民共享改革发展成果奠定坚实基础。评价结果显示，山东省共享发展指数为 62.92%，居全国第 6 位，明显好于江苏（57.53%），与广东（64.14%）基本持平，但低于浙江（76.71%）。总体来看，山东共享发展与广东、江苏等省份处于全国第二集团，与北京、上海、天津、浙江等差距较为明显，但与身后省市区相比，优势较大，如山东领先第 8 位的内蒙古 11.4 个百分点。

8. 城乡一体化发展差距日益缩小

实现城乡发展一体化，是经济社会发展的内在规律，也是城市化高质量发展的重要内容。山东省城乡一体指数为 69.37%，列全国逆向排序第 4 位，与江苏极为接近。具体来看，山东在城乡基础设施水平和建设资金投入上更趋城乡均衡。例如，城乡基础设施差异度为 2.16，农村供热普及率、供水普及率、污水处理厂集中处理率、燃气普及率均居全国前列，城乡基础设施一体化水平相对较高；城乡建设资金投入差异度逆向排序第 4 位，为增强农村发展活力，逐步缩小城乡差距打下基础。但在城乡居民收入和消费上，山东还有较大提升空间。城乡居民收入差异度为 2.44，与发达国家城乡收入差距（一般维持在 1.2 左右）还存在一定差距；城乡居民人均消费性支出之比为 2.23，逆向排序第

23 位，虽然排名靠后，但与全国其他省市的差距不大。

9. 城镇化高质量发展各要素需要协调

山东省城镇化发展的协调性不强，各领域指数和排名波动较大，城乡一体指数最高，达到 69.37%，动能支撑指数最低，为 15.39%，两者相差近 5 倍以上；共享发展指数次之，为 62.92%，宜居环境指数为 60.13%，指数较为接近，城市建设和创新驱动分别为 46.89% 和 27.01%，与其他指数相差较大，如图 4-4 所示。从参与评价的具体指标排名来看，最高排名为 R&D 投入占 GDP 比重（2.15%），居全国第 1 位，最低排名为万元 GDP 化学需氧量列全国第 28 位，可见各要素发展仍不均衡，发展的协调性有待进一步加强。

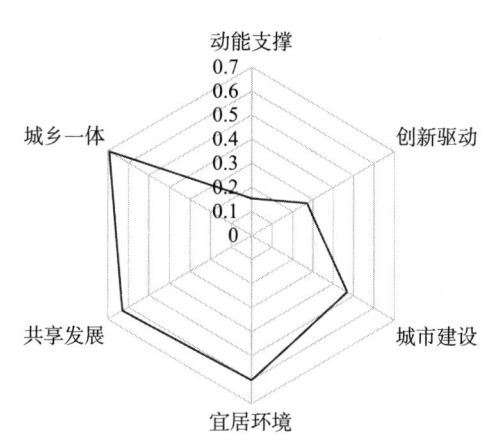

图 4-4 山东省城镇化高质量发展分领域对比示意

总体来看，山东省城镇化高质量发展在全国处于中等偏上水平，部分指标达到国内先进、国际中等偏上水平，城镇化发展动能转换正处关键期，科技创新为城镇化发展持续发力，多年城市建设将城镇化发展推向新高度。同时，城镇化宜居环境建设有待加强，居民共享改革发展成果得到落实，城乡一体化发展差距日益缩小，但整体发展水平有待进一步提升，对其中暴露出的资源环境、人口素质、要素协调等问题，各方需要引起重视，加快解决。

4.3.2 设区市城镇化高质量发展评价

本节立足山东省城镇化发展实际,根据山东省设区市城镇化高质量发展评价指标体系开展评价,评价指标目标值同样按照国际先进和国内领先的高标准加以设置,结合测算结果对山东省17个设区市城镇化高质量发展的现状特征和区域差距进行系统分析。

1. 发展水平有待提升

2017年度,山东省17个设区市城镇化高质量发展指数均不足60%,仅有6个设区市超过40%,其中青岛最高,为57.74%,威海和济南紧随其后,分别为53.39%和53.21%,东营、烟台、潍坊、淄博介于40%和49%之间,处于城镇化高质量发展水平的较高层级;泰安、莱芜、济宁等市介于30%和39%之间,滨州、临沂、日照、枣庄、聊城、德州等介于22%和29%之间。总体来看,我省多数城市离城镇化高质量发展的距离仍然较大,见表4-5。

表4-5　17个设区市城镇化高质量发展水平分类

层级	指数	个数	设区市
第一层级	大于50%	3	青岛、威海、济南
第二层级	40%~49%	4	东营、烟台、潍坊、淄博
第三层级	20%~39%	9	泰安、莱芜、济宁、滨州、临沂、日照、枣庄、聊城、德州
第四层级	低于20%	1	菏泽

2. 发展要素相对协调

从要素评价指数来看,各设区市的要素指数和排名与高质量指数比较接近,在动能支撑、创新驱动、城市建设和共享发展等方面,青岛、济南和威海的指数都在50%以上,排名都在前3位,变化不大;在宜居环境方面,东营的指数排名上升到为1位,济南排名为第8位,潍坊、淄博的排名为第10位和第13位,存在一定变动,指数在30%到

50%之间；只有在城乡一体方面的层级指数排名差异较大，潍坊、德州和威海的指数均超80%，排名位列前3，济南和青岛的指数排名分别为第13位和第14位，东营、莱芜和菏泽排位最为靠后，但该领域指数整体较高，所以总体上，各领域发展协调性、均衡性较为理想，如表4-6所示。

表4-6　17个设区市城镇化高质量发展指数排名对比

地区	综合评价	动能支撑	创新驱动	城市建设	宜居环境	共享发展	城乡一体
济南	3	2	2	1	8	2	13
青岛	1	1	1	3	3	1	14
淄博	7	5	6	8	13	6	6
枣庄	14	12	16	16	12	13	4
东营	4	3	5	6	1	4	17
烟台	5	6	4	13	4	5	5
潍坊	6	7	7	4	10	7	1
济宁	10	10	10	12	6	9	9
泰安	8	11	8	10	5	10	8
威海	2	4	3	2	2	3	3
日照	13	13	17	9	11	12	12
莱芜	9	8	11	4	9	8	16
临沂	12	14	12	7	7	14	11
德州	16	15	14	15	14	16	2
聊城	15	16	13	14	15	15	10
滨州	11	9	9	11	16	11	7
菏泽	17	17	15	17	17	17	15

3. 发展内涵更加丰富

利用城镇化高质量发展指数与各要素指数制作散点图（见图4-5），

能发现共享发展、动能支撑和创新驱动与高质量指数之间存在较为明显的线性正相关关系，对两两关系做进一步的相关性分析，则会发现城镇化高质量发展指数与三者之间的皮尔逊相关性均达到 0.80 以上，表明共享发展、动能支撑和创新驱动都对设区市城镇化高质量发展具有非常重要的作用，也表明高质量的城镇化发展要求摆脱传统城镇化发展的路径依赖，更加注重经济社会全面发展。

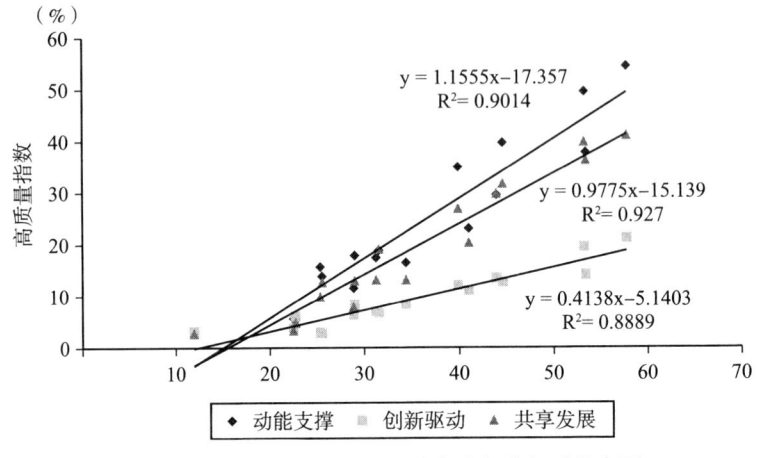

图 4-5 城镇化高质量发展的高度相关领域散点图

4. 区域发展差距较大

从山东省东、中、西部地域①来看，东部地区 4 个设区市的平均得分达到 49.00%，发展水平最高。中部地区 9 个设区市的平均得分为 34.95%，与东部的发展水平得分相差 14 个百分点。西部地区 4 个设区市的平均得分为 21.55%，与东部的发展水平得分之差为 27.45%，几乎相差过半，与中部相差 13.4 个百分点，说明山东省西部的城镇化高质量发展水平有待进一步提升（如图 4-6 所示）。

---

① 东部地区包括青岛、烟台、威海、潍坊 4 个地市，中部地区包括济南、淄博、东营、泰安、临沂、济宁、莱芜、日照、枣庄 9 个地市，西部地区包括滨州、聊城、德州、菏泽 4 个地市。

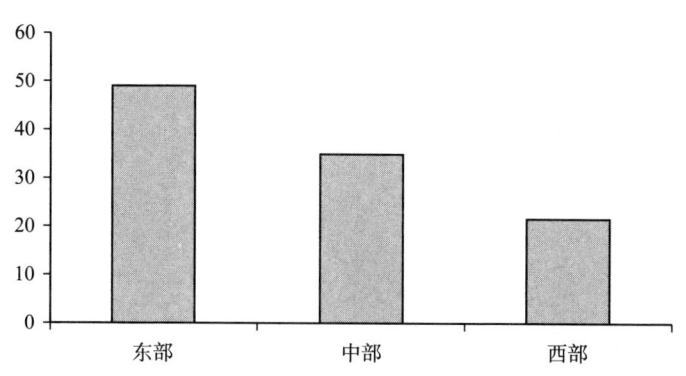

图 4-6 2017 年山东省东中西部城镇化高质量指数对比示意

5. 空间集聚特征明显

本书利用空间统计分析软件（OpenGeoda）V1.12 对各设区市部分重点县市区城镇化高质量发展水平的全局空间聚类开展检验，在 P 值等于 0.001 的情况下，得到 Moran's I 指数为 0.6462，说明山东省城镇化高质量指数在 99.9% 置信度下存在显著的空间正相关性，在空间分布上呈高值—高值、低值—低值的集聚状态，即全域空间上表现为发展水平接近的行政区单元趋于相邻，在空间上主要表现为分别以济南或青岛为核心的济南都市圈板块与青岛都市圈板块集聚，如图 4-7 所示。

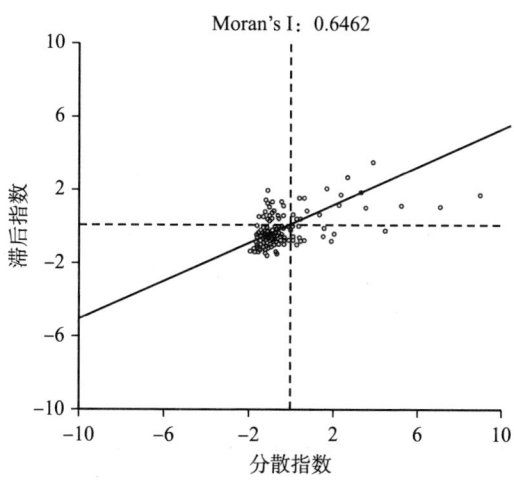

图 4-7 2017 年山东省部分重点县市区城镇化高质量指数的 Moran 散点图

6. 发展目标实现度低

山东省 17 个设区市城镇化高质量发展指数总体不高，从 28 个评价指标的目标实现度看，所有设区市公共财政预算收入占 GDP 比重和路网密度指标目标实现度均未超过 30%；13 个设区市瞪羚企业数量指标、14 个设区市名牌产品和服务名牌数量指标、11 个设区市发明专利年申请量、地下综合管廊长度和海绵城市建设面积占建成区面积比重指标甚至低于 20%，总体来看，17 个设区市城镇化高质量发展评价指标目标实现度较低。

7. 人口集聚与质量同步

山东省设区市人口城镇化率与城镇化高质量指数存在较为显著的正相关关系，人口城镇化率增加一个统计级别，城镇化高质量发展指数均有一个较大提升。统计显示，人口城镇化率低于 60% 的设区市，城镇化高质量发展指数介于 25%～40% 之间，高于 60% 的设区市中，城镇化高质量发展水平综合评价指数均超过 40%，各设区市集中分布于中心线两侧（见图 4-8）。总体来看，随着城镇人口规模和城镇化率的增加，城镇化高质量发展水平总体上呈逐步提升的态势，代表城市高质量发展的产业结构优化、基础设施建设、社会事业进步和生态环境优化等与人口的城镇化同步。

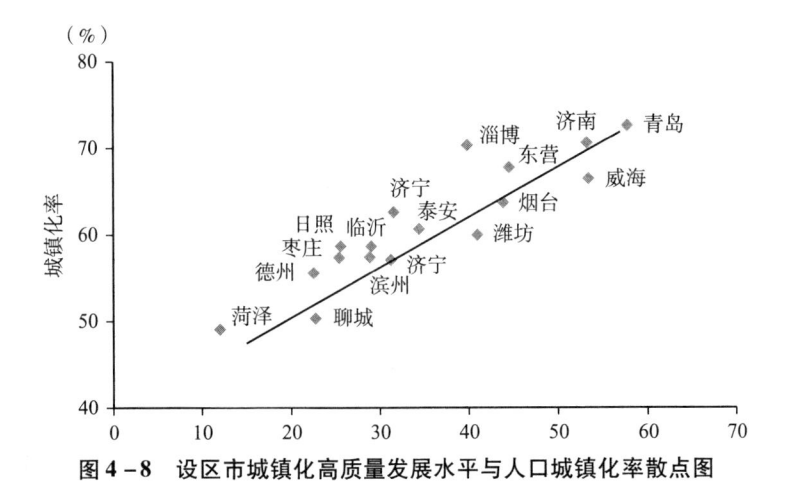

图 4-8 设区市城镇化高质量发展水平与人口城镇化率散点图

第4章 城镇化高质量发展水平监测评价：山东省的实践

综上，作为当前深化改革、转型发展的重点任务，山东省17个设区市城镇化高质量发展水平有待提升，要紧紧抓住当前全省着力推进新旧动能转换的难得机遇，落实高质量发展要求，着力化解地区发展不平衡、不充分的矛盾，引导城市空间优化，增强创新驱动，加快推进山东省城镇化迈向高质量发展。

4.3.3 济南市城镇化高质量发展分析

本小节依据构建的市级城镇化高质量发展监测评价指标体系，从动能支撑、创新驱动、城市建设、宜居环境、共享发展、城乡一体6个方面评价济南市城镇化高质量发展水平，对济南市在全省城镇化高质量发展排名和发展情况进行对比分析（见表4-7）。

表4-7　　　济南市城镇化高质量发展评价得分和排名

目标层	全省排名	准则层	评价得分	全省排名
城镇化高质量发展水平（53.21%）	3	动能支撑	49.46%	2
		创新驱动	19.46%	2
		城市建设	42.58%	1
		宜居环境	46.15%	8
		共享发展	39.80%	2
		城乡一体	38.89%	13

1. 发展水平在全省名列前茅

济南市城镇化高质量发展综合评价的得分为53.21%，位居全省第3位，仅次于青岛和威海。2017年，济南市人均GDP达到97684元，高于全省平均水平（78842元），瞪羚企业数量有31家，排在省内第1位；在城市建设方面尤为突出，万人拥有公共交通车辆、路网密度等指标分别排在第1、3位；其他方面，如城镇居民人均可支配收入（4.7万元）省内排名第2位，万人拥有医生数（45人）省内排名第1位，为济南市迈向高质量发展奠定了扎实基础。

2. 城镇化发展动能优势突出

推进济南市城镇化高质量发展，应与新旧动能转换重大工程相配合，切实转变城镇化发展方式，为城镇化提供强大动力支撑。从评价结果来看，济南市动能支撑方面的评价得分为49.46%，列全省第2位，发展势头良好。具体指标中，人均GDP达到97684元，列省内第6位，比排名第1位的东营（177033元）少79349元，具有一定差距；公共财政预算收入占GDP比重为9.47%，高于全省平均水平（7.44%）2.03个百分点，居全省第2位，比排名第1的青岛（10.50%）低1.03%，差距不是很大；城镇就业支撑系数为0.82，列省内第3位；瞪羚企业数量31家，是省内数量最多的城市；山东名牌产品和服务名牌数量有39个，与排名第1位的青岛（95个）差距过于悬殊。总体看来，济南市城镇化发展动能支撑方面处于全省领先水平，但得分总体不高，支撑能力有待进一步提高。

3. 科技创新对城镇化支撑巨大

2017年，济南市创新驱动方面的评价得分为19.46%，全省排名第2位，其中R&D投入占GDP比重为2.69%，高于全省平均比重水平（2.37%）0.32个百分点，在全省排名第4位，比排名第1位的青岛和排名第2位的潍坊各少0.31个百分点和0.09个百分点。发明专利年申请量为11720件，是全省平均水平（3987件）的3倍，列省内第2位，但才是排名第1位的青岛（22492件）的近一半水平，说明济南的创新能力仍是非常欠缺的。高新技术企业产值占规模以上工业企业产值的比重为45.15%，高于全省平均水平（32.94%）12.21个百分点，全省排名第1位。每万人拥有研发人员数为115.78人，高于全省平均水平（52.52人），在全省排名第1位。详见表4-8。一般而言，随着城镇化的推进，更多高端要素向城镇集聚，推动知识、技术的传播，带来观念碰撞和思想融合，极大地推进科技创新，可见城镇化高质量发展与科技创新驱动战略相辅相成。

表4-8　　　　济南市创新驱动指标与全省平均水平对比一览表

城市名称	R&D投入占GDP比重（%）	发明专利年申请量（件）	高新技术企业产值占规模以上工业企业产值的比重（%）	每万人拥有研发人员数（人）
济南市	2.69	11720	45.15	115.78
全省平均	2.37	3986.65	32.94	52.52
济南市排名	4	2	1	1

4. 城市建设品质领先于全省

城市建设作为履行政府职能、完善城市基础设施的重要内容，是衡量城镇化高质量发展的重要方面。济南市城市建设方面的评价得分为42.58%，位列全省第1位，具体指标中（见图4-9），人均供热面积（33.06平方米每人）、万人拥有公共交通车辆数量（13.62辆）、路网密度（1.05千米/平方千米）、排水管道密度（12.42千米/平方千米）、地下管廊长度（21.1千米）等各项指标均位列前茅。济南市公共交通出行、市政基础设施建设水平不断提升，城市综合承载能力得到加强，未来应加强现代化城市建设引导，适应新型城镇化的要求。

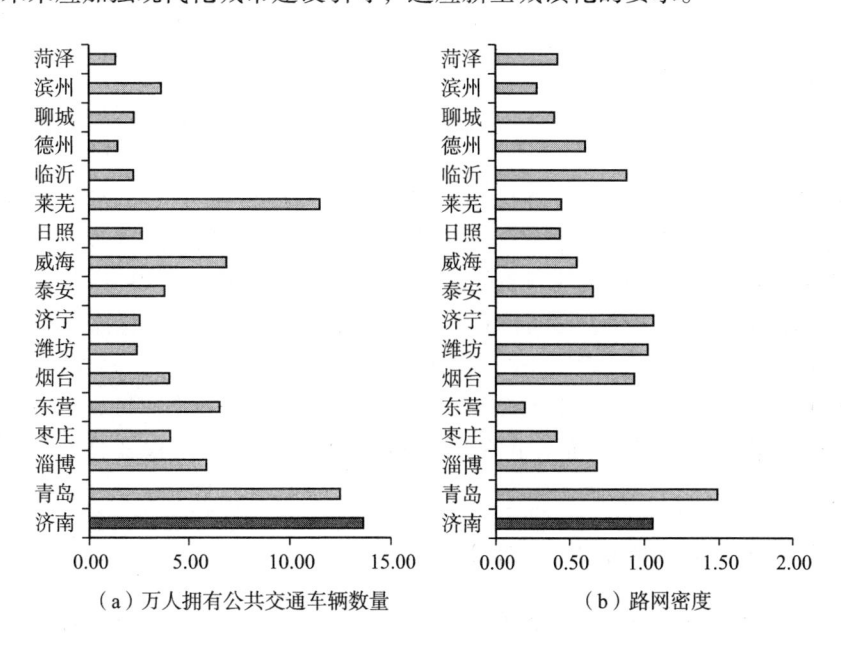

(a) 万人拥有公共交通车辆数量

(b) 路网密度

(c）排水管道密度　　　　　　　（d）地下管廊长度

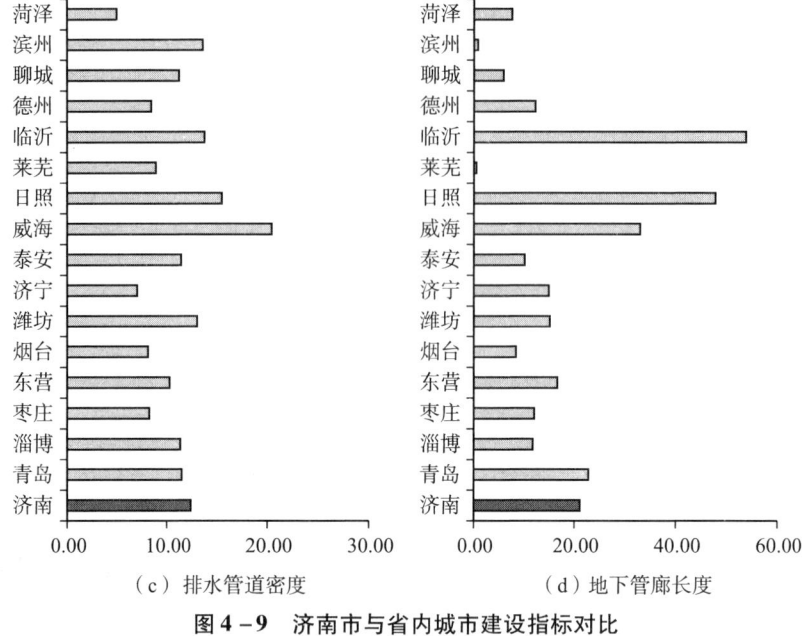

图 4-9　济南市与省内城市建设指标对比

5. 城镇化宜居环境有待提高

营造宜居、舒适、安全的人居环境，是推进新型城镇化的应有之义，也是推进城镇化高质量发展的关键。济南市宜居环境方面的得分为46.15%，列全省第 8 位。具体来看，城市空气质量指数得分为69.19%，得分略低，位次不理想，居全省第 12 位，拉低了整体水平。地表水达到或好于Ⅲ类水体比例为 75%，省内排名第 4 位，位次良好。由于济南泉水多，应注意水资源保护和流域污染问题的及时处理，同时加强临近地方政府间的水资源管理的合作沟通。人均公园绿地面积指标数据为 11.32 平方米，在省内排名最后，发展极其不理想，未来应持续增加向公众开放的公园、小游园、街道广场绿地面积，使人均公园绿地面积得到进一步扩大。济南市万元 GDP 主要污染物排放量为 8.56 吨，居全省第 16 位，说明济南市发展经济的物耗能耗和污染物排放水平并不高。

6. 共享发展成果的基础坚实

城镇化为增强人民群众的获得感，实现全市人民共享改革发展成果奠定坚实基础。评价结果显示，济南市共享发展方面的得分为39.80%，列全省第2位。具体指标中，城镇居民人均可支配收入46642元，排名第2位，高于全省平均水平（35280元）。居民生活满意度得分为72.08，排名第16位，说明居民满意度有待提升。万人拥有医生数45人，排名第1位，说明济南市的医疗条件还是相当不错的。农民工随迁子女在城镇接受义务教育比例为13.07%，全省排名第5位，在越来越重视人口素质的当今，力争让所有人接受良好教育做到"用人也留住人"。城镇职工社会保障覆盖率为58.99%，全省排名第3位。济南市近年来以城镇化引擎，吸引了大量流动人口的流入，验证了推进人的城镇化的理论逻辑，也带来对共享发展的巨大需求，未来的发展应更关注居民的获得感和幸福感提升。

7. 城乡一体化发展差距较大

实现城乡发展一体化，是经济社会发展的内在规律，也是城市化高质量发展的重要内容。济南市城乡一体方面的得分为38.89%，列全省排序第13位。从三级指标来看，城乡居民收入差异度为2.81，城乡居民人均消费性支出之比为2.98，在全省的排名为最后一位。城乡基础设施差异度为2.06。城乡建设资金投入差异度为3.15，省内排名也相对靠后，这一结果与北京城乡发展评价结果有类似之处。济南市作为省会城市其城市建设水平高于一般设区市，而农村地区发展普遍低于一般城镇，造成城乡发展差异过大，未来应通过济南都市区的建设，继续为农村发展注入新活力，逐步缩小城乡差距，推动城乡一体化的实现。

8. 发展各要素相对协调

从各领域发展来看，济南市城镇化高质量发展较为协调，除城乡发展外，其他各领域得分排名均靠前，其中动能支撑方面的得分最高，达到49.46%，宜居环境方面次之，得分为46.15%，城市建设方面得分为42.58%，共享发展和城乡一体得分分别为39.80%和38.89%，得分较为接近，创新驱动方面的得分最低，为19.46%，但排名靠前，如图4-10所示。从参与评价的具体指标排名来看，最高排名为瞪羚企业数量（31家）、高新技术企业产值占规模以上工业企业产值的比重

(45.15%)等指标均列全省第 1 位,最低排名为海绵城市建设面积占建成区面积比重(8.28%)、人均公园绿地面积(11.32 平方米),列全省最后 1 位,可见各要素发展相对均衡,在创新驱动方面有待进一步加强。

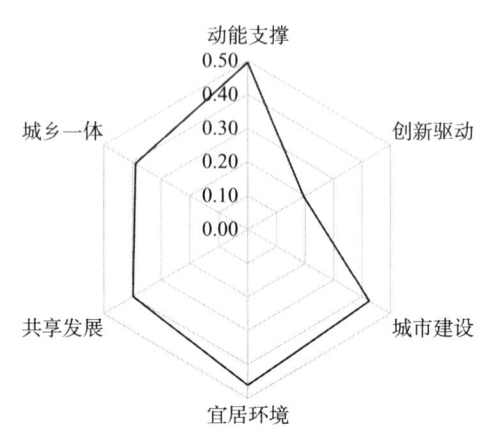

图 4-10 济南市城镇化高质量发展分领域对比示意图

总体来看,济南市城镇化高质量发展在山东省处于前列,城镇化发展动能优势突出,科技创新的支撑能力较强,城市建设品质领先,城镇化宜居环境有待提高,居民共享改革发展成果的基础坚实,但城乡一体化发展差距有待缩小,整体发展水平有待进一步提升,对其中暴露出的城乡一体化发展、资源环境等问题,有关方面需要引起重视,力图提升整体发展水平。

4.3.4 日照市城镇化高质量发展分析

本小节从动能支撑、创新驱动、城市建设、宜居环境、共享发展、城乡一体 6 个方面开展单向评价和综合评价,测算日照市城镇化高质量发展水平评价得分与在全省的排名,对日照市城镇化高质量发展的总体特征和与各市差距进行对比分析(见表 4-9)。

表 4 – 9　　　　　日照市城镇化高质量发展评价得分和排名

目标层	全省排名	准则层	评价得分	全省排名
城镇化高质量发展水平（25.53%）	13	动能支撑	13.82%	13
		创新驱动	2.79%	17
		城市建设	23.29%	9
		宜居环境	43.99%	11
		共享发展	12.71%	12
		城乡一体	42.03%	12

1. 发展水平在全省处于中下游地位

日照市城镇化高质量发展综合评价的得分为 25.53%，位居全省第 13 位。2017 年，日照市人均 GDP 达到 68880 元，低于全省平均水平（78842 元），省内排名第 7 位，具体指标中，地下管廊长度、城市空气质量指数和人均公园绿地面积分别排名为第 2 位、第 4 位和第 4 位，其余指标排名均较为落后，万人拥有公共交通车辆、路网密度等指标分别排在第 11、12 位，城镇居民人均可支配收入（3.1 万元）省内排名第 13 位，万人拥有医生数（20 人）省内排名第 15 位，其在迈向高质量发展的进程中还有很大的进步空间。

2. 城镇化发展动能有待提升

推进日照市城镇化高质量发展，应与新旧动能转换重大工程相配合，切实转变城镇化发展方式，为城镇化提供强大动力支撑。从评价结果来看，日照市动能支撑方面的评价得分为 13.82%，列全省第 13 位，发展势头不足。具体指标中，人均 GDP 达到 68880 元，列省内第 7 位，比排名第 1 的东营（177033 元）少 108153 元，存在很大差距。公共财政预算收入占 GDP 比重为 7.04%，低于全省平均水平（7.44%）0.4 个百分点，居全省第 9 位，比排名第 1 的青岛（10.50%）低 3.46 个百分点，差距悬殊。城镇就业支撑系数为 0.59，列省内第 11 位。瞪羚企业数量 0 家，与德州、聊城、滨州和菏泽并处在省内末位。山东名牌产品和服务名牌数量有 20 个，不及排名第 1 的青岛（95 个）的数量的四分之一。总体看来，日照市城镇化发展动能支撑水平较落后，传统动能主体地位尚未根本改变，淘汰落后产能任务艰巨，支撑能力急待提高。

3. 科技创新发展的助力不足

2017年，日照市创新驱动方面的评价得分为2.79%，全省排名最后一位，其中R&D投入占GDP比重为1.7%，低于全省平均比重水平（2.37%）0.67个百分点，在全省排名第15位，比排名第1的青岛和排名第2的潍坊分别少1.3个百分点和1.08个百分点。发明专利年申请量为608件，不及全省平均水平（3987件）的六分之一，列省内第16位，说明日照市的创新能力严重匮乏。高新技术企业产值占规模以上工业企业产值的比重为24.67%，低于全省平均水平（32.94%）8.27个百分点，全省排名第16位。每万人拥有研发人员数为35.76人，低于全省平均水平（52.52人），在全省排名第12位。详见表4-10。一般而言，随着城镇化的推进，更多高端要素向城镇集聚，推动知识、技术的传播，带来观念碰撞和思想融合，会极大地推进科技创新，然而日照市多方面创新驱动要素的测评都低于全省平均水平，其创新驱动战略的助推力不足，急待提升。

表4-10　　日照市创新驱动指标与全省平均水平对比一览表

城市名称	R&D投入占GDP比重（%）	发明专利年申请量（件）	高新技术企业产值占规模以上工业企业产值的比重（%）	每万人拥有研发人员数（人）
日照市	1.7	608	24.67	35.76
全省平均	2.37	3986.65	32.94	52.52
日照市排名	15	16	16	12

4. 城市建设水平较为理想

日照市城市建设方面的评价得分为23.29%，位列全省第9位，具体指标中，人均供热面积（10.84平方米每人）（见图4-11）和路网密度（0.44千米/平方千米）两项指标的排名均位列省内排名的第12位，万人拥有公共交通车辆数量（2.65辆）位列省内第11位，排水管道密度（15.58千米/平方千米）和地下管廊长度（47.8千米）两项指标均位列省内第2位。海绵城市建设面积占建成区面积比重（见图4-11）为13.07%，位列省内第8位。日照市在公共交通出行、市政基础设施等方面的建设水平有待提升，未来应聚力于现代化城市建设，适应新型城镇化的要求。

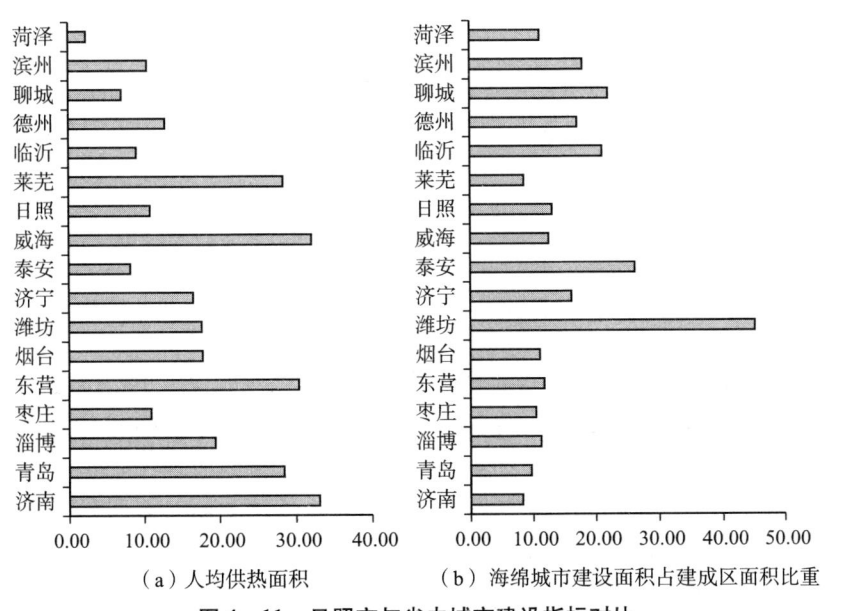

图4-11 日照市与省内城市建设指标对比
（a）人均供热面积　（b）海绵城市建设面积占建成区面积比重

5. 宜居环境建设需要增强

营造宜居、舒适、安全的人居环境，是推进新型城镇化的应有之义，也是推进城镇化高质量发展的关键。日照市宜居环境方面的得分为43.99%，列全省第11位。具体来看，城市空气质量指数得分为82.33%，得分较高，居全省第4位，空气质量良好，益于人的身体健康。地表水达到或好于Ⅲ类水体比例为0%，位省内排名末位。人均公园绿地面积指标数据为21.74平方米，位列省内第4位，在省内排名靠前体现了沿海城市在宜居性方面的优势。日照市万元GDP主要污染物排放量为24.67吨，居全省第7位，说明日照市发展经济的物耗能耗和污染物排放需进一步降低。

6. 共享发展成果有待落实

评价结果显示，日照市共享发展方面的得分为 12.71%，列全省第 12 位。具体指标中，城镇居民人均可支配收入 30790 元，排名第 13 位，低于全省平均水平（35280 元）。居民生活满意度得分为 77.44，排名第 7 位，说明居民还比较认可当前的生活状态。万人拥有医生数 20 人，排名第 15 位，说明日照市的医疗条件还有待改善。农民工随迁子女在城镇接受义务教育比例为 8.63%，全省排名第 7 位，位次居中。城镇职工社会保障覆盖率为 41.68%，全省排名第 7 位。日照市未来发展中应更加关注居民的获得感和幸福感提升，使居民能切实充分地享受到改革发展成果。

7. 城乡发展差距仍需缩小

实现城乡发展一体化，是经济社会发展的内在规律，也是城市化高质量发展的重要内容。日照市城乡一体方面的得分为 42.03%，列全省第 12 位。从三级指标来看，城乡居民收入差异度为 2.12，在全省的排名为第 11 位，城乡居民收入差距过大。城乡居民人均消费性支出之比为 2.45，在全省的排名为第 2 位，主要在于农村居民人均纯收入的增长低于城镇居民。城乡基础设施差异度为 2.58，位列省内第 7 位。城乡建设资金投入差异度为 6.14，省内排名第 5 位。日照市城乡基础设施一体化水平相对其他市排名靠后，应继续增强农村发展活力，逐步缩小城乡差距，实现真正的城乡一体化。

8. 发展要素之间需要协调

从各领域发展来看，日照市城镇化高质量发展的协调性不强，各领域得分差异较大，排名不一，宜居环境方面的得分最高，达到 43.99%，创新驱动方面的得分最低，为 2.79%，两者相差将近 40%。城乡一体化方面次之，得分为 42.03%，城市建设方面的得分为 23.29%，动能支撑和共享发展得分分别为 13.82% 和 12.71%，与宜居环境方面都有一定差距，如图 4-12 所示。从参与评价的具体指标排名来看，最高排名为排水管道密度（15.58 千米/平方千米）和地下管廊长度（47.8 千米）指标均列全省第 2 位，最低排名为瞪羚企业数量（0 家），列全省最后，可见各要素发展仍不均衡,发展的协调性有待进一步加强。

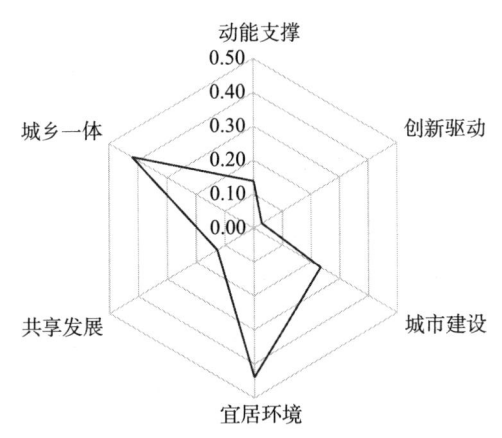

图 4-12 日照市城镇化高质量发展分领域对比示意图

总体来看,日照市城镇化高质量发展在全省处于中下游地位,城镇化发展动能有待提升,科技创新为城镇化发展的助力不足,城市建设水平相对理想,城镇化宜居环境建设需要继续增强,居民共享改革发展成果有待落实,城乡一体化发展差距仍需缩小,城镇化发展要素需要协调,整体发展水平有待进一步提升,各方面要重视其中暴露出的产业转型困境、人口科技素质落后、资源环境局限、发展要素欠协调等问题,谋求日照城镇化高质量发展破局。

4.4 推进山东省城镇化高质量发展的对策建议

4.4.1 具体措施

1. 创新驱动,以高质量引擎助力发展模式转型

提升城镇化质量,应抓住新一轮科技革命和产业变革的机遇,通过促进专业型高端人才在空间上集聚,建设人才高地和创新高地,提升从科技到现实生产力的转换能力。政府应构建有利于产业创新的、更加开放包容的市场竞争环境和产业生态环境，为科技创新和人才集聚创造更好的政策环境，通过汇聚全球性的资源，吸引各种不同背景、不同文化、不同国别的人才聚集，为城市发展带来全新动力。坚持产业智能化、高端化、精细化为目标，引导和鼓励县内企业转型升级；以科技进步为支撑，全面提升城乡发展智能化、智慧化水平。

2. 动能转换，以产业升级助力提质增效

新动能既来自新经济的发展壮大——"无中生有"，也要来自传统产业改造升级——"老树发新芽"。实现新旧动能转换，必须加快培育"无中生有"的新技术、新业态、新模式，推动"有中出新"的传统产业改造升级，激发壮大新动能，实现新旧动能转换。通过发展新技术、新产业、新业态、新模式，实现产业智慧化、智慧产业化、跨界融合化、品牌高端化。在新旧动能转换发展过程中，找准城镇化发展的新着力点和实施路径，注入新动力。

3. 绿色带动，以生态载体助力持续发展

城镇化过程中不能只顾及经济的发展，也要注意资源的可持续利用，尤其是土地资源、水资源和能源等。

经济体制方面：对产业结构进行合理的调整，将经济重心偏向于无污染、无害的企业，提高或者引进行业优良的生产技术，尽量减少污染，并且对污染超标且不进行处理、不愿负责的企业进行关闭。

公共建设方面：首先在城市街道设计中提高绿化率，对已出现的污染进行治理，对已经破坏的生态环境进行恢复，对集体性的供水供暖管道进行改建，并且供应清洁能源作为生活能源。

4. 民生联动，以增进福祉助力和谐发展

城镇化的推进必须要以人为核心，政府要从群众的角度去决策，按照实际情况去推动城镇化进程，使进程规划合理、方案设计严谨、城市新建科学合理，在提高新入城群体的生活水平的前提下，做到帕累托改进甚至是帕累托最优，使原城镇居民生活不受负面影响。落实基本公共服务均等化，在于使城乡之间、经济发达地区与经济欠发达、"农转

非"群体与原城镇居民之间、困难群体与非困难群体之间，不因户籍、祖籍、职业、性别等身份的原因受到不公正待遇，在教育、医疗卫生、基本公共设施使用、就业、法律维权、社会保障等基本公共服务领域享受同等待遇。政府应当解决各项民生问题，增强经济与社会发展的协调性，使社会利益格局朝着公平与普惠方向改变。

4.4.2 推进机制

1. 建立健全农业转移人口市民化机制

应建立健全由政府、企业、个人共同参与的农业转移人口市民化成本分担机制，根据农业转移人口市民化成本分类，明确成本承担主体和支出责任。

政府要承担农业转移人口市民化在义务教育、劳动就业、基本养老、基本医疗卫生、保障性住房以及市政设施等方面的公共成本。企业要落实农民工与城镇职工同工同酬制度，加大职工技能培训投入，依法为农民工缴纳职工养老、医疗、失业、生育等社会保险费用。农民工要积极参加城镇社会保险、职业教育和技能培训等，并按照规定承担相关费用，提升融入城市社会的能力。

推进农民工融入企业、子女融入学校、家庭融入社区、群体融入社会，建设包容性城市。提高各级党代会代表、人大代表、政协委员中农民工的比例，积极引导农民工参加党组织、工会和社团组织，引导农业转移人口有序参政议政和参加社会管理。加强科普宣传教育，提高农民工科学文化和文明素质，营造农业转移人口参与社区公共活动、建设和管理的氛围。城市政府和用工企业加强对农业转移人口的人文关怀，丰富其精神文化生活。

2. 建立城市群发展协调机制

统筹制定实施城市群规划，明确城市群发展目标、空间结构和开发方向，明确各城市的功能定位和分工，统筹交通基础设施和信息网络布局，加快推进城市群一体化进程。加强城市群规划与城镇体系规划、土地利用规划、生态环境规划等的衔接，依法开展规划环境影响评价。中央政府负责跨省级行政区的城市群规划编制和组织实施，省级政府负责本行政区内的城市群规划编制和组织实施。

建立完善跨区域城市发展协调机制以城市群为主要平台，推动跨区域城市间产业分工、基础设施、环境治理等协调联动。重点探索建立城市群管理协调模式，创新城市群要素市场管理机制，破除行政壁垒和垄断，促进生产要素自由流动和优化配置。

建立城市群成本共担和利益共享机制，加快城市公共交通"一卡通"服务平台建设，推进跨区域互联互通，促进基础设施和公共服务设施共建共享，促进创新资源高效配置和开放共享，推动区域环境联防联控联治，实现城市群一体化发展。

3. 完善城乡发展一体化体制机制

加快消除城乡二元结构的体制机制障碍，推进城乡要素平等交换和公共资源均衡配置，让广大农民平等参与现代化进程、共同分享现代化成果。

加快建立城乡统一的人力资源市场，落实城乡劳动者平等就业、同工同酬制度。建立城乡统一的建设用地市场，保障农民公平分享土地增值收益。建立健全有利于农业科技人员下乡、农业科技成果转化、先进农业技术推广的激励和利益分享机制。扩大公共财政覆盖农村范围，提高基础设施和公共服务保障水平。统筹城乡基础设施建设，加快基础设施向农村延伸，强化城乡基础设施联结，推动水电路气等基础设施城乡联网、共建共享，加快公共服务向农村覆盖。

4. 完善城镇化建设投融资机制

现行投融资机制在实践中导致的隐性债务风险大、资金来源不稳定、融资安排不够规范、金融资源配置效率不高等问题，本质上都是政府与市场、中央与地方，以及财政与金融的关系尚未理顺的集中表现。新型投融资机制的构建要着力推动解决这些问题，应建立多元化、可持续的城镇化投融资机制，注重融资主体多元化、融资模式多样化和提高直接融资比重，解决财政负担过重，降低金融体系运行风险，形成多元均衡、可持续的城镇化投融资机制。

具体需要做到：

（1）集约发展，就是要坚定不移地走资源节约、环境友好、可持续发展的城镇化道路。根据资源环境承载能力合理控制开发强度、合理调整空间结构、合理控制城市规模，切实保护好生态环境，增强城镇化发展的可持续性。

（2）多元形态，就是要坚定不移地走以城市群为主体，大中小城市和小城镇协调发展的城镇化道路。按照因地制宜、分类引导的原则，无论是城镇规模还是城镇结构，无论是城镇布局还是城镇化演进方式，都必须坚持多元形态，走大中小城市和小城镇相互协调和多样化发展的城镇化道路。

（3）两手结合，就是要坚定不移地走市场"看不见的手"与政府"看得见的手"共同推进的城镇化道路。城镇化的过程，是生产要素集聚和更高效率配置的过程，必须充分发挥市场配置资源的基础性作用，决不能违背市场规律和城镇化发展规律，以行政方式、长官意志拔苗助长、"人为造市"。

（4）以人为本，就是要坚定不移地走把提高人的物质文化水平作为出发点和归宿、发展成果由城乡居民共享的城镇化道路。要按照以人为本的原则建设城镇、发展城镇经济，加强城镇基础设施建设，增强城镇公共服务能力，健全社会保障体系，提高城镇运行效率，不断提升城镇居民的生活质量，竭力避免出现一些国家曾经或现在仍然存在的各种"城市病"。

4.4.3 推进策略

1. 提高全要素生产率带动城市发展

科技进步与城镇化进程相互影响，相互促进。2020年我国进入后工业时代，创新驱动战略改变生产要素的组合条件，不同行业之间的全要素生产率存在明显区别，这是技术更新的必然结果。经济增长越来越依赖技术和创新的程度，全要素生产率提高和人力资本的提升是最重要的贡献。因此，山东省应切实提高全要素生产率。

2. 加强城市品质建设提升居民的幸福感

当前人们对高质量的生活需求越来越强烈，高质量的城镇化应以民生的改善为出发点和落脚点，把经济发展成果拓展到生态、环保、社会等领域，优化市民的生活和精神文化品质，把经济发展、社会进步以及人与自然和谐统一起来，处理好人口集聚所带来的各种城市问题。城镇化建设应规避空间的盲目扩张和资源要素的过度开采和使用，除了发展形象和速度外，更要注重城市建设要以"人"为核心，功能定位关键是要把"宜居"放在首位，优先满足居民的生活需要和生态环境保护。城市品质和居民美好的生活环境不仅要有良好的基础设施条件，还要有公平的各项制度、较高的城镇福利保障水平、较高的城镇文明水平和较高的城镇人口素质。因此，城市建设应追求和谐的生态环境、高品质的社会和人文环境，提升居民的归属感和幸福感。伴随着人工智能、物联网、云计算、大数据等技术，世界经济正在向数字化转型。新型智慧城市提高了城市公共服务效率，让城市管理能够更加快速、智能。新一代的信息技术在完善了城市功能的同时，也提高了人们在城市中的生活品质和质量。新型智慧城市是当今世界城市发展的趋势和特征，利于创造一个适宜乐居的城市生活环境，也是我国新时期城市经济发展的战略取向。利用信息和通信技术，能促进不同发展阶段的城市空间管理体系与社会治理机制的动态融合，关注到不同利益相关群体的多元化需求，利于政府管理、企业运营，更利于市民工作和生活。

3. 找准定位建设特色小城镇

除了大中城市要高质量发展外，城镇化质量的提升还应重视小城镇的发展。小城镇如果缺乏产业支撑，其吸纳就业的能力会不断削弱，投资也会存在较大缺口，从而导致城镇发展缺乏动力，进而造成"空城化"的现象。产业是城镇建设的支撑，是一个城镇可持续发展的内在驱动力。每个城镇都有自身的自然禀赋以及历史人文与经济条件，各区域间应充分发挥自身比较优势和区位特点，避免同质竞争，实现资源有效配置。城镇建设要依照区域优势、自然禀赋、资源条件找准定位，以特色为主，多业驱动，构建复合型、集约化的多业态经济体系。对于具有特色文化资源的小城镇应彰显地方的文化底蕴，培育成为休闲旅游、商贸物流、科技教育、民俗文化传承等专业特色镇；对于无特色的农业型地区，小城镇的主要功能是一种集市经济，主要服务于地方性的农业生产及社会交往。通过补齐城镇基础设施、完善行政服务、教育、医疗等公共服务的短板,让农民也享受到城镇化的成果。

4. 培育新型农民促进乡村振兴

政府、企业、农民被学界认定为推动城镇化建设的三大主体。要实现城乡居民共享社会经济发展成果,关键在于不断缩小城乡差距。实施乡村振兴战略,除了周边企业的支持或者主导产业吸引更多的农民就地就业外,还需要培育新型农民。新型农民是发展现代化农业、振兴乡村的新力量。农民队伍素质和创业能力的提高是农村发展的内生动力。在互联网发展的浪潮中,"互联网+"的时代背景为农村城镇化带来新的机遇。农民可以借助互联网技术,结合地区特色农产品,通过农村电子商务以及创新网络直播模式衔接农产品供给与市场需求来带动本地经济发展。农民还可以利用互联网技术改造传统农业产业的全链条,提升产业化水平和协作化程度。新型职业农民的培育是一项长期工程,需要依托职业技术培训机构、现代远程教育网络、农广校等,结合当地特色产业,借助"互联网+"现代农业等新业态新模式,从单一的农业培训到多元的职业技能培训。同时,政府应加大资助力度,鼓励有志农业的大中专毕业生回乡创业,只有职业农民收入超过外出务工可能获得的收入时,他们才能留在家乡发展。

总体上,城镇化高质量发展是一个复杂动态的巨系统,涉及经济、社会、人口、资源环境等诸多方面。关于城镇化发展水平的监测评价研究由来已久,聚焦于高质量发展的城镇化监测评价更是众多专家学者关注的热点问题。本章研究从理论分析入手,针对山东省城镇化高质量发展开展监测评价指标体系构建与实证分析,揭示山东省城镇化高质量发展现状与存在问题,提出相应的对策。总体来看,山东省城镇化监测评价指标体系符合城镇化监测评价工作实际,所计算出的城镇化高质量发展指数客观准确地反映了各层级城镇化高质量发展水平,对山东省新型城镇化道路的选择与发展具有重要借鉴意义。

实证分析结果表明,山东省城镇化高质量发展在全国处于中等偏上水平,但整体发展水平有待进一步提升,其中暴露出的资源环境、人口素质、要素协调等问题,需要引起各方重视,加快解决;各设区市城镇化高质量发展水平存在较为显著的地区差异,应着力化解地区发展不平衡、不充分的矛盾,引导城市空间优化,增强创新驱动,加快推进全省城镇化迈向高质量发展。

由于研究时间和数据收集难度所限，加之城镇化高质量发展内涵与引导性策略尚在探索当中，本章研究只选取了 2017 年度山东省和 17 个设区市作为评估对象，指标体系的适用范围和科学性有待考证。在城镇化高质量发展的监测评价方法上，本章只选取了反映综合水平的研究方法，应增加反映指标维度间协调发展的 TOPSIS、熵值法、耦合协调度等不同的研究方法进行实证研究结果的对比，选择更优化的模型。对于以上问题，将继续加深对相关理论内容研究，在此基础上不断完善实证研究。

第 5 章　新旧动能转换与产业空间发展：莱州市的实践

随着科学技术的飞速发展和各个领域产业变革的深入开展，第二次世界大战之后的世界经济秩序不断受到挑战，原有的全球经济生产体系被打破，传统产业增长动力不断衰减，依靠要素驱动和低成本竞争的增长模式越来越难以为继。时至今日，面对全球贸易规则重构与欧美再工业化战略并行的宏观背景，我国产业发展的外部环境更加复杂多变，当前正面临四大问题：一是资源要素的配置不合理，错位缺位矛盾突出；二是产业结构如何由资源密集向技术密集转变、由工业主导向服务业主导转变的问题日益突出；三是国际市场需求有萎缩趋势，贸易保守主义开始抬头；四是在全球经济一体化下，金融风险引发的全球性金融危机对地区产业发展造成极大冲击。基于此，主要工业化国家纷纷寻求发展模式转型，出台旨在振兴经济的发展战略。与此同时，新一轮科技革命给全球产业发展带来了新变革，欧美发达国家纷纷调整产业发展战略：一方面积极培育以新能源、新材料、新技术等为代表的战略性新兴产业；另一方面通过实施新工业化战略，比如美国"再工业化"战略、德国"工业 4.0"等，推动制造业向高附加值、高竞争力、智能化转型。面对这一局面，我国产业发展同样面临考验。党的十九大报告指出，"我国经济已由高速增长阶段转向高质量发展阶段，正处在转变发展方式、优化经济结构、转换增长动力的攻关期"，新旧动能转换成为地区经济进入新常态后实现发展跃升的关键。作为新时期最重要的产业空间发展方向，创新、协调、绿色、开放、共享成为新时期经济产业空间发展的新标准。

山东省作为东部沿海经济大省，在新旧动能转换的道路上已经悄然起跑。2018 年 1 月，《山东新旧动能转换综合试验区建设总体方案》获国务院批复，山东新旧动能转换综合试验区是党的十九大后获批的首个区域性国家发展战略，也是中国第一个以新旧动能转换为主题的区域发展战略。山东是全国产业门类最齐全的省份之一，但大而全问题比较突出，面临资源型、重化型产业结构转型发展的难题和困惑。为全面贯彻落实党的十九大精神，按照党中央、国务院决策部署，进一步深化供给侧结构性改革，加快建设现代化经济体系，更好发挥山东在全国新旧动能转换中的典型示范作用，山东省在因地制宜、依法依规开展试验基础上，积极探索建立创新引领新旧动能转换的体制机制，立足新旧动能转换，寻求存量产业用地资源盘活和增量产业用地供给结构优化并举的新旧动能转换路径，严格把控产业用地的规模、布局、结构和节奏管理，为扎实推进去产能、振兴实体经济、发展更高层次开放型经济、形成绿色发展动能提供经验借鉴。

加快新旧动能转换，是莱州市加速实现高质量发展总要求的重大机遇，莱州市处于烟台西部动能转换支撑带，是山东省新旧动能转换重点园区，与省内外先进县市区相比，莱州在经济总量、发展质量上都存在差距，面临既要加快发展又要保护生态的双重压力、既要扩大总量又要提升质量的双重任务。在此背景下，作为莱州市国土空间规划的前期重大研究专题之一，本章研究专题以莱州市新旧动能转换及产业空间规划为主题，聚焦莱州市新旧动能转换的空间进程及市域产业空间的发展演化，全面谋划面向高质量发展要求的市域产业空间优化布局，科学匹配产业空间管制内容，是贯彻落实党的十九大精神，推动质量变革、效率变革、动力变革，建设现代化经济体系的重要战略举措，将有效助力莱州市经济产业的转型升级。

本章研究聚焦于莱州市新旧动能转换背景下的产业空间布局。"产业空间"作为产业及其关联的生产活动所占据的空间，既是一种生产要素和资源，也是一种活动场所。"产业"是指生产物质产品的集合体，包括农业、工业、交通运输业等部门，一般不包括商业。"产业"有时也专指工业，如产业革命；有时泛指一切生产物质产品和提供劳务活动的集合体，包括农业、工业、交通运输业、邮电通讯业、商业服务业、文教卫生业等部门[①]。

---

① 王兴平、石峰、赵立元编著：《中国近现代产业空间规划设计史》，东南大学出版社2014年版。

本章研究从支撑莱州产业转型升级、促进国土空间合理利用和有效保护出发，立足莱州市新旧动能转换重点与产业发展基础，主要聚焦于莱州市工业产业及其生产活动所占据的空间，即以工业用地和工业生产活动的空间分布为研究对象。主要通过以下多个层面进行研究：①对莱州市经济产业发展与产业空间分布格局的协同演化进行耦合性分析；②结合莱州市新旧动能转换部署，确定莱州市旧动能提升和新动能培育的目标重点，运用全产业链思维探寻重点产业门类的发展方向；③结合莱州市重要产业门类的空间分布特征，以莱州市省级开发区为抓手研究山东省的产业布局演化与特征，进而提出产业布局指引与优化策略。

5.1 莱州市总体经济运行情况

莱州市地理区位优越，港口条件优良，产业基础良好，土地资源丰富，在地区发展中具有重要的战略地位。

2009~2018年，莱州市经济总量持续增长，2018年实现地区生产总值805.64亿元，按可比价格计算，比上年增长6.1%，全市人均生产总值91115元，比上年增长6.8%（见图5-1）。但是近三年来，莱州市经济增长速度出现下滑趋势，发展动能不足问题初现。在复杂的外部环境和严峻的经济下行压力下，动能不足问题主要表现在以下方面，一是莱州市处于经济结构深度调整期，传统产业转型升级缓慢，新兴产业

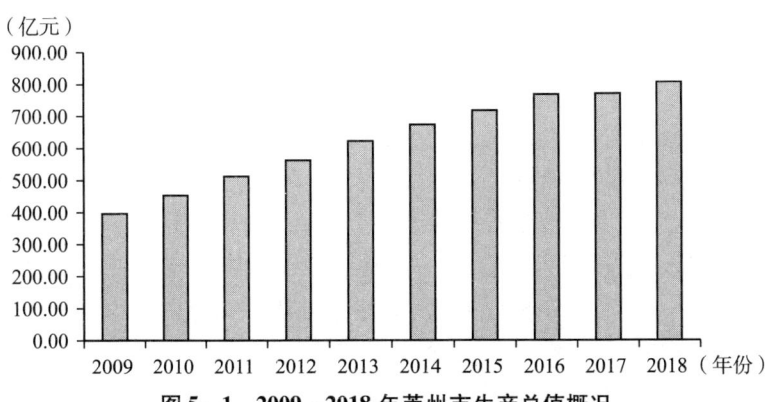

图5-1 2009~2018年莱州市生产总值概况

培育成效不明显。二是固定资产投资仍然处于低谷期，招商引资特别是招引实体经济项目力度不大、数量较少，投资规模大、带动力强的高新产业项目不多。三是化解不良压力较大、非法集资案件多发，环保突出问题整治不彻底，安全、稳定等领域还存在不少风险。（数据来自《2018年莱州市国民经济和社会发展统计公报》）

三次产业结构中，自2009年以来，第三产业整体保持较高的增长速度，第三产业比重持续增长至60%以上，整体产业结构历经从"二三一"向"三二一"的转型，2018年，第一产业增加值77.05亿元，增长6.1%；第二产业增加值399.13亿元，增长8.0%；第三产业增加值329.45亿元，增长3.7%（详见图5-2）。三次产业结构由2017年的9.6∶49.7∶40.7调整为9.6∶49.5∶40.9。

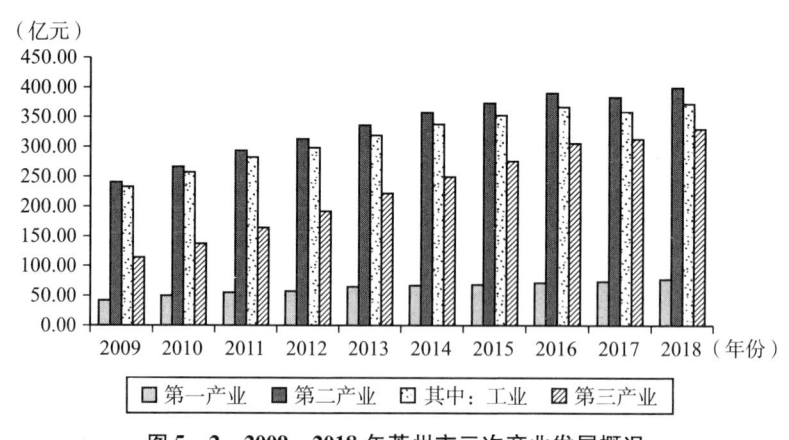

图5-2 2009~2018年莱州市三次产业发展概况

具体来看，2018年底，莱州市第一产业占比调为9.6%。农业已经基本实现由传统农业向现代农业的转型升级，不再是传统的农业种植，近年来农业向田园综合体、观光采摘农业，生物育种全面发展，特别是以登海种业为代表的玉米育种，十分重视研发投入，带动了一批渔业生产基地，打造了从亲鱼选育苗、养成加工到销售、技术服务的全产业链，此外，莱州市更是呈现了观光农业、农业采摘宅院、家庭农场等多种现代农业共同发展模式，使莱州市的传统农业向"新六产"融合发展。第二产业占GDP比重高达49.5%，远超一产和三产所占比重，第二产业是莱州市的支柱产业，其中占绝对优势的是黄金、能源、机械化工等行业。以山东黄金公司为代表的黄金采集精炼业，依托莱州市丰富的黄金储量，在 GDP 贡献中独占鳌头。中国华电集团在莱州市的能源行业中，优势明显，在火力发电基础上，充分利用沿海风力，大力发展风电。莱州市南部着重发展农业机械，以明宇重工为首的农业机械公司，其产品销往全国，已经初步形成产业集群，北部则着重发展汽车零部件，三力公司每年生产 3000 多个型号的 800 多万件的各类刹车盘产品，被国际市场认可。大丰轴瓦公司生产的各类车船轴瓦在我国市场占有率高达 70%。莱州市南部沿海依托海水资源，发展盐、卤素等化工业，以诚源盐化为首的化工企业，生产原盐、溴化工等产品，已经在周边形成了初具规模的盐化工产业集群，带动了莱州市化工产品、化工机械、物流运输等相关产业的发展。第三产业占比达 40.9%，略低于第二产业。2018 年，莱州市被中央电视台评为"最美品冬地"，新增过夜游客 3 万人以上，全市旅游消费增长 12.5%。莱州市的文峰物流园积极与阿里巴巴和京东开展合作，电商会员突破 300 家，振华商厦、大润发、利群综合体等大型商场壮大了莱州市商贸业。截至 2018 年底全市社会消费品等零售额增长 7.8%。

但是莱州市产业结构性矛盾仍然突出，二次产业还占绝对主导地位，其中以资源型产业为主的四大支柱产业比重仍然较高，2015 年高新技术产业产值占规模以上工业总产值的比重仅为 30%，战略新兴产业占比不足 10%。服务业占比低于烟台平均水平，现代服务业发展没有大的突破。

5.1.1 分行业门类情况

1. 农林牧渔业

2018 年莱州市农林牧渔业实现增加值 81.90 亿元，比上年增长 6.1%。其中，农业增加值 27.71 亿元，增长 9.3%；林业增加值 1.35 亿元，增长 7.5%；牧业增加值 12.27 亿元，增长 4.7%；渔业增加值 35.72 亿元，增长 7.3%；农林牧渔服务业增加值 4.85 亿元，增长 7.3%。

油料播种面积 1.11 万公顷，减少 400 公顷；蔬菜播种面积 4886 公顷，增加 315 公顷。油料产量 4.76 万吨，减产 3.7%；蔬菜产量 28.8

万吨，增产5.1%；水果产量36.4万吨，增产17.1%。

全年肉类总产量11.1万吨，比上年增加32.1%。其中，猪肉产量7.4万吨，增加27.6%；禽肉产量3.4万吨，增加41.7%。禽蛋产量5.36万吨，增加48.1%。

全年水产品产量31.61万吨，比上年减少5.19%。其中，海水产品31.59万吨，减少5.02%；淡水产品195吨，减少74.0%。在海水产品中，海洋捕捞7.76万吨，增加15.15%；海水养殖23.83万吨，减少10.16%。海参产量3690吨，增长6.96%；对虾产量1488吨，增加136.19%。

2. 工业

2018年莱州市规模以上工业增加值增长7.4%。其中，国有及国有控股企业增长7.9%；集体企业下降77.3%，股份制企业增长7.3%，外商及港澳台商投资企业增长7.7%。规模以上工业总产值877.18亿元，增长8.3%。其中，五大传统产业产值805.84亿元，增长7.6%。黄金575.46亿元，增长6.2%；机械制造106.03亿元，增长6.0%；石材22.47亿元，增长20.1%；化工45.92亿元，增长25.4%；电力能源55.97亿元，增长9.3%。五大特色产业产值52.44亿元，增长6.0%。高端装备15.52亿元，增长8.4%；电子电器14.09亿元，增长5.9%；新材料13.38亿元，下降6.9%；节能环保6.58亿元，增长40.6%；新能源汽车配套2.87亿元，增长3.3%。与新旧动能转换密切相关的制造业和高新技术产业情况如下：

（1）制造业。莱州市制造业基础雄厚。莱州市制造业涉及门类较多，涉及黄金、石材等资源型传统制造业，也涉及金属制品业、通用设备制造业、专用设备制造业、汽车制造业、铁路、船舶、航空航天和其他运输设备制造业、电气机械及器材制造业。近年来，莱州市不断加大经济结构调整力度，建立了一批设备精良、技术先进的制造业企业。企业生产能力、技术创新和新产品的开发能力明显增强，产品档次和质量不断提高，产品结构得到了进一步优化。目前，汽车刹车盘产量占全国的40%，出口量占北美市场的70%；农业机械液压提升器产量占全国的80%；小型工程机械产量占全国的70%。同时，制造业也取得了较好经济效益，2018年，莱州市规模以上工业企业239家，其中轻工业44

家，重工业 195 家，内资企业 215 家，港澳台投资企业 6 家，外商投资企业 18 家，内资企业占总量的 89.96%，2018 年莱州市规模以上工业企业数量较 2017 年下降 16 家，但 2019 年新增规模以上企业 17 家以上。

（2）高新技术产业。高新技术产业规模继续扩大。全市规模以上高新技术产业实现产值 398 亿元，占规模以上工业产值比重 30.6%，利税 30 亿元、利润 23.3 亿元，资产总额达到 201.9 亿元，从业人员达到 17683 人，截至目前，规模以上高新技术产业高新技术企业总数达到 20 家，新申报高新技术企业 20 家以上①，认定为烟台市科技型中小企业 18 家，总数达到 31 家，新增省级工程技术研究中心 2 家，总数达到 7 家，初步形成了以生物产业和新材料产业为主体的发展框架。高新技术产业企业分布比较集中。其中城港路、土山、文昌 3 个镇街实现的高新技术产值占全市高新技术产值总量的 52%，高新技术产业的集聚作用进一步凸现，产业集中度稳步提升，光伏、生物质、节能环保等一批新兴产业项目快速推进，呈现出蓬勃发展的态势。高新技术产业创新能力显著提升。现有烟台市级以上企业技术中心、工程技术研究中心和工程实验室 72 个，与国内 30 多家科研院所开展合作，建立了 5 家院士工作站，先后荣获国家科技进步一等奖 1 项、二等奖 3 项、特等奖 1 项，有效发明专利达到 238 件。

5.1.2 基于区位熵的莱州市产业发展专业化水平评价

区位熵指数是表明某地区某个产业发展的专业化程度，即集聚水平，它是与研究范围的平均水平来比较的，若区位熵大于 1，说明该地区该产业相对于研究范围具有比较优势，若区位熵小于 1，说明该地区该产业与研究范围相比较不具有专业化发展优势（本研究区位熵的研究范围统一为山东省）。具体公式为：

$$R_{ij} = \frac{G_{ij} \Big/ \sum_{i=1}^{n} G_{ij}}{\sum_{j=1}^{n} G_{ij} \Big/ \sum_{i} \sum_{j} G_{ij}}$$

---

① 网页资料："烟台莱州 79 个重点项目开复工 20 个项目集中签约" http://www.dzw-ww.com/shandong/sdnews/201903/t20190319_18515210.htm.

G_{ij} 表示地区 j 行业（产业）i 的产值；$\sum_{i=1}^{n} G_{ij}$ 表示地区 j 的总产值；$\sum_{j=1}^{n} G_{ij}$ 则表示行业（产业）i 山东省的总产值；$\sum_{i}\sum_{j} G_{ij}$ 是山东省总产值。

下文样本选用莱州市三大产业及 16 个行业的数据，区位熵指数计算的数据来源于历年《莱州统计年鉴》及《山东省统计年鉴》，详见表 5-1、表 5-2。

表 5-1　　　　　　　　　莱州市产业区位熵

产业	2009 年	2010 年	2011 年	2012 年	2013 年	2014 年	2015 年	2016 年	2017 年
第一产业	1.1304	1.2276	1.2601	1.2308	1.3005	1.2793	1.2374	1.3056	1.4329
第二产业	1.0805	1.0746	1.0699	1.0691	1.0718	1.0787	1.0964	1.1027	1.0986
第三产业	0.8337	0.8318	0.8432	0.8608	0.8557	0.8599	0.8572	0.8521	0.8467

表 5-2　　　　　　　　　莱州市行业区位熵

行业	2010 年	2011 年	2012 年	2013 年	2014 年	2015 年	2016 年	2017 年	2018 年
工业	1.1787	1.1741	1.1637	1.1666	1.1758	1.1948	1.1779	1.1796	1.1781
建筑业	0.3324	0.3579	0.4504	0.4638	0.4900	0.5072	0.5444	0.5459	0.5435
交通运输、仓储和邮政业	0.7284	0.4913	0.3823	0.5473	0.5099	0.5133	0.5337	0.4858	0.4954
信息传输、计算机服务和软件业	0.6861	0.6804	0.7113	0.4247	0.4041	0.4501	0.5357	0.5664	0.5573
批发和零售业	0.4669	0.6251	0.8040	0.9122	0.9220	0.9551	0.9461	0.9757	0.9204
住宿和餐饮业	1.5412	1.1437	0.8892	1.0328	0.9064	0.8333	0.8368	0.7362	0.8175
金融业	0.3856	0.5164	0.6974	0.6330	0.6028	0.5903	0.5730	0.5769	0.5756
房地产业	0.9906	0.9738	0.6418	0.5724	0.5967	0.5358	0.5654	0.5899	0.57561
租赁和商务服务业	0.5838	0.7823	0.9192	0.5768	0.6909	0.6940	0.5905	0.5513	0.5798

续表

行业	2010年	2011年	2012年	2013年	2014年	2015年	2016年	2017年	2018年
科学研究、技术服务和地质勘查业	1.6521	1.4645	1.3453	0.8160	0.7259	0.7093	0.8157	0.8164	0.8073
水利、环境和公共设施管理业	0.9055	0.7186	0.5691	0.4113	0.4072	0.3848	0.5134	0.5655	0.5739
居民服务、修理和其他服务业	1.4703	1.4650	1.4230	1.2160	1.4872	1.4606	1.5201	1.5315	1.5716
教育	1.0191	1.0321	1.1223	0.9469	0.9534	0.8988	0.8313	0.8292	0.8477
卫生和社会工作	1.2847	1.3086	1.3158	1.1915	1.3550	1.4011	1.4363	1.4315	1.4268
文化、体育和娱乐业	0.9432	0.8068	0.6701	0.4828	0.6816	0.6002	0.6199	0.6078	0.6173
公共管理和社会组织	1.4837	1.5839	1.4962	1.6067	1.5306	1.4336	1.4000	1.3553	1.3287

莱州市的三次产业测算结果显示，2009～2018年间，第一产业和第二产业的区位熵值均大于1，具有比较优势，第三产业的区位熵值虽有波动上升的趋势但仍不具有比较优势。

从行业情况来看，工业、住宿和餐饮业、科学研究、技术服务和地质勘查业、居民服务、修理和其他服务业、教育、卫生和社会工作以及公共管理和社会组织行业的区位熵大于1，2012年莱州市的工业、住宿和餐饮业、科学研究、技术服务和地质勘查业、居民服务、修理和其他服务业、教育、卫生和社会工作以及公共管理和社会组织行业的区位熵大于1，2014～2018年莱州市的工业、居民服务、修理和其他服务业、卫生和社会工作以及公共管理和社会组织行业的区位熵大于1。可见，莱州市的工业、居民服务、修理和其他服务业、卫生和社会工作以及公共管理和社会组织行业具有比较优势，2010～2018年间的批发和零售业的区位熵值增长较快，有望形成专业化优势，除此之外的其他行业的区位熵值均与1有一定差距，没有比较优势。

综上，研究发现莱州市在第一产业和第二产业的发展处于相对优势地位，其第三产业的发展存在明显不足。具体行业方面，工业、居民服务、修理和其他服务业、卫生和社会工作以及公共管理和社会组织行业具有一定优势和发展潜力，在建筑业、金融业处于弱势地位。

5.1.3 莱州市在全国、山东省、黄三角的产业生态位分析

为进一步判断莱州市具体产业行业的发展优势，探测支撑莱州新旧动能转换的优势产业，本章研究应用产业生态位方法从全国、山东省、黄河三角洲（黄三角）三个层面分析比较莱州市各行业门类的优势地位。

产业生态位是产业在资源需求和生产能力方面的特性。在一个地区产业体系内部，每个产业对应一个生态位，产业种群是所有产业生态位的集合，而处在两个生态位上的产业产生直接竞争的可能性取决于它们生态位的相似程度或重叠程度。产业生态位一方面表现为资源、市场等的占有程度，即产业所占有的份额；另一方面也表现为产业的竞争力，占据有利的生态位，其最终的目的是提高产业的竞争力，使得产业获得更多更好的资源，从而促进产业的发展。基于此，本章研究将产业生态位划分为生产生态位和市场生态位，分别代表产业利用生产资料及创造产值的能力和产业将资源转化为产品的效率与能力。

1. 指标体系构建

根据产业生态位的概念分类，参考已有研究文献成果，构建莱州市产业生态位评价指标体系，见表5-3。

表5-3　　　　　　　　产业生态位评价指标体系

	一级指标	权重	二级指标	权重
产业生态位	生产生态位	0.50	产业总产值	0.15
			平均用工人数	0.15
			流动、固定资产总计	0.10
			主营业务收入	0.10

续表

一级指标		权重	二级指标	权重
产业生态位	市场生态位	0.50	销售产值	0.15
			出口产值	0.10
			主营业务税金及附加	0.15
			利润总额	0.10

产业的生产生态位反映了产业在生产中的相对地位和作用，体现了产业利用生产资料及创造产值的能力。生产生态位的主要影响因素有产业总产值、平均用工人数、流动固定资产总计、主营业务收入等指标，产业总产值占总体比重能够反映产业规模的相对状况，能够在一定程度上代表产业的生产能力；用工人数能够反映产业的生产投入的情况，能够直接表现产业人力投入多少；资产总计反映了生产投入的资本的大小，能够反映产业的资产储备与可生产的能力；主营业务收入为从事本行业生产经营活动所取得的营业收入，根据各行业企业所从事的不同活动而有所区别。

产业的市场生态位反映了产业在市场中的相对地位和作用，体现了产业种群抓住市场机会以及占领市场的能力。市场生态位的主要影响因素有销售产值、出口产值、主营业务税金及附加、利润总额等指标。其中，销售产值代表产业市场占有情况，直接反映产业所提供的商品和劳务对消费者和用户的满足程度，表明产业的产品和服务在市场上所处的地位；出口产值代表了产业在世界市场的竞争能力，主营业务税金及附加以及利润总额体现了产业经营收益和对地方发展的贡献，是产业自身实力的体现。

2. 计算方法

根据生态位的态势理论，测定产业生态位不仅要测定产业的"态"，还要测定产业的"势"。产业生态位的计算公式为：

$$N_i = \frac{S_i + A_i P_i}{\sum_{j=1}^{n}(S_j + A_j P_j)}$$

在计算产业生态位时，N_i 表示第 i 个产业种群的生态位，S_i 为第 i

个产业种群的产业现状，P_i 为第 i 个产业种群的发展态势，A_i 为量纲转换系数，因为所有数据经过标准化处理后都是无量纲的数据，所以量纲转换系数为1。

在具体的测算过程中，产业现状 S_i 取自 2017 年反映产业生态位的各指标标准化后的加权值，即用所有指标（包括：从业人员平均人数、产业总产值占总体比重、资产总计、市场占有率、总利润占总体比重）数据标准化后的数量值表示产业现状，作为"态"的度量指标。具体公式为：

$$S_i = \sum_{i=1}^{n}(W_i \times Q_i)$$

其中，W_i 为各指标标准化后的值，Q_i 为指标的权重，n 为指标个数。

P_i 取反映产业生态位的各指标标准化后的年平均增加值的加权值，即用所有指标（包括：从业人员平均人数、产业总产值占总体比重、资产总计、市场占有率、总利润占总体比重）数据标准化后的年平均增加值表示产业发展态势，作为"势"的度量指标。具体公式为：

$$P_i = \sum_{i=1}^{n}(M_i \times Q_i)$$

其中，M_i 为各指标标准化后的年平均增加值，Q_i 为指标的权重，n 为指标个数。

运用产业生态位测算公式测得各二级指标的生态位，然后得到每个产业的产业生态位。具体公式为：

$$I_{ij} = \frac{\sum_{j=1}^{n} N_{ij}}{n}$$

其中，I_{ij} 为产业生态位，N_{ij} 为每个二级指标的生态位，即生产生态位和市场生态位。n 为指标个数，j 为产业个数。

3. 测算步骤

首先，确定分析时段和数据来源。产业生态位的"态"需要用某一年的截面数据来度量，采用2018年的截面数据；产业生态位的"势"需要用年度的增加值来度量，这里采用最近四年，即 2015 年、2016 年、2017 年和 2018 年四年的年平均增加值。数据主要来源于 2015～2019 年莱州统计年鉴、山东省统计年鉴和全国统计年鉴以及部分黄三角地市统计年鉴。

其次，对参与评测的产业行业进行整合，收集相关指标数据。从莱州市、山东省和全国具体产业行业的统计数据来看，各层级的行业门类统计口径相差较大，莱州市按照210个规模以上工业企业行业门类进行统计，山东省和全国按照46个行业门类进行统计，为保持数据口径一致，需要依据山东省和全国的行业门类对莱州市规模以上企业行业门类进行整合，对应收集整理相关指标数据，建立分析数据集。

最后，进行具体行业门类的产业生态位测算。其中产业生态位排名靠前的行业门类如表5-4所示。

表5-4　　　　　　　　莱州市的优势行业门类

产业部门	全国	山东省	黄三角
黑色金属矿采选业	0.32604	0.65302	0.22174
有色金属矿采选业	0.40407	0.22963	0.33429
非金属矿采选业	0.11075	0.20951	0.27026
食品制造业	0.39623	0.42895	0.47484
通用设备制造业	0.39696	0.43574	0.32112
专用设备制造业	0.53273	0.34518	0.45771
汽车制造业	0.21363	0.48121	0.27735
石油加工、炼焦和核燃料加工业	0.17944	0.40532	0.22220
化学原料和化学制品制造业	0.16572	0.32246	0.21613
电气机械和器材制造业	0.25716	0.48120	0.42621

4. 结果分析

从数据结果来看，莱州市的黑色金属矿采选业、有色金属矿采选业、非金属矿采选业、食品制造业、通用设备制造业、专用设备制造业、汽车制造业、石油加工、炼焦和核燃料加工业、化学原料和化学制品制造业、电气机械和器材制造业等行业门类在全国、山东省、黄三角的产业生态位较为理想，发展态势较其他行业有优势。

在全国层面，莱州市排名靠前的行业有专用设备制造业、有色金属矿采选业、通用设备制造业等，这说明莱州市的制造业能力已经超过全国平均水平，而依托黄金资源禀赋优势，在有色金属矿采选业也具有强劲的生产实力，凸显了莱州市在自然条件、工业加工等方面的产业优势。

在山东省层面，莱州市黑色金属矿采选业、汽车制造业、电气机械和器材制造业等行业的优势突出，可见，莱州市的优势行业已经紧跟省内发展强势地区，是烟台市乃至环渤海南岸经济集聚带的重要支撑，在蓝黄两区建设中发挥示范带动作用。

在黄三角层面，莱州市的食品制造业、专用设备制造业、电气机械和器材制造业等行业已经形成优势产业聚集，巩固和提升了黄河三角洲高效生态经济区临港产业区的龙头地位，不断塑造发展新优势。

通过以上分析可以看出，以黄金采选代表的采矿业和机械加工、化工等代表的制造业无疑是莱州市的支柱产业，反映出制造业较强的产业利用生产资料及创造产值的能力，以及较好的市场竞争力。采矿业是仅次于制造业的第二支柱产业，产业生态位在全国、山东省和整个黄三角都首屈一指。其他行业门的产业生态位数值较低，甚至为负值，说明这些产业的生产能力和市场竞争力处于相对劣势地位，莱州市下一步发展中要注意扬长避短，发挥优势产业行业的带动作用，全面提升其创造能力与市场竞争力。

5.1.4　与国内先进城市的经济发展对比

选择首批14个沿海开放城市作为国内先进城市的代表，采用地均地区生产总值、地均固定资产投资、地均社会消费品零售额、地均实际使用外资、地均金融机构存贷款余额等数据作为对比指标，将莱州市与这些城市进行对比，发现莱州市虽然与一线城市如上海、广州、天津、青岛等城市差距较大，但在排名上并不垫底。与秦皇岛、湛江、北海等相比还存在一定优势，说明与其他沿海开放城市相比，莱州市具有一定的产业发展潜力，急需借助新旧动能转换机遇期，大力挖掘本地产业优势，推进经济迈入新发展阶段。详见表5-5。

第 5 章 新旧动能转换与产业空间发展：莱州市的实践

表 5-5 莱州与首批 14 个沿海开放城市对比

地区	地均地区生产总值（亿元/平方千米）		地均固定资产投资（亿元/平方千米）		地均社会消费品零售额（亿元/平方千米）		地均实际使用外资（万美元/平方千米）		地均金融机构（含外资）本外币存款余额（亿元/平方千米）		地均金融机构（含外资）本外币贷款余额（亿元/平方千米）	
莱州	0.40	11	0.26	11	0.19	11	24.22	12	0.36	13	0.15	15
上海	4.75	1	1.14	1	1.87	1	882.16	1	17.74	1	10.60	1
天津	1.56	3	0.94	2	0.48	3	550.21	2	2.59	4	2.65	3
大连	0.56	8	0.12	14	0.28	8	168.57	6	1.07	9	0.90	8
秦皇岛	0.19	15	0.11	15	0.10	14	52.59	10	3.69	3	0.22	12
烟台	0.53	9	0.41	8	0.24	10	111.36	8	0.58	11	0.37	10
青岛	0.98	5	0.69	4	0.40	5	401.45	3	1.34	7	1.28	5
连云港	0.35	13	0.22	12	0.14	12	35.17	11	0.39	12	0.33	11
南通	0.91	6	0.58	5	0.34	7	125.67	7	1.37	6	0.92	7
宁波	1.00	4	0.51	6	0.41	4	209.02	5	1.85	5	1.81	4
温州	0.45	10	0.35	9	0.28	9	18.57	13	0.93	10	0.72	9
福州	0.59	7	0.49	7	0.35	6	102.28	9	1.14	8	1.15	6
广州	2.89	2	0.80	3	1.26	2	326.19	4	6.91	2	4.59	2
湛江	0.24	14	0.14	13	0.13	13	4.20	15	0.26	15	0.16	14
北海	0.37	12	0.33	10	0.07	15	4.36	14	0.28	14	0.20	13

101

5.2 莱州市新旧动能转换与产业空间协同发展分析

5.2.1 莱州市产业空间现状布局

1. 空间发展格局

目前，莱州市针对莱州空间高度分散的问题，顺应产业集群化、生产基地化发展趋势，强化产城融合发展理念，着力构建"一核、三轴、六板块"的产业发展格局，积极引导分散的镇街工业向产业园区集中，具体表现为以中心城区为龙头，以北部临港辅城、西部滨海辅城、南部工贸辅城为拓展，其他镇街为支撑的产业空间发展格局。

一核，即中心城区现代服务业集聚区。主要依托中心城区现代服务业发展基础和优势，顺应经济服务化发展趋势，加快先进技术、科学管理模式推广应用，重点发展商贸物流、文化旅游、金融保险、科技服务、商务会展等现代服务业，推动生产性服务业向专业化和价值链高端延伸、生活性服务业向精细和高品质转变，不断强化中心城区现代服务业集聚区的引领示范作用，着力提升全市现代服务业发展规模和质量效益，全力打造我市经济社会可持续发展的新引擎。

三轴，即滨海产业集聚—生态景观轴、南北工业—城市发展轴、东北—西南统筹城乡发展轴。依托境内主要公路干线，打造三条区域发展轴线，辐射和带动沿线地区城镇和产业发展，引领和支撑工业化、城镇化和农业现代化。滨海产业集聚—生态景观轴。以滨海高等级公路（G228 丹东线）莱州段和大莱龙铁路莱州段为轴线，以莱州港为龙头，在空间上形成临港产业组团、滨海旅游度假组团、高端产业组团、海洋文化产业组团和循环经济组团。积极推动"五大组团"协同发展，不断增强产业集聚度、产业竞争力，加快形成支撑作用强、发展贡献大的滨海产业聚集区。集成资源、集中力量加快培育壮大南北两个起步区，全面加快起步区项目建设，加大投入，强化起步区基础设施建设，集中力量引进一批高端高质高效项目,将起步区建成滨海开发的先行突破区、项目聚集区。南北工业—城市发展轴。依托 S218 省道,贯穿三山岛—城区—柞村—夏邱等城镇以及北部的莱州工业园区、中北部的经济开发区和南部的石材工业集中区,发挥毗邻青岛的区位优势,结合交通基础设施的改善,加强与青岛的经济联系,加快建设成为青岛—莱州发展轴。东北—西南统筹城乡发展轴。依托 G206 国道,贯穿金城—朱桥—平里店—程郭—虎头崖—沙河等城镇,建设成为烟台—潍坊发展轴和烟台北部沿海产业带的重要组成部分。加大沿线城镇基础设施的建设力度,不断提升城镇居住、商贸和公共服务等综合服务功能,促进农村人口向城镇集聚,将其打造成为莱州统筹城乡发展的重要轴线。

六板块,就是遵照生态保护、海陆统筹、分工协作、集聚发展的基本要求,将莱州全局划分为六大产业板块。中西部高端产业板块,主要包括城港路、永安、文昌、文峰 4 个街道和虎头崖镇。以中心城区和经济开发区为核心,重点发展现代服务业、先进制造业、滨海旅游业、生物育种等高端产业。北部临港产业—滨海旅游产业板块,主要包括北部沿海的三山岛、金仓街道和金城镇。以莱州港为依托,以莱州工业园区和滨海旅游度假区为主要载体,以港口建设和海洋运输业、港口物流业、临港加工业、滨海旅游业、电力能源和黄金产业为主导,打造北部临港产业带,努力争创国家级滨海旅游度假区。西南部循环经济—工程机械产业板块,主要包括沙河镇和土山镇。将重点打造位于土山镇的银海化工产业园,依托区内丰富的地下卤水和原盐资源,重点引进以海洋化工、有机化工新材料、无机化工新材料、高端专用化学品为主的化工产业,是推进化工产业转型升级的良好载体;同时,充分发挥沙河工程机械制造产业优势,加强化工机械、塑料机械等产品的研发与生产,进一步延长产业链条。南部石材加工贸易产业板块,主要包括南部的夏邱和柞村镇。依托现有石材产业基础,重点是加快推进产品升级换代,强化石材品牌建设,不断提高产业竞争力。中部机械电子—现代农业产业板块,主要包括朱桥、平里店和程郭镇。充分发挥现有产业基础优势,加大科技投入和自主创新力度,着力实现汽车零部件、电子元器件、轻工机械等机械电子产业的提质增效;同时,发挥生态农业发展优势,积极推行标准化生产,提高种植养殖业技术含量,创建绿色无公害农畜产品品牌,提升农业产业化水平。东部生态板块,主要包括驿道、郭家店和柞村镇部分区域。突出强调生态涵养功能，着力强化水源地保护，在加大植树造林、环境整治力度的前提下，重点发展高效、绿色生态农业，不断扩大以果品、蔬菜为主的农作物种植和畜禽养殖规模，积极推进农副产品深加工和生态工业项目建设。

2. 分乡镇情况

莱州市分乡镇工矿用地情况如表 5-6 所示，其中排名第一的镇街为城港路街道，面积达到 1344.19 公顷，程郭镇和郭家店镇分别居于第二位和第三位，面积分别是 957.62 公顷和 882.82 公顷，其余如虎头崖镇、金仓街道和金城镇的工矿用地面积均超过 500 公顷以上，排名最后的永安路街道、柞村镇和朱桥镇工矿用地面积分别是 145.61 公顷、140.05 公顷和 89.9 公顷。由此可见，莱州市主要工业企业主要集中以主城区为轴线的北部和南部区域（第三次国土调查初步成果数据）。

表 5-6　　　　　莱州市分镇街工矿用地规模　　　　　单位：公顷

行政单位	工矿用地	其中：	
		工业用地	采矿用地
莱州市	7802.39	6156.41	1645.98
城港路街道	667.02	647.69	19.33
程郭镇	211.87	167.66	44.21
郭家店镇	145.61	36.92	108.69
虎头崖镇	757.41	437.06	320.35
金仓街道	218.95	95.14	123.81
金城镇	467.8	311.98	155.82
平里店镇	140.05	132.34	7.71
三山岛街道	416.3	363.09	53.21
沙河镇	1344.19	1262.16	82.03
土山镇	575.89	540.55	35.34
文昌路街道	181.2	177.59	3.61
文峰路街道	201.45	200.38	1.07
夏邱镇	882.82	778.77	104.05
驿道镇	89.9	68.74	21.16
永安路街道	341.1	165.6	175.5

续表

行政单位	工矿用地	其中：	
		工业用地	采矿用地
柞村镇	957.62	597.89	359.73
朱桥镇	203.21	172.85	30.36

5.2.2 莱州市新旧动能转换与产业空间耦合分析

本节研究主要从与新旧动能转换密切相关的工矿用地出发进行分析。

1. 协同度分析

（1）产出效益。从莱州市总体工矿用地产出效益来看，2018年亩均规模以上工业产值为24.38万元/亩，具体到各镇街，城港路街道和金城镇的产出效益尤其显著，产出效益分别达到83.88万元/亩和66.34万元/亩，而三山岛街道、永安路街道的产出效益最低，分别为3.69万元/亩、3.17万元/亩，与第一名城港路街道的差距高达20倍以上，镇街发展差距较大，凸显了从产业成长性和用地集约利用效益出发对产业空间进行优化调整的必要性。详见图5-3、表5-7。

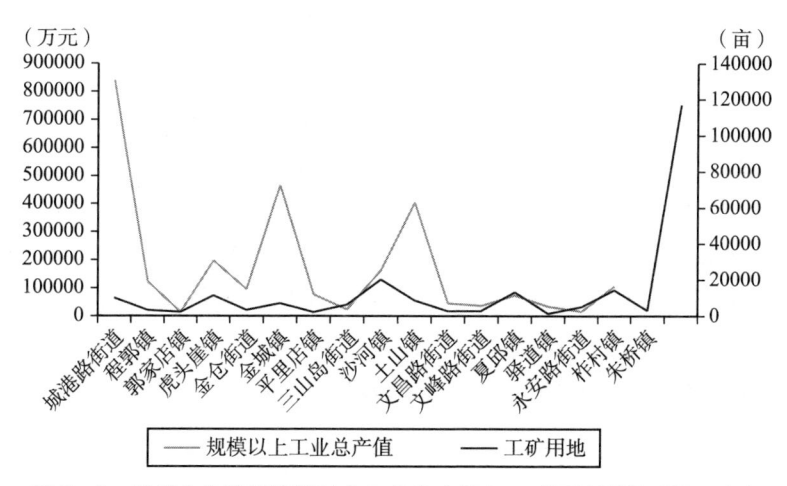

图5-3 莱州市各镇街规模以上工业总产值与工矿用地面积（2018年）

数据来源：第三次国土调查初步成果数据和2019年莱州市统计年鉴。

表 5-7　　莱州市各镇街工矿用地产出效益（2018 年）

行政单位	产出效益（万元/亩）	排名
城港路街道	83.88	1
金城镇	66.34	2
朱桥镇	46.85	3
土山镇	46.76	4
程郭镇	38.42	5
平里店镇	36.59	6
金仓街道	29.07	7
驿道镇	25.25	8
虎头崖镇	17.33	9
文昌路街道	16.66	10
文峰路街道	12.15	11
沙河镇	8.04	12
柞村镇	7.38	13
郭家店镇	6.26	14
夏邱镇	5.56	15
三山岛街道	3.69	16
永安路街道	3.17	17

（2）能源与环境效益。2018 年，莱州市万元 GDP 能耗值为 0.60 吨标准煤/万元，万元 GDP 工业废水排放量为 1.57 吨/万元，万元 GDP 工业固体废物产生量为 1.26 吨/万元，PM2.5 浓度全年平均值低于 30 微克/立方米，重度污染天气发生率相对较低。这说明，莱州市总体经济发展中产生的工业污染较小，能源和环境成本相对较低，产业发展的生态环境承载力较高，山清水秀、天蓝气净，有停驻、居住其间的幸福感，具有极高的产业投资、人才创业的吸引力，是支撑新旧动能转换推进的"硬环境"。

2. 集聚度分析

根据莱州市第三次国土调查工矿用地的初步成果数据，工矿用地共有 5311 块图斑，面积的算数平均值为 14690.86 平方米（见图 5-4），各图斑面积的二维离散图显示绝大多数工矿用地图斑面积较小，超过 90% 的图斑面积小于 10000 平方米，而且从空间分布情况来看，工矿产业用地的空间集聚度平均值为 0.0151（见图 5-5），属于低度空间集聚，低于发达地区的产业集聚水平，且产业链空间集聚与产业属性的关系不明确，产业用地结构有待优化。

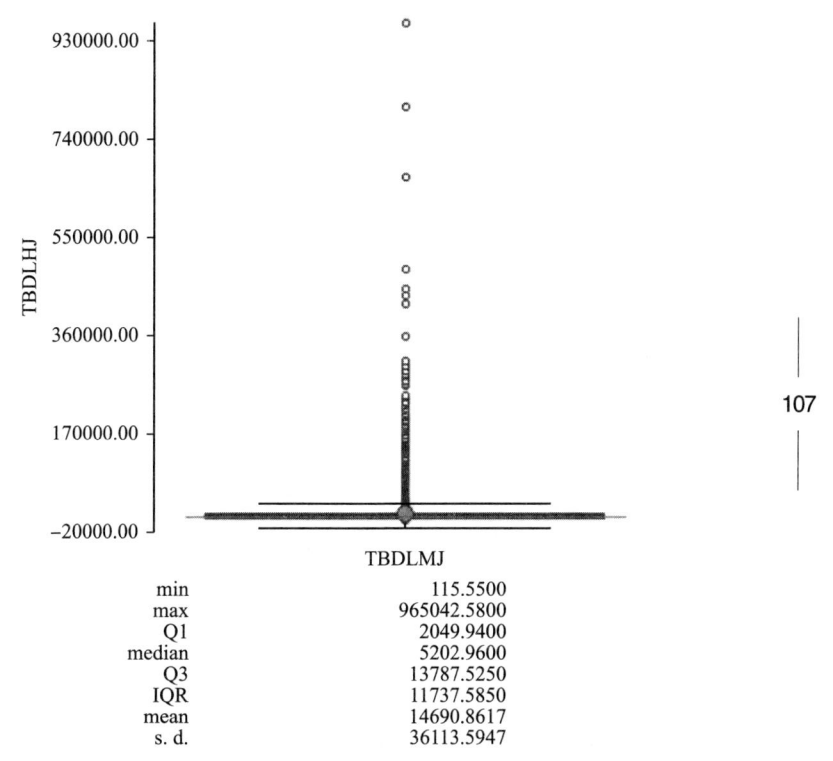

```
min      115.5500
max      965042.5800
Q1       2049.9400
median   5202.9600
Q3       13787.5250
IQR      11737.5850
mean     14690.8617
s.d.     36113.5947
```

图 5-4　莱州市工矿用地面积的箱形图（Box-plot）

3. 耦合度分析

借助物理学的耦合协调度函数来测度莱州市各镇街工业发展水平与工矿用地规模两个维度的系统协调度，可以描述二者之间的耦合状态。其中工业发展水平采用规模以上工业产值作为表征指标，工矿用地规模采用莱州市第三次国土调查工矿用地的初步成果数据。

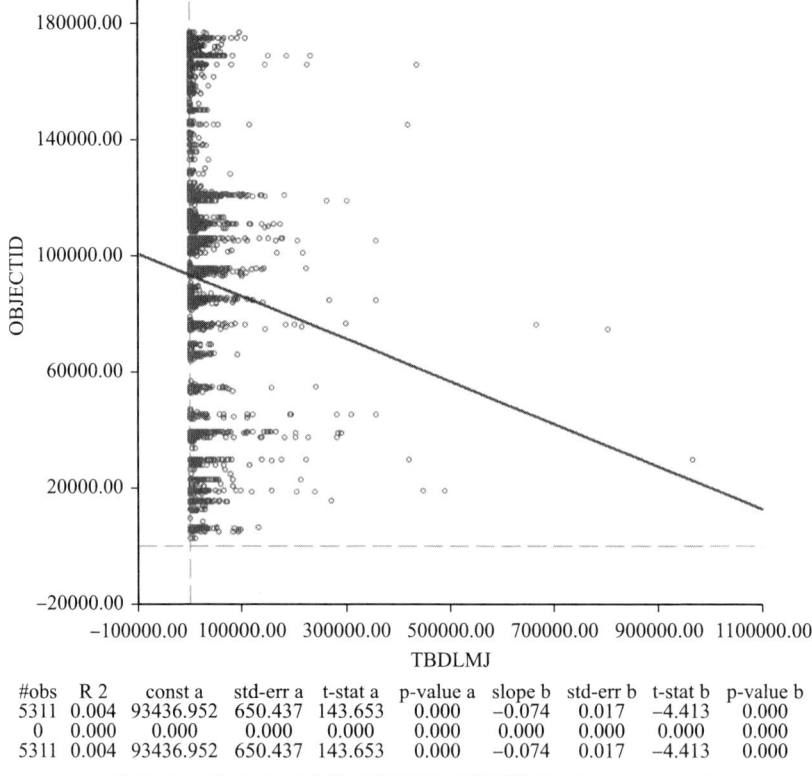

#obs	R 2	const a	std-err a	t-stat a	p-value a	slope b	std-err b	t-stat b	p-value b
5311	0.004	93436.952	650.437	143.653	0.000	−0.074	0.017	−4.413	0.000
0	0.000	0.000	0.000	0.000	0.000	0.000	0.000	0.000	0.000
5311	0.004	93436.952	650.437	143.653	0.000	−0.074	0.017	−4.413	0.000

图 5-5 莱州市工矿用地面积的二维离散图 (Scatter-plot)

耦合度计算模型为：

$$C = 2\sqrt{\frac{T_{1i} \cdot T_{2j}}{(T_{1i} + T_{2j})^2}}$$

式中，T_{1i}，T_{2j} 分别代表各镇街的工业发展水平与工矿用地规模，C 值介于 0~1 之间，当 C=1 时，耦合度最大。由于耦合度仅反映两个系统的相关程度，而不能反映系统水平的高低，故进一步计算耦合协调系数：

$$D = \sqrt{C \times T}$$

其中，$T = aT_{1i} + bT_{2j}$，$T \in [0, 1]$，a 和 b 代表两系统的重要程度，可取不同值，但 a+b=1，本研究认为工业发展水平与工矿用地规模的重要性相同，则取 a=b=0.5。

D 值同样介于 0~1 之间，值越高代表系统之间或者系统内部要素之间达到高度协调发展的态势，系统趋向于新的有序发展结构；反之系统将趋向于无序发展。一般认为，$0 < C < 0.3$ 时，为低度耦合协调；$0.3 < C < 0.5$ 时，为中度耦合协调；$0.5 < C < 0.8$ 时，为高度耦合协调；$0.8 < 1.0$ 时，为极度耦合协调，系统达到良性耦合共振且趋向新的有序结构。

经过计算，我们得到莱州市各镇街工业发展水平与工矿用地的耦合协调发展程度。结果显示，莱州市金仓街道、土山镇、程郭镇、朱桥镇、金城镇、文昌路街道、平里店镇、城港路街道、虎头崖镇9个镇街属于极度耦合协调，耦合协调度值超过0.8，三山岛街道、永安路街道、郭家店镇、驿道镇4个镇街的耦合协调度非常低，甚至为0，代表了这些镇街工业发展水平与工矿用地情况非常不同步（见表5-8）。总体来看，各镇街工业发展水平与工矿用地占用情况密切相关，用地供应仍然是当前调控产业转型升级、促进新旧动能转换的关键手段。从耦合协调度来，多数镇街工业发展水平与工矿用地规模处于中低度耦合协调发展阶段，说明经济发展动能与产业用地配置之间存在脱节现象，产业空间有待优化，未来应借助新旧动能转换积极优化调整现有产业空间，提高国土空间开发利用水平。

表5-8 莱州市各镇街工业发展水平与工矿用地的耦合协调发展程度

行政单位	耦合度	耦合协调度	所属类型
金仓街道	0.9993	0.9996	极度耦合协调
土山镇	0.9805	0.9902	极度耦合协调
程郭镇	0.9560	0.9777	极度耦合协调
朱桥镇	0.8617	0.9283	极度耦合协调
金城镇	0.8389	0.9159	极度耦合协调
文昌路街道	0.8165	0.9036	极度耦合协调
平里店镇	0.8129	0.9016	极度耦合协调
城港路街道	0.7453	0.8633	极度耦合协调
虎头崖镇	0.6900	0.8307	极度耦合协调
文峰路街道	0.5291	0.7274	高度耦合协调
沙河镇	0.2671	0.5168	高度耦合协调

续表

行政单位	耦合度	耦合协调度	所属类型
柞村镇	0.2296	0.4792	中度耦合协调
夏邱镇	0.1364	0.3694	
三山岛街道	0.0258	0.1606	低度耦合协调
永安路街道	0.0035	0.0594	
郭家店镇	0.0000	0.0000	
驿道镇	0.0000	0.0000	

5.2.3 存在的问题与原因分析

1. 问题

目前莱州市新旧动能转换过程中的产业空间问题突出表现为两大方面：

（1）产业要素在空间上呈现大尺度离散特征，产城难以融合。以往依赖于传统交通线而形成散点式的布局，造成产业专业化配套不产业协作和产业链各环节衔接不紧密，产业集聚效应未能有效发挥，最直接和明显的后果就是产业空间利用的粗放低效。此外，创新、服务等要素集中于城市中心，生产环节受地租影响分布于城市外围，空间上的离散导致产城分离，创新、服务难以支撑产业专业化发展。

（2）产业空间布局结构失衡，未能与城市总体空间结构有效匹配。一方面，追求土地收益最大化及短视效应，城市核心区传统产业退出后腾出的土地多用于房地产开发，空间被严重挤压，产业后续发展动力不足；另一方面，除上述显性挤压方式外，还存在隐性方式，如现有节约集约利用评价的建设用地管控模式虽然在规模上实现了有效管控，但产业发展与配套的生产性与生活性服务配置比例尚有问题；再一方面，产业用地结构本身存在失衡现象，生产用地比例偏大，与产值比例不匹配，导致土地产出效益与土地价值无法释放，制约了产业空间的优化和效率提升。

2. 原因

造成上述问题的深层原因除历史延承、市场选择、行政性指令等原因外，从规划角度来看，主要是规划根基与制度、规划导向、规划实施管理等方面存在的弊端有关。

（1）产业发展规划与空间规划在根基与路径上存在本质差异。首先，产业规划或者产业空间选址是基于经济学市场经济理论，追求经济效益最大化，因此，产业规划要顾及要素获取成本、产品、运输成本等一系列投入产出的配比关系，空间规划则基于城乡规划理论，以城市整体定位与功能的实现为目标，关注资源限定条件下土地空间的合理利用和城市整体空间功能与要素的协调配比。可以概括为两者由于实施主体、价值导向、运作理念等不同，对个体经济利益短期化的追逐与对公共利益长期化的安排之间的矛盾。其次，产业发展是一种自由的、带有市场性质的经济行为，更适合弹性的调控方式，城乡规划则具有公共政策属性，是一种具有行政理性、统筹思维的政府行为，它的管控方式相对刚性，这就造成对产业的选址、用地流动与置换、布局调整、用地管理等控制"过严过死"，不利于产业的"进退"。

（2）空间规划在产业空间布局安排中的地位（话语权）有限，产业空间布局规划研究路径难以实现学科交叉融合。产业布局研究通常是以产业研究为主线、以空间研究为副线的并行不交叉的模式；采取产业主管部门为主导，空间规划部门配合的组织模式；研究思路是以产业经济理论为基础，以产业的选择配置为主要内容，以增长极、点轴、网络、地域生产综合体、区域梯度开发转移为主要模式，结合现状对产业的空间分布做出安排。因此，空间规划部门只是根据产业主管部门的产业空间安排意向落实具体的空间位置和用地。在产业布局规划中，空间规划只是支持产业发展的配角，并未真正实现产业与空间的双向互动与统筹安排。这种产业布局规划编研模式与产业、规划部门的职能、话语权、统筹力度、专业差异等有密切关系。

（3）空间规划对产业空间安排的缺乏时效性。影响产业空间布局的因素很多，因素的重要程度亦随着产业升级发生变化，如正由地租、交通、基础设施等传统主导因素转向技术创新、人才供给、文化氛围、生态环境等因素为主导。现有的产业布局规划更多依循传统理论，较多关注传统要素，对于新的产业要素和发展趋势关注较少，缺少从空间供给侧角度对于不同产业和产业链不同环节空间需求的细化研究，因而产业布局缺乏清晰的空间指向，无法确保空间供给效率。

（4）产业布局规划研究的导向与新的经济发展要求和趋势不符。传统的产业发展思路是以规模扩张实现成本降低，落实到空间布局上，即追求产业空间规模的扩张及空间资源的最大化挖潜，而忽略了产业布局与城市其他功能的协同。随着现代产业体系的逐步建立，产业空间布局规划的思路也正处于转变时期，但目前，以解决产业自身发展为主（就产业论产业）的思路依然存在，以服务于城市整体发展效率和城市功能实现为目标的产业布局规划思路尚未建立。

（5）产业布局规划的落地实施存在困难。产业空间布局规划尚未纳入统一的空间规划管理体系，规划实施对于统筹各类产业空间布局与土地利用的力度不足，产业与城市功能协同发展的实施并不顺畅。此外，产业的落位存在许多不确定、偶然性因素，企业意愿、政府意愿占据较大主导权，传统空间规划中产业布局思路往往居于次要地位，以引导为主，强制性内容不多，相关的规范标准不明确，与相关层次的空间性法定规划衔接不足，导致产业布局实施监管困难。

针对上述问题，要实现莱州市新旧动能转换与产业空间的协同互动与耦合发展，应建立一种"产业—空间"双向匹配的规划理念、模式与路径，以克服单方向选择的弊端，最大程度实现个体经济利益与公众社会利益的平衡、短期效益和长期效益的平衡。

我们应以经济学理论为基础，考虑原材料、劳动力、资本、地租、市场、基础设施、能源、技术等要素，从产业选址角度，以满足产业经济利益的最大化和持续发展为目标，通过要素作用机理及其空间特征分析，确定产业空间选择的基本范式，选择产业布局最适宜的空间。

以空间规划理论为依据，则需考虑地形地貌、城市形态、用地结构、功能设置、设施配套、交通线网、生态空间管制、环保要求、开发时序等城市建设的物质因素，兼顾制度设计、政策环境、区域合作网络等软环境因素，从空间承载的角度，以满足城市功能定位、总体空间结构为原则，通过对空间布局结构与要素配置的分析，确定各类产业空间的功能承载指向，选择相应空间最适宜承载的产业功能。在双向匹配的基础上，可以划定各类产业最合理、最适宜的空间区位，再叠加企业和政府意愿等因素，最终确定城市产业空间布局。

上述过程是一个动态反馈与调整的过程，产业空间布局确定后会对城市总体的空间格局以及产业发展产生反作用，相关的设施和资源的配套、局部区域功能结构的微调、用地比例的调整、产业发展策略、劳动力引入、产业链的整合延伸、目标市场的拓展、合作伙伴的选择等都会随着产业空间布局的确定，一定程度上做出调整与优化，从而在动态过程中实现协同互动与耦合发展。

5.3 面向新旧动能转换的莱州市产业空间优化方向

5.3.1 莱州市新旧动能转换的产业发展重点与空间优化提升方向

根据莱州市经济产业发展情况，结合具体产业的专业化与优势评价结果，按照高质量发展要求，应坚持传统产业转型、新兴产业培育"双轮驱动"，加快新旧动能转换，全力培育"5+5+N"制造业集群，打造"集群引领+板块支撑"的新型产业体系，积极构筑动能转换发展新布局。

第一，突出中心城区在新旧动能转换中的核心引领地位，"提升中部、完善东部、拓展西部"的要求，进一步拉大城市框架，集聚集约创新要素资源，发展高端高效新兴产业，加快城市功能完善与产业有机更新，做优做靓中心城区，增强中心城区的辐射带动作用，提升聚集度和首位度，打造全市新旧动能转换核心区、引领极。

第二，突出园区集聚集约效应，推动产业集群化、特色化、绿色化发展。依托原莱州经济开发区，以汽车零部件制造和高端机电装备制造为主导产业，以发展高端装备、智能制造为主攻方向，强化标杆企业引领，全力打造制造业转型升级示范区；依托原莱州工业园区，大力实施"以港兴区、跨越发展"战略，持续扩大港口对本地经济发展的拉动作用，以临港产业、黄金开采及深加工、生物育种、水产养殖加工产业为重点，强化招商引资力度，着力打造国内重要的临港加工制造基地、临港油化品仓储基地和临港物流业基地；依托莱州滨海生态省级旅游度假区，充分发掘区内独特的生态、文化、旅游等特色资源，加快高新产业组团、新型旅游组团、公共服务组团三大组团建设，重点发展医养健康、生物医药、滨海旅游、文化创意、装备制造等高新技术产业和现代服务业；依托莱州银海化工产业园，抓住山东省加快建设高端化工园区重大机遇，做好生态环境评价基础上进行科学规划设计和配套设施建设，重点打造海洋化工、精细化工、化工新材料、高端专用化学品等多产业板块融合发展的特色化工产业集群，以基地化、链条化、智能化为方向，坚持创新、安全、环保、质效联动发展，加快优化产业布局和产品结构。

第三，依托莱州境内主要公路干线，打造滨海产业集聚—生态景观轴、南北工业—城市发展轴、东北—西南统筹城乡发展轴三条区域发展轴线，辐射和带动沿线地区城镇和产业发展，引领和支撑新旧动能转换。

第四，遵照生态保护、海陆统筹、分工协作、集聚发展的基本要求，推进中西部高端产业板块、北部临港产业—滨海旅游产业板块、西南部循环经济—工程机械产业板块、中部机械电子—现代农业产业板块、南部石材加工贸易产业板块、东部生态板块等六大产业板块建设。

具体原则如下。

1. 借助生态约束调控旧动能

莱州市应使"绿水青山就是金山银山"成为行动自觉，主体功能区战略和制度深入实施，人与自然和谐发展新格局加快形成，能源资源利用效率大幅提升，水、土壤、大气质量明显改善，生产生活方式绿色低碳，以生态文明引领新旧动能转换，应树立尊重自然的理念，推动产业绿色化改造，增强动能转换的绿动力；让城市融入大自然，推进绿色城镇化。

推动产业绿色化改造，是增强新旧动能转换的绿动力。莱州市承载着胶东半岛西北部重要生态功能区的重大使命，应利用环保倒逼机制，推动产业转型升级，提高产业绿色化水平，形成节约资源和保护环境的产业结构和空间格局。

（1）加快发展绿色经济。倡导知识经济和服务经济、进行低碳技术创新、发展绿色能源、推进产业结构优化升级，是绿色经济的重点任务，最终在全社会形成绿色可持续的生产生活方式。具体从三个方面推进，一是高度重视科技创新，为绿色经济提供技术支撑，利用高新技术、绿色技术促使传统产业改造升级。二是发展绿色产业。提高节能技术研发力度，在节能产业中培育新的经济增长点，加大新能源汽车研发，提高产业化水平和技术创新能力。三是引导绿色消费，大力推进绿色办公、绿色采购、绿色出行，开展创建绿色机关、绿色企业、绿色家庭、绿色学校、绿色社区等活动，支持发展共享经济。

（2）大力发展循环经济。加快建立循环型农业、工业、服务业体系，提高全社会资源产出率。垃圾分类回收，完善资源回收再利用体系，对汽车轮胎、纺织品、餐厨废弃物、建筑垃圾、秸秆等农林废弃物等实施再次利用工程。开展循环经济示范行动，推广循环经济典型发展模式，在全社会倡导循环节约。

（3）推动发展低碳经济。一是建设低碳社区和低碳城市。提高林业碳汇能力，增加森林覆盖面积。二是实现煤炭消费清洁化。确定污染物排放总量限值，大力推进燃煤污染综合治理，强化中小用户和散户的燃煤污染治理。开展"气代煤、电代煤"行动，控制化石能源消费量，提高绿色燃料、绿色热力和绿色电力供给。三是建立碳排放指标分配机制。围绕有效控制碳排放量，建立节能减排指标体系和考核体系。

（4）推进绿色城镇化助力动能转换。城市规划的每个细节都要考虑对自然的影响。一是让城乡发展与自然协调。积极保护莱州市原生态的自然环境，建设贴近自然的城市景观。依托现有的山水特色，修复城乡生态空间，杜绝花大气力改造重建。二是明确发展定位。根据市情、镇情、村情选择适合莱州的发展道路，因地制宜、实事求是，城镇建设应符合当地的人文环境、自然环境和社会经济发展。三是重视人文风俗和历史传承，关注自然、传承历史与现代化建设有机地结合起来。任何城市的发展都是当地历史文化、地域文明和民族特色的传承，城镇建设要把优秀文化流传下来。

（5）强化城镇化过程中的节能理念。大力发展绿色建筑和低碳、便捷的交通体系，推进绿色生态城区建设，提高城镇供排水、防涝、雨水收集利用、供热、供气、环境等基础设施建设水平。所有县城和重点镇都要具备污水、垃圾处理能力，提高建设、运行、管理水平。

2. 借助产业链整合新动能

强化土地节约集约利用：细化投资强度、容积率、建筑系数、绿地率等控制指标，提高用地准入门槛；优化园区产业结构：因地制宜确定1~3个主导产业，以产业关联度高、带动性强的龙头企业和重大项目为载体，推动关联产业、上下游配套企业和资源要素集聚。

发展产业链有经济理论依据，可以产生企业集群效应。通过推进新兴优势产业建设，打造以龙头企业为核心，吸引上下游产业链环节，从而促进企业分工细化、密切合作，降低产业链内的交易成本和沟通成本，凝聚产业竞争力。而且，发展新兴优势产业链能够紧跟科技潮流，培育新动能，有助于跨越经济周期，营建符合未来社会发展趋势的经济结构，提高经济增长里的科技含量，形成更具有可持续性、高质量、高水平的增长潜力。

产业是稳经济、稳增长、稳就业的基石与支撑；项目是具体化布局产业的落子与要素。连接产业和项目的关键正是产业链。莱州市必须强化产业链思维，下决心、下力气，为全面振兴、全方位振兴带来高质量新变革。

经济发展新常态下，市场竞争已不仅仅是企业之间的竞争，而是整个产业体系以及配套能力的竞争——经济发展看产业，产业发展看链条。我们必须一以贯之，强化产业链思维，谋划构建现代产业体系，瞄准产业主攻方向，理清重点产业链条，不断闯关、破关、通关，加快形成产业集群效应。

做大做强产业链，必须聚焦重点。优势产业、龙头产业的培育形成，既有历史的积淀，也有资源的禀赋。放眼莱州，最具优势、最具潜力的正是装备制造业。产业基础能力发展，是高质量发展的基础，在价值链和产业链上游对产业发展有决定性影响和控制力。我们要着眼于建设先进装备制造业基地，以产业园区为重要载体，以产业链为重要抓手，结合现实条件和振兴方向，发挥好企业主体作用，了解掌握骨干企业、新兴产业上下游在哪里，定位在哪里，有针对性地建链、延链、补链、强链。以开放合作为动力集成，以瞄准未来为价值判断，成体系、成建制地打造、培育，进而形成更多的、更具价值的产业链条。

做大做强产业链，必须注重融合。新技术正迭代叠加式突破，区域一体化互补性正形成，产业的布局、结构、要素等也发生深刻变化。壮大产业链，离不开创新链、人才链、资金链，必须推动各链条深度融合、互促共进。莱州应以夯实产业基础能力为根本，以自主可控、安全高效为目标，以企业和企业家为主体，以政策协同为保障，通过产业链条串起要素，发挥科技集成、产业融合、创业平台、核心辐射等召集作用，加快传统制造业向高端化、智能化、绿色化、服务化转型，向着价值链中高端迈进。融合到位，才能使新兴产业链条更加稳固、稳定。

做大做强产业链，必须强化组织。打造产业链条，是一个系统工程，需要有力有效的组织领导和工作方法。我们要做好顶层设计，明确工程重点，分类组织实施，打造有战略性和全局性的产业链，支持上下游企业加强产业协同和技术合作攻关，增强产业链韧性，提升产业链水平。我们必须强化招商能力，靶向对接、定向引资，大力引进一批高质量的产业项目，在开放合作中形成具有更强创新力、更高附加值的产业链。只有加快思想观念、路径方法、机制模式、作风状态等方面发生全方位、深层次变革，才能以"链"的思维、"链"的模式，加快新产业链建设，培育新产业集群，建设有持续支撑力和强大竞争力的产业体系，早成规模、早见成效，为高质量发展提供新鲜的、不竭的动力。

具体通过旧动能提升和新动能培育的目标重点，运用全产业链思维探寻重点产业门类的发展方向：

5.3.2 旧动能提升

1. 黄金

（1）黄金产业链条的前后项环节。在黄金产业链中，矿山开采、冶炼、饰品加工销售等环节产业链边界分明（见图5-6）。

莱州市黄金企业的上游金矿开采环节根据工信部要求将加大兼并重组力度，提高行业集中度，大型国有企业将获得更多机会，代表企业包括中金黄金、紫金矿业、山东黄金和招金集团等，开采工艺技术水平较高，毛利水平也高。

下游黄金深加工行业多为民营企业，从上海黄金交易所购买金料进行加工，最大的龙头为百泰黄金和粤豪黄金，其次也包括金一文化、金叶珠宝、老凤祥等规模较小的企业。我国的黄金加工80%集中在深圳罗湖地区，工艺传统，黄金首饰等多为手工打造，毛利水平低，加工量大。周生生、周大福等首饰销售商从百泰、粤豪等加工商手上购黄金首饰等成品，通过门店销售。首饰加工需要经过熔金、倒模、执模、抛光、压光、车花、检测和成品入库等工序，目前工艺基本都需要手工打造，传统工艺包括花丝工艺、錾金工艺、烧蓝工艺、镶嵌工艺、浇铸工艺、冲压工艺、电铸工艺等。

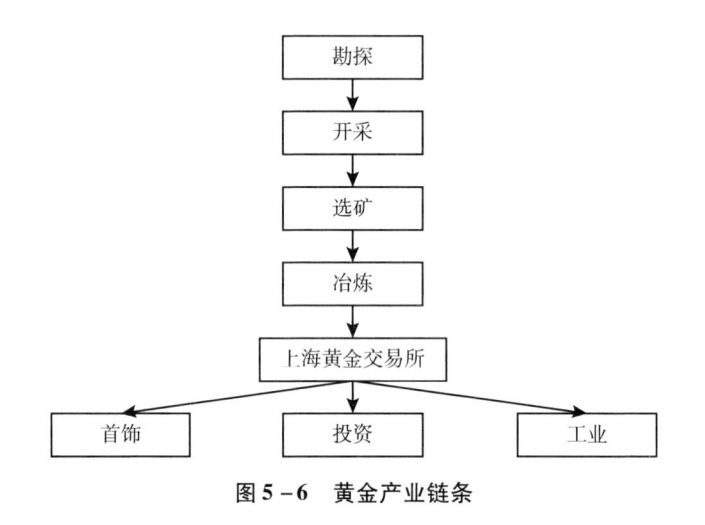

图 5-6 黄金产业链条

（2）莱州市黄金产业目前具备的环节。莱州市黄金储量丰富，是国内黄金产业集中度最高、规模最大的黄金采选和精炼基地，有三山岛金矿、金盛矿业、纱岭金矿等项目建设，以及山东黄金集团等重点企业，基本拥有完整的产业链。并且莱州黄金产业项目创造了国内外"三个之最"：一是国内黄金开采机械化程度最高；二是亚洲黄金开采单体规模最大；三是世界海底黄金开采工艺最先进。该项目建成后，将成为世界上第一个集生产、工业旅游与观光为一体的绿色黄金矿山。

（3）提升方向。莱州市应着力提升开采装备水平，推广应用新技术、新工艺、新设备，打造全国最大的黄金生产基地。依托山东黄金集团等重点企业，搭建产学研用合作平台，瞄准电子、通讯、航空航天、化工、医疗等高端领域，大力推进黄金新材料产业化、规模化，打造全国重要的黄金新材料生产基地。

加快产业组织结构调整，促进产业结构升级。促进大集团大基地的结合，依赖"资源"和"资本"这两个轮子，联合推动现有重要成矿带上的资源整合和企业重组，逐步组建跨地区、跨部门、跨所有制的矿业集团，强化竞争力。

贯彻"以金为主、多元发展"的理念，坚持市场化、产业化、社会化的方向，努力构建黄金产业与非金产业协调并举的产业发展格局。在勘查黄金主矿种的同时，加强非金矿产资源的勘探，实行综合勘查、综合评价、综合开发。要适时研发高科技项目，特别是黄金产品深加工项目。大力发展黄金工业循环经济，延伸产业链，形成符合循环经济要求的生态工业网络。

2. 机械制造

（1）机械制造产业链条的前后项环节，见图5-7。

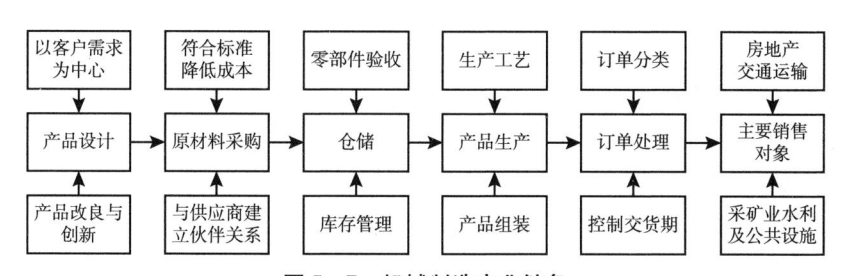

图5-7 机械制造产业链条

（2）莱州市机械制造产业目前具备的环节。莱州市有鲁达汽车配件城、三力工业园、大丰轴瓦工业园等重点项目建设，重点发展了汽车刹车总成、汽车轮胎、汽车电器、内燃机配件、齿轮箱等汽车关键零部件，以及生产汽车制动盘、制动毂、刹车片、刹车蹄片、载重车后盘式制动器、耐磨损精密铸锻件和阀门并进行销售。山东瑞兴达特种液压设备有限公司生产并销售液压油缸、液压设备配件，莱州市机械制造产业基本拥有完整的产业链环节。

（3）提升方向。莱州市应积极引进高端数控加工设备，普及精益生产、质量诊断、质量持续改进等先进生产管理模式，努力进入国际汽车零部件采购配套体系。以黄三角先进制造园区为重点，大力发展工程机械、高端机械装备和化工机械制造。以昌信机械、行星机械、新海威机械等企业为依托，积极发展木工机械制造；围绕增强汽车电子、机床电子、船舶电子等重大装备的配套能力，重点发展环保节能型冷冻设备、新型节能型电动机、新型纺织监测仪器等电器设备；依托山东环日集团，推动医疗专用设备制造基地建设。

①产品技术的高端化。从产品技术的高端化入手，参与国际国内行业竞争。嫁接新能源、新技术、新工艺，着重从各个方面提升产品品质，让产品升级换代。新的工程机械产品是节能环保、模块化设计、智能化、以人为本实现人机交互、机器人在机械制造中的应用、信息化制造、两极化发展、一机多用、机电一体化发展、核心零部件的开发与选择等各方面的技术和应用。紧跟国家的产业政策和市场需求，开发一批市场急需新产品，拓宽新产品品种，发展新的产业和领域，如风电以及核电行业装备、港口装备、能源装备、石油装备、轨道交通建设装备等。做到高端定制，错位发展，满足国内外客户的个性化需求。

②市场竞争的国际化。面对中国经济新常态，国内市场将不会再出现爆发式增长，"走出去"成为国内工程机械企业的共识，也意味着国内机械制造企业将在国际市场上互相竞争，并与国际机械制造巨头同台竞争。必须通过实施国际化战略，通过优化产品结构，提升产品的技术档次和水平，提高产业核心竞争能力，培育国产品牌在国际市场的地位和知名度，拓展印度、越南、东南亚、非洲等新兴国际市场，实现产业国际化经营。

3. 石材

（1）石材产业链条的前后项环节。经过几十年的资本原始积累，国内石材界逐渐形成了从以资源开发的矿山开采为起点，到石材制品使用的终端用户并为终端用户提供维护保养服务为终点的全产业链（见图5-8）。石材链上成千上万的企业大大小小，良莠不齐，资本实力各异，一般实力较差的石材企业只是占据资源勘查、矿山开采、加工、加工和矿山、石材营销、安装施工及为产业配套的机械辅料工具、维护保养、配送、咨询培训、媒体等链上单一的一两个接点，而只有相对较有实力的石材企业才会涉及全产业链或延伸较长产业链。但是，即使是涉及全产业链的石材企业，其涉足的产业链条也是残缺不全的，要么是研发实力弱,要么是经营石材产品的品种相对单一,要么是终端掌控乏力;要么就是拼资源(石材资源的重要特征是不可再生性),要么就是资金链绷紧,导致结构调整乏力。

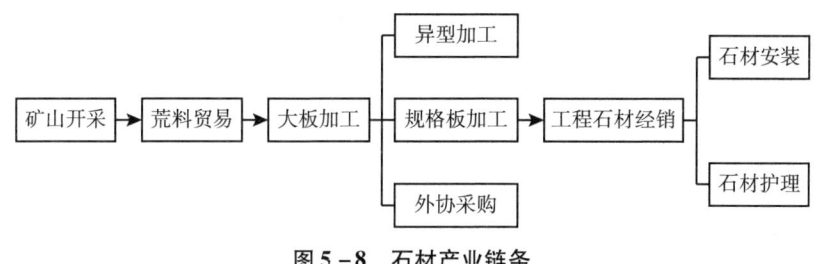

图 5-8 石材产业链条

(2)莱州市石材产业目前具备的环节。莱州市境内石材资源储量丰富,是国内最大的花岗石、大理石产地之一。据专家勘测,莱州境内可供开采的石材总储量达30多亿立方米,品种繁多,质地优良,主产20多个石材品种,以花岗石为主,主要有山东白麻、樱花红、晶白玉、黑白花、莱州红、莱州青、黄金麻。全市拥有石材企业近3000家,年加工板材近6000万平方米、雕刻品及异型石材20余万件。产品主要出口日本、韩国、美国、意大利、西班牙、土耳其、俄罗斯、德国、埃及、印度等26个国家和地区。

近年来,莱州石材产业发展迅速,企业规模不断扩大,大型石材企业相继出现,玉磊、华峰、维罗纳、新石峰等企业已成规模;在莱州市区向南沿218省道两侧,已形成蔚为壮观的百里石材长廊;产品结构不断优化,一些新型建材装饰企业陆续涌现,目前已经出现华峰幕墙、新石峰幕墙等10多家建材企业;产业环境不断改善,产业销售网络庞大,经过几十年的发展,莱州市已经培育了3000多人的庞大销售网络,在江北几乎每个地级市都有莱州的石材业务销售人员。同时,良好的产业基础形成了十分广阔的石材机械及辅料需求市场,福建、广东等地区一些知名机械及养护企业纷纷在莱州设立销售点和办事处。可见,莱州市的石材产业链环节较为完善。

(3)提升方向。莱州市应支持通过产业链协作、建立市场联盟、兼并重组等多种方式开展合作,引导石材加工企业向石材园区集聚发展,提升行业集中度。依托优势企业,搭建集聚各类石材雕塑人才技法交流、创意展示、研发设计平台，开发文化立意深厚、艺术造型丰富、制作工艺精妙的产品，推动石材产业向更高层次发展。推动石材整治与旅游融合发展，统一规划，明确展示、销售、加工和堆料场功能分区，建设与绿化融为一体的展示带、体现石材文化特色的销售门店，建立洁净加工厂标准，规范布局堆料场，构建"前展示、中销售、后加工堆场"的发展格局，打造特色风情石材名镇。结合旅游资源开发和景区建设，高标准规划建设集文化、艺术、旅游相融合的石材雕塑文化产业园。建设中国北方石材交易市场，加快生产加工向商贸流通转型。支持石材电子商务网站发展，打造莱州石材网上展示、加工、营销、物流平台，用"互联网+"思维改造提升石材产业。

4. 化工（盐化工）

（1）化工产业链条的前后项环节，详见图5-9。

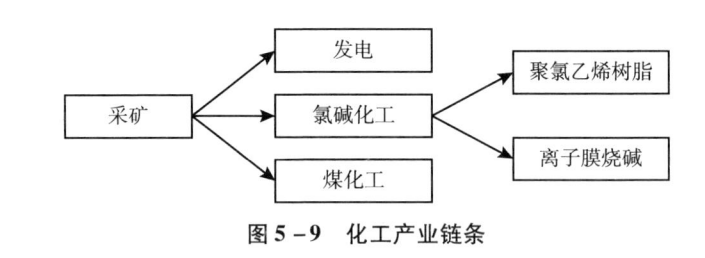

图5-9 化工产业链条

（2）莱州市盐化工产业目前具备的环节。莱州市依托丰富的卤水资源，依托诚源盐化、科源化工、金宜善等骨干企业，形成了盐、碱、溴、老卤上下游相连的多条产业链条，原来粗放型的晒盐场变成了精细化工的产业基地，盐滩变成了银山。

（3）提升方向。莱州市应扩大原盐生产能力，搞好氯气和苦卤综合利用，拓展延伸产业链，加快发展有机氯产品、钾素和溴素及其深加工产品，形成盐化工、溴系列、苦卤化工系列、精细化工系列四大产业链和产业集群。重点培育溴素深加工产品链，以大宗溴化合物产品为引领，协同发展溴系小分子、高分子、齐聚物阻燃剂和溴系医药中间体，进一步延伸产品链至阻燃剂母粒和阻燃剂材料。以苦卤为原料延伸苦卤化工系列产品深加工，重点生产氯化镁、氢氧化镁、硫酸钠、氯化钾、硫酸钾等产品。

盐化工产业和氯碱产业是中国基础化工产业，随着经济的快速发展，加快盐化工产业链延伸步伐，积极开拓精细化工领域，提供市场需要的高附加值和高技术含量的精细化学品和专用化工产品，是中国整体盐化工产业的发展方向。

①盐化工及氯碱化工行业必须向一体化、基地化发展。中国盐化工行业涌现出一批油化一体化、盐化一体化、煤盐化一体化、盐气化一体化的生产企业，实现一体化的主要形式是建设化工园区，在园区内高起点规划，高质量入园，突出园区特色，充分发挥园区产业比较优势，并以技术进步从源头上解决污染问题，实现可持续化发展；

②研发氯碱化工产业技术，关键技术要向创新化、国产化发展。根据工信部《"十二五"产业技术创新规划》，需重点开发氯碱、纯碱及黄磷等基础化工节能技术，高效、低毒及环境友好农药制备技术，环保型高档染料、有机颜料制备技术、先进煤气化技术，高性能绿色、环保及功能涂料制备技术、大型甲苯二异氰酸酯（TDI）、脂肪族二异氰酸酯（ADI）生产成套技术、聚苯醚（MPPO）应用及改性技术、高性能聚酰胺（PA）、聚碳酸酯（PC）等高端化工新材料制备及改性技术、有机硅深加工技术、有机氟特种单体及高功能含氟聚合物产业化技术。

③进行氯碱氢产品链的研发，围绕产业链、部署创新链、匹配资金链、提升价值链，增加核心竞争力。

④积极创建"产业技术创新战略联盟"，如建立"中国氯碱氢精细化工产业技术联盟""中国盐化工循环经济与节能环保技术产业联盟"。这是整合产业技术创新资源，引导创新要素向企业集聚的迫切要求，是促进产业技术集成创新，提高产业技术创新能力，提升产业核心竞争力的有效途径，有利于打破国际垄断，发展我国氯碱核心新产品、氯碱核心新技术，真正实现氯碱强国、创新力强国，引领世界氯碱化工的发展。

5. 渔业

（1）渔业产业链条的前后项环节。渔业产业链可分为上游、中游和下游三部分。上游主要是鱼苗的育种与供应，中游是鱼的养殖、捕捞及加工，下游是鱼的销售（详见图5-10）。

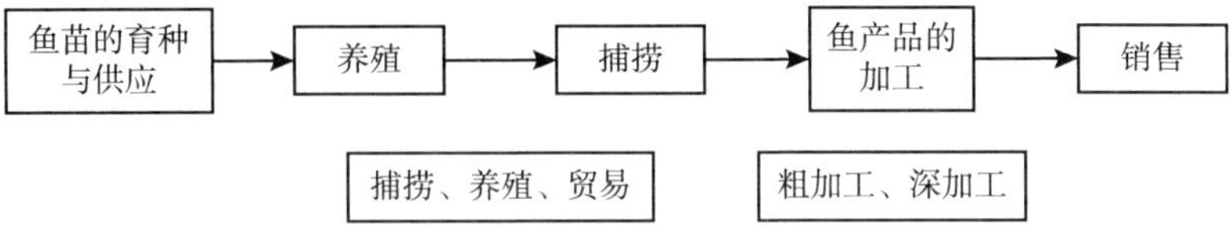

```
鱼苗的育种     养殖     捕捞     鱼产品的     销售
与供应                              加工
              捕捞、养殖、贸易      粗加工、深加工
```

图 5-10 渔业产业链条

（2）莱州市渔业产业目前具备的环节。莱州湾地水域深度、潮间带与滩涂情况非常适合海水养殖业、贝类、经济藻类及刺参、海胆等海珍品的生长。莱州的对虾和扇贝养殖发展非常快，对鱼类、藻类和海珍品也形成了一定的生产能力。莱州市冷藏能力基本能满足近期需要，在布局上需要适当调整。目前，莱州市渔业保鲜加工方法落后成了制约渔业发展的阻力：生产第一线的保鲜能力较低，后方加工以粗加工为主，精加工的种类和数量很少，贮运、保鲜和加工是该地区渔业的薄弱环节。莱州市海洋渔业产业链条短、层次不高，优质高端产品少，产品深加工不足，附加值低，对投资者的吸引力不高，水产品加工业基础条件差，莱州市尽管拥有两个国家级海洋牧场，但是人工鱼礁、深水网箱养殖等现代化渔业养殖方式所占比例仍然不高，浅海滩涂开发中粗放式养殖仍占据较大比例。

（3）提升方向。莱州市应充分发挥海洋资源优势，高水平推进"海上粮仓"建设。打造优质高端水产品供应区、渔业转型升级先行区、渔业科技创新先导区、渔业生态文明示范区。大力实施绿色水产养殖行动，优化养殖区域布局，编制发布养殖水域滩涂规划，完成禁养区、限养区、养殖区划定，重点解决无证用海、无序养殖突出问题。加快推进水产养殖转型升级，继续开展健康养殖示范创建，积极推广渔业智能装备、工厂化循环水养殖、陆海接力养殖、海洋生态立体混养等先进技术，加快研发鱼贝藻一体化阳光工厂化模式，融合物联网信息化技术实现智能化监测、监控和管理，推动渔业向产业规模型、质量安全型、资源节约型、环境友好型方向转变。探索发展耐盐碱蔬菜栽培。科学增殖放流，创新渔业增殖投入机制，建立公益性放流制度，积极引导社会放流活动，修复海洋生态，恢复生物种群。调整捕捞作业方式，推广节能环保型渔船，落实休渔制度，控制近海捕捞，优化海洋捕捞业。巩固提升海洋牧场示范创建行动计划，实施以增殖放流、人工鱼礁和藻场建设为主要内容的海洋生态牧场建设工程，重点推进多功能平台、深远海大型智能网箱、观测网等装备化建设，持续推进标准化、信息化建设，高起点、高标准建设芙蓉岛西部海域、太平湾海域国家级海洋牧场示范区。以三山岛一级渔港为基础，新建西由和朱旺一级渔港，加快构建渔港综合服务与管理平台，实现对港、船、人和物的规范化管理，推动形成集渔业高效养殖、休闲渔业、水产品加工、水产品冷链物流、海洋牧场等为特色的渔港经济区。实施养殖项目进园区计划，在全市打造1~3个现代渔业园区升级版。

莱州市贯彻海洋强市战略，应以加快转变海洋渔业发展方式为主线，着力加强海洋渔业资源和生态环境保护，大力推进海洋牧场建设，提升海洋渔业可持续发展能力，逐步构建要素集约型、资源节约型、环境友好型的现代渔业产业体系，努力把莱州建设成为全国一流的现代渔业示范区。

6. 文旅产业

（1）文旅产业链条的前后项环节，如图5-11所示。

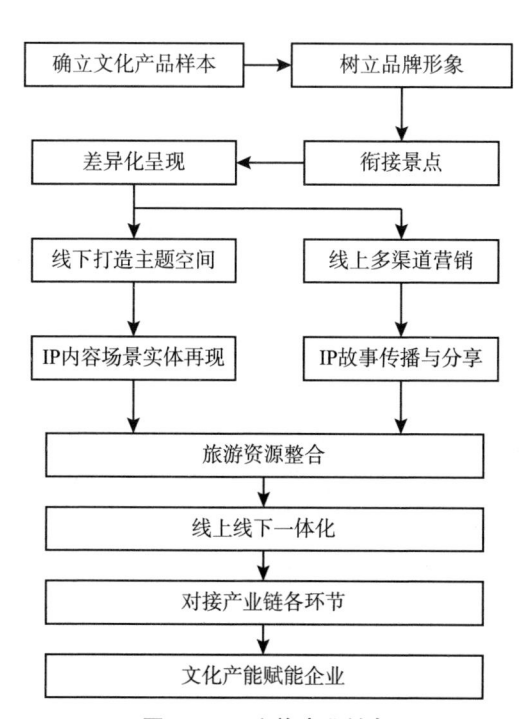

```
确立文化产品样本 → 树立品牌形象
                         ↓
差异化呈现 ← 衔接景点
    ↓
线下打造主题空间    线上多渠道营销
    ↓                   ↓
IP内容场景实体再现   IP故事传播与分享
         ↓
    旅游资源整合
         ↓
    线上线下一体化
         ↓
    对接产业链各环节
         ↓
    文化产能赋能企业
```

图5-11 文旅产业链条

（2）莱州市文旅产业目前具备的环节。莱州市文旅产业落后，缺乏铁路运输能力，限制了游客来源，只能依赖于附近县市区的自驾游客。旅游景点分散，食宿设施、停车场等配套设施没有跟上，也缺乏线上线下的宣传力度，缺乏知名度高的景点和旅游线路，整个文旅产业链条薄弱。

（3）提升方向。莱州市应发挥"千年古邑""长寿之乡"两大品牌优势，树立全域旅游理念，合理开发利用乡村民俗文化资源，推进农业与旅游、文化、教育、康养、体育等深度融合，开发一批乡村旅游特色村、森林人家、康养基地、精品小镇、精品民宿等高端乡村旅游产品，满足人们回归自然、农事体验、农乐社交、农趣亲子教育等文化需求，打造莱州乡村旅游品牌。鼓励有条件的乡村发展旅游专业合作社，培育一批影响力大、带动作用强的乡村旅游示范点和旅游品牌，打造多业态集聚的乡村旅游带和乡村旅游集群片区。加快构建城市近郊乡村旅游圈，开展休闲农业和乡村旅游精品发布推介，打造一批美丽莱州"景区+乡村+民俗文化"精品旅游线路，鼓励各地因地制宜开展农业观光、农事体验、农事节庆等形式多样的乡村休闲活动，精心策划举办好枫叶文化节、杏花旅游节、梅花艺术节、银杏赏秋节、果蔬采摘节等特色休闲旅游节庆活动，持续打造"美丽乡村月月休闲汇"活动品牌。挖掘包装农副特产、民间工艺品、旅游纪念品等乡村旅游商品，鼓励乡村旅游经营业户与企业联合，推动农副特产向旅游商品转化。大力发展智慧乡村游，联通旅游推介网络平台和自媒体平台，实现网上食宿预定、招商引资、售卖农产品。

莱州市还应积极参与打造烟台"黄金文化旅游带"；推进莱州湾东海神庙文化产业园项目，打造集观光、休闲、居住于一体的生态旅游区；发挥海洋牧场平台作用，依托渔业生产过程、渔民文化生活和渔区风情风貌，进一步完善蓝海科技芙蓉岛垂钓基地、明波水产太平湾水上体育运动中心等旅游配套功能，大力发展渔业观光、海上垂钓、水上运动等富有特色的休闲渔业项目，布局建设一批渔家乐园、海上垂钓中心、海滨俱乐部，探索建设休闲渔业主题公园。积极推进莱州黄金海岸游艇码头建设。

5.3.3 新动能培育

1. 高端装备制造

（1）高端装备制造产业链条的前后项环节。高端装备制造产业链可分为上游、中游和下游三部分。上游主要是高端装备的原材料，其中包括钢铁、铝材、橡胶、塑料等基础原材料和高强度特种钢、碳纤维复合材料等新材料；中游包括零部件和整机制造；下游主要是高端装备的应用客户（见图5-12）。

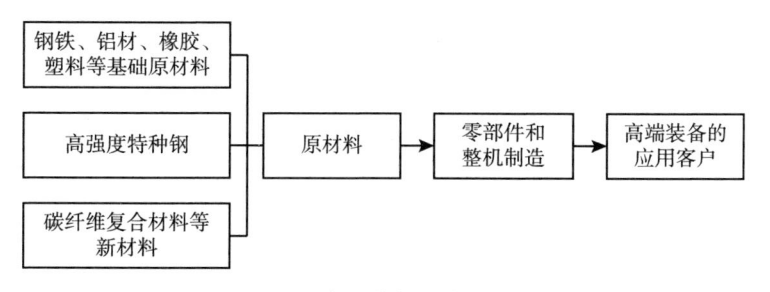

图5-12 高端装备制造产业链条

（2）莱州市高端装备制造产业目前具备的环节。莱州市具有悦龙橡塑、亚通集团等骨干企业，具备发展高端装备制造的基础，但是缺乏技术创新与核心竞争力，产业链环节也不健全。

（3）提升方向。莱州市应依托悦龙橡塑、亚通集团等骨干企业，充分发挥基础优势和区位优势，以市场为导向，以技术创新和制度创新为动力，按照创新发展、高端发展、提升实力、培育优势的发展思路，选择一批具有比较优势和潜在发展优势的重大技术装备和产品实现重点突破，力争把莱州市建成全省重要的高端装备制造业基地。依托悦龙橡塑、润星采油等骨干企业，围绕勘探、开发、加工、储运以及海上作业等环节，重点发展海洋油气及井下作业装备、填海围岛及航道疏浚建设施工装备、临港机械、海洋矿产资源勘探开发工程装备等海洋工程装备；加快推进弘宇农机上市步伐，提高大马力拖拉机提升器的市场占有率；以亚通集团为依托，大力发展井下矿用车制造。

莱州市应着力于生产制造，满足市场需求，将传统动能与新模式、新技术相耦合的办法。以技术的普适性作为优势，基于解决企业面临的产销难题，是传统工业领域大多数企业采取的方式。在具体实践中，企业在传统行业领域已经具备一定市场基础的特色产品，企业结构优化的动力一般源自提高传统优势产品的市场占有率，在生产制造环节的新旧动能转换过程中，使传统优势产品的附加值和市场认可度得到进一步的提升，并且降低成本。在具体细化实施中，实现这一提升方向分为两种方式，第一是将传统优势产品的运营模式进行优化。有些企业通过搭建大数据库和网络化产品的平台，以生产个性化定制产品，由此，企业利润率上升。第二，提高生产效率。有些企业通过升级生产线，实现自动化、智能化，使废品率降低，以达到提升生产精度的目的。一般使用国内外成熟度较高的产业技术，在行业技术领域处于跟随的企业往往采取这种办法。此种状况下的企业产品、技术有较高的可替代性，易导致倾向性问题，主要体现在各个地方出现相似的产业布局，有些地区提出高档数控机床、动力电池、石墨等，但是这些都需要优化结构。莱州市应当关注相关行业发生技术优化与市场需求变动，若企业发展战略出现方向性有误，企业的转型灵敏度和优化能力就会大幅下降，可能导致企业市场占有率的较大变动，甚至导致企业在短时间出现休克。防范新动能局部过剩尤为重要。目前一些转向新动能的企业已经体会到市场盲目投资所带来的苦果。注重市场引导，做好顶层设计，发展比较优势，制定市场前景评估制度，避免盲目投资、大量雷同，对培育新动能全产业链集群，合理布局区域有重要的作用。

莱州市还应在生产性服务环节上发力，聚集产业链延伸，致力于实现高附加值，使企业突破瓶颈，摆脱生产成本高、附加值低等难题。生产性服务环节寻找新动能，突出技术开发的重要性，有利于企业技术资源增值，传统大型企业一般采取此路径。由于制造业高附加值环节大多处于研发设计、系统解决方案提供等产业链两端，企业须具备专业人才团队和技术、规模等优势。企业往往基于自身优势，在现有技术实力和人才队伍的基础上，灵活运用技术，寻找向产业链两端延伸的突破口，力求整体附加值水平有所提升。实践中，这一路径主要体现在传统优势技术、产品、人才、市场资源整合和运作模式的创新，以形成生产性服务环节的新动力。企业借产品销售开拓市场空间，延伸产业链，完成产品全生命周期管理的转型,从而达到系统集成服务商的转型。莱州市的企业可通过此路径激发新动力,寻找新利润增长点。因此,莱州市应通过提升产业公共技术服务,帮助企业化解结构优化的瓶颈、传统产业结构优化普遍面临技术难题,仅仅靠企业自身不能够很好解决难题。若企业没有加强对原有优势产品的技术研发和市场拓展,就有可能丧失原有优势产品的市场和话语权,最终致使产业链延伸后劲不足。

莱州的企业应不断配合新模式,使产业改革的各个环节充分协调,致力于提高运作效率。此路径方便传统动能获得外部助力,注重企业能力与新模式的融合互补,是传统工业领域乐于尝试的新旧动能转换路径。运用新模式对产业链潜力的挖掘或重构,不仅可以使研发、运营、管理等企业运作的各个环节逐渐成长并且成为新业态;还可以促进企业的运作方式和生产方式发生根本性变革。在实践过程中,企业主要通过拓宽传统动能的发展新空间,逐步形成新动能。由于此路径利于引导企业探索与新模式的融合发展,但尚不明确新模式所面临的风险,此时企业普遍要面对未知的挑战。新模式在崛起之时,同时也带来产品趋同、产能过剩、缺乏标准等一系列对产业升级的不利的影响。企业需注重依靠政府了解当地的产业基础,并请专家依托专业知识素养为企业发展建言献策。

2. 新材料产业

(1)新材料产业链条的前后项环节。
①特种水泥产业链,如图 5 – 13 所示。

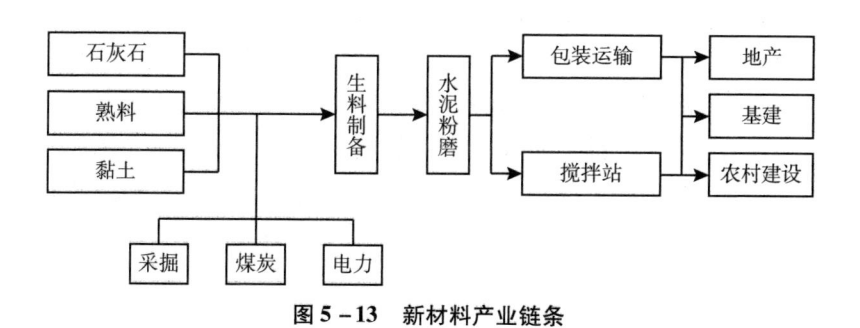

图 5 – 13 新材料产业链条

②先进陶瓷材料产业链较为完整,上游产业以高纯超细氧化铝、氧

化锆、碳化硅、95 及 99 氧化铝陶瓷标准化复配原料、电子陶瓷纳米粉体等为主，中游产业以特高压/超高压电瓷、高性能陶瓷膜、氧化铝陶瓷、氧化锆陶瓷、碳化硅陶瓷、电子陶瓷等为主，下游产业以特高压/超高压电器、高效高温除尘设备、工业废水处理设备、耐磨耐腐蚀装备、可穿戴电子产品外壳、高温结构部件、电子元器件等为主。

（2）莱州市新材料产业目前具备的环节。莱州市具有黄金尾矿资源，有发展特种水泥、先进陶瓷材料的资源基础，但是产业链不完善。

（3）提升方向。莱州市应充分利用黄金尾矿资源，重点发展建筑新材料，生产高温陶瓷、特种水泥等产品。依托祥云隔热材料，积极发展防火隔热材料、轻型墙体材料、与石材加工业相关的金刚石工具、防护与保养材料。重点扶持豪克国际巨型子午线轮胎、悦龙液压张力胶管，大力发展化工新材料，突破发展高分子、工程塑料等新材料。以新忠耀机械高速动车组牵引电机壳体为龙头，重点发展集成动车组机电壳耐低温材料、特种金属材料。重点提升产品方向是：

①特/超高压电瓷。包括特高压、超高压和高铁用电瓷产品 1000 多个品种，产品可远销瑞典、意大利、德国、英国、瑞士、俄罗斯、美国、土耳其等国家和地区。

②高性能陶瓷膜。包括用于大气环境治理和工业废水处理的微滤、超滤和纳滤陶瓷膜。

③可穿戴精密陶瓷。主要包括精密陶瓷手机背板、手表或手环外壳、耳机和电子眼镜架等。

④电子陶瓷。主要产品有 LED 用陶瓷、电动汽车用陶瓷、低损耗微波介质陶瓷、光纤接头、放电管、温控器瓷件、电热器瓷件等 10 多类 1000 余个品种。生产技术主要采用干压或热压铸成型，产品由电炉或天然气烧成。目前技术存在生产效率低、能耗高、产品的可靠性差等不足。

⑤耐磨陶瓷。产品主要有管道用耐磨衬片、水龙头阀片、水泥砂浆输送管、研磨内衬和磨球等。生产技术主要采用干压或热压铸成型，少量用挤出或冷等静压成型、天然气烧成，存在产品生产工艺较落后、附加值低、可靠性差等问题。

3. 清洁能源

（1）清洁能源产业链条的前后项环节。风电是可再生、无污染、能量大、前景广的能源。风力发电产业链上游主要分为两个步骤。首先是材料生产和研发：玻璃纤维、碳纤维、半导体材料、特种钢材、磁性材料等。其次是零部件制造：齿轮箱、电机、叶片、电线电缆、电控系统、变压器、轴承、电力电子组件等。相关代表性上市公司有：华锐铸钢、中材科技、湘电股份、东方电气和方圆支承等。中游是风机整机和输变电等辅助设备的制造。下游主要是一些大型发电集团，我国的代表性上市公司有国电电力、华电国际、鲁能集团、上海电力、大唐发电和国投电力。详见图5-14。

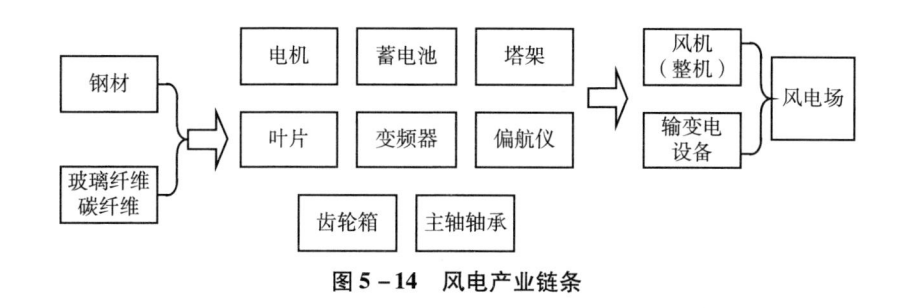

图 5-14 风电产业链条

生物能源属于清洁燃料，燃烧后二氧化碳排放属于自然界的碳循环，不形成污染。因此很多专家主张大力发展生物质发电产业。生物能源发电产业链上游主要是原材料和原料的开采加工，中游主要是设备制造，下游是输变电和消费。详见图5-15。

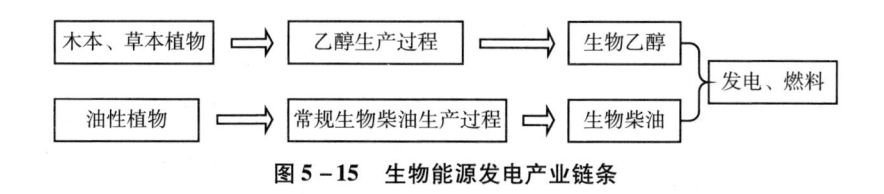

图 5-15 生物能源发电产业链条

（2）莱州市清洁能源产业目前具备的环节。目前莱州市拥有华电莱州、郭家店、驿道光伏电站和莱州生物质能发电等重大项目，可结合清洁能源产业链配合发展清洁能源产业。

（3）提升方向。莱州市应加快推进华电莱州高效超超临界电力项目建设，打造沿海生态煤电示范基地。加强风电布局与主体功能区规划、产业发展、旅游资源开发的衔接协调，有序推动陆地风电场建设，实施海上风电示范工程，率先建成全省最大的海上风电场。依托郭家店、驿道光伏电站和莱州生物质能发电等重大项目建设，大力发展生物质能、太阳能等其他洁净能源，支持秸秆发电项目建设，支持大型畜牧养殖企业建设沼气发电装置。

推进我市新能源和可再生能源装备、智能电网装备加快发展在风电设备、输变电成套设备、电力电缆等领域为国内外电网建设需要提供更多的装备产品。突破大功率电力电子器件、高温超导材料等关键元器件和材料的制造及应用技术，形成产业化能力。不断完善产业配套，形成莱州市新能源装备完整的研发、设计、制造、试验检测和认证体系。

①加强产业创新能力建设。瞄准国际创新趋势、特点进行自主创新，建立新能源装备产业创新联盟和共性技术研发平台；将优势资源整合聚集到战略目标上，力求在高强度配电、清洁能源发电等重点领域、关键技术上取得重大突破；进行多种模式的创新，既在优势领域进行原始创新，也对现有技术进行集成创新，同时加强引进技术的消化吸收再创新。构建以企业为主体、市场为导向、产学研用相结合的技术创新体系，不断提升企业的自主研发能力；依托国家"一带一路"倡议、特高压工程、农网升级改造工程等国家、省重大工程项目，提升自主设计制造和系统集成能力，加快推进科技成果转化；加快超/特高压研发中心、企业技术中心建设，发挥其在行业技术创新中的作用；加快创新才和技能人才培养，推进管理创新，提升竞争软实力。

②推进重点领域加快发展。针对莱州市新能源电力变压器、风力发电和先进储能装备等重点优势领域，选择标志性领军企业予以重点扶持，使之成为行业技术创新的核心。加强产业集群的规划引导，选择带动力强、市场占有率高、具有地方特色、拥有自主品牌的产业领域进行分类指导，以高端新能源装备产业与产品作为切入点，积极发展风电、输变电、配电及智能电网等关键技术装备及控制系统。

③推进产业两化深度融合。积极引导基础条件好、需求迫切的企业，开展智能制造试点示范，重点支持新能源装备先进制造工艺技术、智能制造装备技术研发，稳步推进自动化生产线、数字化车间建设，逐步推动物联网、大数据、云计算等在新能源装备领域的广泛深入应用，全面提升骨干企业的产品、装备、生产、管理和服务的智能化水平，打造莱州高端新能源装备智能制造示范工厂。

④产业加快转型升级。根据新能源装备上下游配套关系，加快结构调整、企业联合和产业重组，向产业链的两端延伸，引导企业努力从生产型制造向服务型制造转变，从"单台产品供应商"向"成套设备供应商"和"服务供应商"转型，从"规模扩张型"向"创新效益型"和"国际竞争型"转变。通过政策引导和市场驱动进一步提升产业集群优势，实现科研、设计、制造、成套服务金融和工程施工一体化，建设具有国际竞争力的产业链和大型企业集团。

⑤加强质量品牌体系建设。坚持以质量效益为中心，推进企业不断提高产品品质和品牌形象，大力实施产品质量控制、质量信用评价与品牌推进战略，不断提高产品附加值和品牌价值。坚持积极采用新技术、新工艺、新商业模式，提高产品质量管理水平，内部挖潜，缩短产品升级换代周期，努力提高企业竞争力，走可持续健康发展之路。加快行业质量诚信体系建设，建立质量诚信"黑名单"制度，打击质量失信行为。制订莱州市新能源装备品牌建设规划，加强对企业品牌建设指导，建立品牌培育激励制度。

⑥全面推进实施绿色制造。通过资金扶持等措施，鼓励新能源装备企业提高生产工艺水平，减少生产过程产生的废气、废水和噪声污染总量，重点推动能耗高、物耗高的新能源装备企业开展资源综合利用。加强企业能耗在线监测，坚决淘汰落后产能。紧跟世界绿色制造发展新趋势，加快推进产业转型升级步伐。加快安全、节能、环保等技术的研发和应用，大力推广节能、高效、清洁生产、资源综合利用等制造技术在新能源装备产业中的应用，走资源节约、环境友好型的内涵式发展之路。

4. 节能环保

（1）节能环保产业链条的前后项环节。

作为战略性新兴产业的节能环保产业是先进制造业和先进服务业紧密结合的跨行业、涵盖面宽的综合产业，具有科研、人才高度密集的特性和对其他产业的渗透、带动和引领作用强的特点。因此，发展节能环保产业对我国经济社会的可持续发展具有深刻内涵。从社会层面看，发展节能环保产业对于莱州市环境保护和绿色发展有着长远意义；从经济层面看，发展节能环保产业是莱州市经济结构转型的必然要求。节能环保产业主要包含节能服务、环境保护和资源综合利用三大领域，图 5-16 是节能环保产业链的全貌。

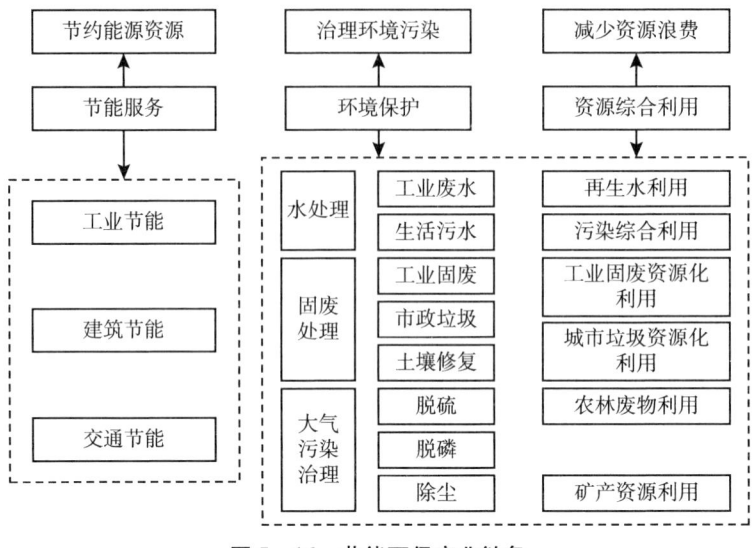

图 5-16 节能环保产业链条

（2）莱州市节能环保产业目前具备的环节。莱州市拥有莱州经济开发区和银海工业园区两大园区，有一定的工业基础，可结合节能环保产业链，大力推进节能环保产业的发展。

（3）提升方向。莱州市应依托莱州经济开发区和银海工业园区，通过培育和引进重点项目，扶持环保装备产业化发展，推广洁净水处理和工业水循环利用技术，发展污水和垃圾处理等先进环保技术设备，培育成为新的经济增长点。

①完善技术开发系统，提升技术创新能力。技术是产业创新系统核心的核心及创新的主力、动力来源。莱州市节能环保企业应加大研发经费投入，加强自主创新，创造条件进行技术合作，将引进消化再创新、集成创新、原始创新三种创新途径结合起来，逐渐提高技术自给率，掌握核心技术；重视与同类型企业的创新合作，实现优势互补、资源整合，建立符合自身能力的多元化创新机制。

②健全政策支持系统，发挥政府的导向作用。政府必须加大政策扶持力度，努力完善相关的机制体制。政府应该进一步完善财政税收和金

融服务政策，加大对节能环保企业的政策扶持力度，提高节能技改的财政奖励标准，加大对节能环保领域企业的税收优惠力度。

③改善外部资源保障系统，疏通融资渠道。产业发展创新离不开各种资源的直接支持。因此，推动莱州市节能环保产业的创新发展尤其应重视资本资源与技术人力资源。莱州市政府应该完善节能环保各个领域中的资金来源渠道，重视企业融资难的问题，激励循环经济与金融创新；发挥资本、技术和综合配套优势，推动组织管理、公共服务平台、区域合作机制等方面的创新，争取在产业发展投融资等关键领域取得突破，如设立节能环保投资基金、发展金融债券、对环保基础设施实行"资产证券化"等。

④推进市场驱动系统建设，提高公共需求。市场需求是产业创新系统的驱动系统，对节能环保产业创新发展的推动最为直接。具体来说，就是继续实行节能产品优先采购制度，扩大采购范围，对空调、照明产品、计算机等办公设备等实行强制采购，从而更大程度提高节能环保产业的公共需求。同时，做好宣传工作，努力提高公民节能减排意识，激发节能环保产品的企业需求及个人需求，扩大市场规模。

⑤建立科学的评价与反馈系统。创新评价与反馈系统是整个系统的控制系统。莱州市应积极鼓励各类有关节能环保产业中介机构、组织的挂牌成立，通过建立合理、有针对性、可操作性强的指标体系，及时发布一些产业报告及公告，引导产业创新方向沿着合理的本地区计划方向进行。

5. 健康产业

（1）具体产业链条的前后项环节。健康产业链主要包括医疗服务、健康管理服务和健康保障及相关三大块。健康产业是拥有巨大市场潜力的新兴产业，涉及医药产品、保健用品、营养食品、医疗器械、保健器具、休闲健身、健康管理、健康咨询等多个与人类健康紧密相关的生产和服务领域。我们认为，中国健康产业由六大基本产业群体构成：第一，以医疗服务，药品、器械以及其他耗材产销、应用为主体的医疗产业；第二，以健康理疗、康复调理、生殖护理、美容化妆为主体的非（跨）医疗产业；第三，以保健食品、功能性饮品、健康用品产销为主体的传统保健品产业；第四，以个性化健康检测评估、咨询顾问、体育休闲、中介服务、保障促进和养生文化机构等为主体的健康管理产业；第五，以消杀产品、环保防疫、健康家居、有机农业为主体的新型健康产业；第六，以医药健康产品终端化为核心驱动而崛起的中转流通、专业物流配送为主体的新型健康产业。参见图 5-17。

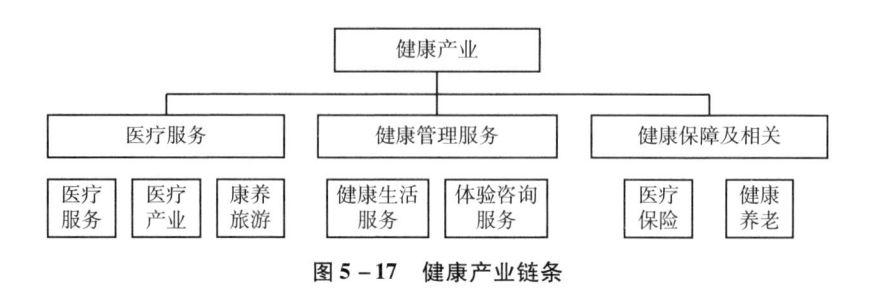

图 5-17 健康产业链条

（2）莱州市健康产业目前具备的环节。莱州市以全民健康发展为目标，基本建成覆盖城乡的基本医疗卫生制度，统筹推进医疗、卫生、养老、计生、体育等大健康产业发展，健康产业发展迅速。但由于涉及的领域众多，没有比较完善的法律和制度来规范，也没有相关的标准作为发展的参照，目前莱州市的健康产业链还非常薄弱。

（3）提升方向。

①深化医疗卫生体制改革。按照国家政策，莱州市应实行医疗、医保、医药联动，推进医药分开，实行分级诊疗，建立覆盖城乡的基本医疗卫生制度和现代医院管理制度。探索政事分开、管办分开的有效形式，加强卫生行政管理部门在制度、规划、指导、监管、服务等方面的职责。优化公立医院内部治理结构，深化医院人事分配制度改革，完善以各级各类工作人员所属专业职务职称、技术能力、工作业绩和医德医风为主要系数制定的考核评价标准，实行岗位聘任绩效工资制度。积极探索执业医师多点执业的办法和形式。继续推进医药分开，改革以药补医机制，实施一般诊疗费制度，纳入基本医疗保障报销范围。增加政府对公立医院的预算投入，维护公立医院的公益性质。鼓励社会办医，为群众提供基本医疗服务、康复和老年护理等紧缺服务。

②完善新型公共医疗卫生服务体系。莱州市应全面建成市镇两级、乡村一体、防治结合、分工合理、以政府办医疗卫生机构为主体、以社会办医为补充的医疗卫生服务体系。着力提高基层医疗卫生服务水平，

优化医疗卫生机构区域布局，增加县级优质医疗资源比重，鼓励镇街卫生院发展特色专科，加强农村社区卫生室标准化建设，实现村级卫生服务全覆盖。加强传染病、慢性病、地方病等重大疾病综合防治和职业病危害防治，通过多种方式降低大病、慢性病医疗费用。加快中医药事业发展，不断完善市中医医院、基层中医药服务提供机构和其他中医药服务提供机构共同组成的中医医疗服务体系。推进智慧卫生建设，全面建成互联互通人口健康信息平台。

③实施全民健身计划。以增强全民体质为出发点，优先发展群众体育，广泛开展全民健身活动，加大政府对公益性健身场地投入力度，实施城市社区和农村社区健身工程，构建完善的全民健身服务体制。积极发展竞技体育，整合竞技体育资源，不断提高竞技体育水平和综合实力。加强各类公共体育场馆设施建设，建设全民健身中心。大力培育和发展体育健身市场，加快发展健身俱乐部、体育协会和体育休闲旅游。

5.4 推动新旧动能转换的莱州市域产业空间布局指引

为满足以产业发展为主导的国土空间优化目标定位，莱州市制定相应规划的首要任务和发展目标应把握产业发展主线，在新旧动能转换过程中着力提升产业发展实力，促进高质量发展。产业空间优化发展是产业要素在地域空间上的组织体现，影响产业发展的地理区位、资源禀赋、市场规模、地域文化以及政策导向等因素是新旧动能转换背景下产业重构的重要组成；产业规模壮大、产业结构演进以及产业布局优化与国土空间优化相互对应，引发生产空间分布的再组织，体现地区经济随生产力提升而不断优化的发展进程，成为产业重构的空间载体。具体理论分析框架如图 5-18 所示。

在理论分析框架基础上，针对莱州市产业要素的空间离散与产业空间布局结构失衡的问题，结合莱州市新旧动能转换的产业发展重点与空间优化提升方向，本节开展莱州市产业空间开发利用秩序分析，进一步提出面向新旧动能转换的莱州市产业空间发展调控总体思路和莱州市经济开发区和各乡镇新旧动能转换的分类发展指引。

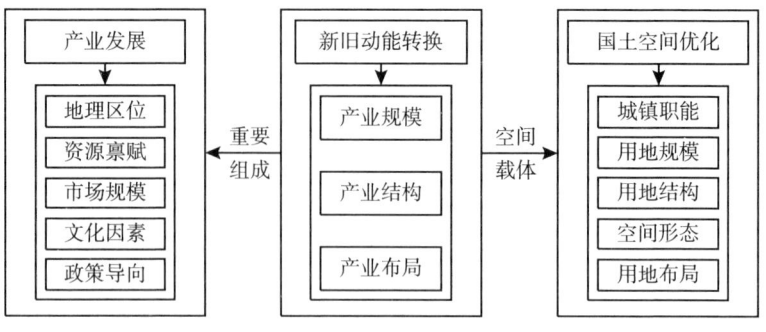

图 5-18 理论分析框架

5.4.1 莱州市产业空间开发利用秩序

首先,我们面向莱州市新旧动能转换的产业空间发展需要遵循建设用地节约集约的法则,从经济学的市场规律出发判断产业发展走势,把握产业空间格局的演化方向,维持国土空间开发利用的有序性,按照要素禀赋的竞争优势与产业链共生的产业空间优化调控原则,从自然地理空间分异、社会经济空间组织和功能区相互作用三个维度对莱州市产业空间开发利用秩序进行解析。

1. 基于自然地理空间分异的产业用地规模约束

受规模效益递增以及聚集经济效益的影响,经济和人口集聚通常发生在水土矿产资源丰富、适合集中布局的少数区域,随后循环累积的因果关系会使经济发展进一步集中在这些核心地区,形成城市化地区,且城市系统、生产系统、社会系统等都存在着潜在的最优规模。也就是说,核心区往往是人类生产生活活动最为集中的城市化地区,要求水土等资源环境综合条件较好、适宜集中布局。因此,莱州市应依据资源环境承载能力和国土空间开发适应性评价结果(见图 5-19),结合城镇开发边界的划定,确定当前莱州市产业用地的总体规模。

总体来看,莱州市产业空间开发适宜度高,城镇建设适宜区和一般适宜区的面积为 1802.23 平方公里,所占全市总面积的比例达到 93.28%,适宜区主要分布在中心城区和东北—西南向的局部地区,以城港路街道、文昌路街道、文峰路街道、郭家店镇等地区为主,一般适宜区镶嵌分布在莱州湾沿岸、中心城区及其外围,以及金城镇、三山岛街道、金仓街道、土山镇、朱桥镇、平里店镇等镇区。

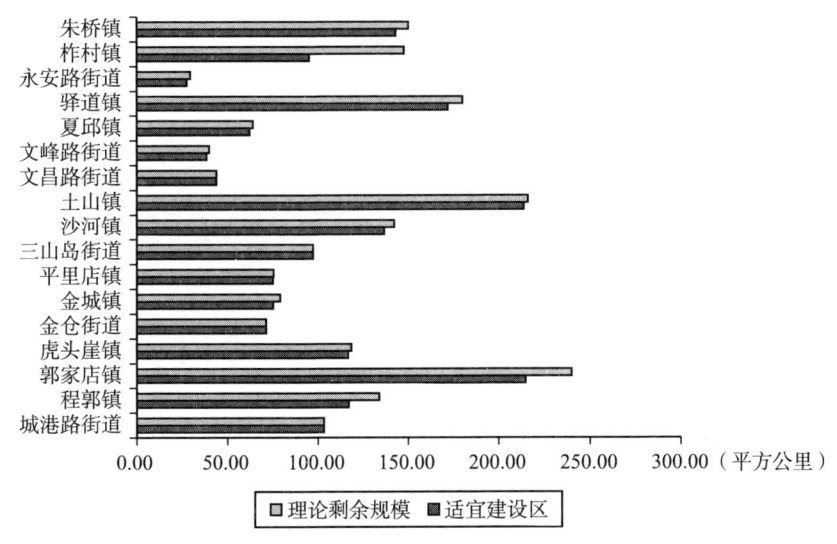

图 5-19 莱州市产业空间开发适宜度与剩余可用空间规模

从理论城镇建设适宜区剩余可用空间规模来看，莱州市剩余规模为641.26平方公里，主要位于中心城区的城港路街道、文峰路街道、文昌路街道，东部和北部的朱桥镇、柞村镇、驿道镇、夏邱镇、平里店镇、土山镇、沙河镇等乡镇受地形、地质灾害和生态安全保护等的影响，城镇建设适宜区的剩余空间相对较少。

2. 基于社会经济空间组织的产业用地结构优化

区位理论告诉我们，社会经济活动的区位指向是不同的，每个区域对不同的生产和生活活动的区位选择的适宜程度是不同的，从人类活动自身的适宜性而言，除了自然条件的适宜性，已有的建设开发基础、人口与经济集聚状况、地理位置区位等人类需求功能最终合理的区位选择的影响因素，决定了产业用地的选址与分布。

从承载新旧动能转换的产业发展新业态和新模式出发，立足莱州市社会经济发展数据与空间组织的现状，我们对全市产业布局指向进行了分析，主要分析了人口劳动力指向、交通运输指向、技术指向、市场指向等功能，这些功能指向在产业空间开发利用过程中发挥着重要作用，也为未来产业布局指明了方向。分析结果见表5-9。

表5-9　　　　　　　莱州市产业用地布局指向

行政单位	人口劳动力指向	交通基础设施指向	技术指向	市场指向	优先发展区
文昌路街道	高	高	低	高	技术密集型
永安路街道	低	高	低	高	技术密集型
城港路街道	中	高	高	高	技术密集型
文峰路街道	低	高	低	高	技术密集型
三山岛街道	低	高	中	中	资源与技术密集型
金仓街道	低	中	低	中	资源与技术密集型
金城镇	低	中	低	低	资源密集型
朱桥镇	低	低	低	低	资源密集型
平里店镇	高	低	低	低	资源密集型
驿道镇	中	低	低	低	资源密集型
郭家店镇	低	中	低	低	资源密集型
夏邱镇	中	低	低	低	资源密集型
柞村镇	低	低	低	低	资源密集型
沙河镇	低	中	低	低	资源与技术密集型
土山镇	低	中	中	中	资源密集型
虎头崖镇	中	低	中	低	资源与技术密集型
程郭镇	低	低	低	低	资源密集型

对于技术密集型产业，如机械制造、高端装备、电子电器、新材料、节能环保等产业，传统的区位因素如原料、燃料、运费、劳动力、市场、集聚的重要性相对降低，一些柔性、弹性、无形的因素在产业布局中的作用却日益突出，如资本、知识技术与有效信息富集程度高、配套服务水平、社会文化等对该类产业的吸引力更明显。考虑到这类产业尚处于培育期，建设之初适于布局在高水平打造的产业孵化和创新园区等平台，按照产业共生与适度集中布局的原则，莱州市可以在市中心、经济开发区和工业园区等地布局，借机调整优化已有产业用地结构，促

进创新、服务等要素集中，促进产城融合发展。

3. 基于功能区相互作用的重点项目选址

作为国土空间规划与治理体系建设的重点，城市与区域功能分区是空间治理和重构的重点，莱州市应该鼓励承担不同生产功能的产业用地之间搭建有机联系，共享区域供给系统、市场系统、行政系统等，并通过人流、物资、金融、信息等各种联系并辐射带动周边地区，真正形成集聚优势；同时，从保障新旧动能转换的产业重点项目建设出发，分析评估每个项目建设与落成后对原有城市空间结构产生的重大影响、对城市综合交通系统产生的冲击、对城市环境提升的作用及对城市用地功能的影响等，结合城市构成和城市功能结构分析，确定各重点项目的空间布局形式，落实各项用地安排。

在莱州市现状用地数据库的基础上，我们综合考虑用地适宜性评价结果、产业用地规模约束、布局指向，并基于城市规划主管部门审批的规划要素和采集的现状要素信息源，划定莱州市产业发展储备用地重点区域，进一步筹备构建莱州市储备用地数据库，为日常选址提供现状用地的空间规划、用地布局及各类信息查询，为重点项目选址工作提供数据支持服务。

从整体区位及布局情况分析，莱州市产业发展储备用地重点区域集中位于控制性城市规划中的中心城区、经济开发区与工业园区范围内，符合功能分区定位，且地势较为平缓，交通区位优势明显，建设适宜度高，远离生态敏感区，总体发展条件优越，适宜多类产业项目的布局选址。

5.4.2 调控思路与具体指引

按照提升旧动能、培育新动能的发展要求，莱州市应以滨海开发为重点，顺应产业集群化、生产基地化发展趋势，协调城市功能定位与产业发展方向，严格把控产业用地的规模、布局、结构和节奏管理，采取差别化用地政策支持新业态发展，对确定的新产业、新业态，以"先存量、后增量"的原则，优先安排用地供应，对新产业发展快、用地集约且需求大的地区，可适度增加年度新增建设用地指标，寻求莱州市存量产业用地资源盘活和增量产业用地供给结构优化并举的新旧动能转换路径。具体调控思路如下：(1) 加大对中心城区现代服务业集聚区与经济开发区和工业园区的高端产业用地保障供应，包括城港路、永安路、文昌路、文峰路、三山岛、金仓街道等街道和金城镇、虎头崖镇；(2) 调整优化滨海产业集聚—生态景观轴带、南北工业—城市发展轴带、东北—西南统筹城乡发展轴带的城镇建设用地结构，涉及滨海高等级公路（G228 丹东线）莱州段和大莱龙铁路莱州段、贯穿三山岛—城区—柞村—夏邱—莱州工业园区—经济开发区—石材工业集中区的 S218 省道沿线、贯穿金城—朱桥—平里店—程郭—虎头崖—沙河等城镇的 G206 国道沿线；(3) 严格把控工程机械产业、石材加工贸易、机械电子等板块的城镇建设用地规模，包括沙河镇、土山镇、夏邱、柞村镇、朱桥、平里店和程郭镇；(4) 突出强调农业生产重点镇的生态保护与生态工业项目建设，涉及朱桥、平里店、程郭镇、驿道、郭家店和柞村镇等乡镇。

从新旧动能产业支撑板块来看，具体规划指引如下。

1. 旧动能提升板块规划指引

(1) 做强做优黄金产业。按照集约化生产和区域化管控要求，整合全市黄金企业和黄金资源，探索组建区域性集团公司，打造集黄金地质勘查、黄金开采、黄金冶炼及尾渣处理与利用、关键设备制造与维修、产品销售等一体化的世界一流黄金产业集团。抓住探获超大型"海上金矿"重大机遇，加快推进瑞海矿业、金盛矿业、中金汇金纱岭金矿等项目建设，着力提升开采装备水平，推广应用新技术、新工艺、新设备，打造全国最大的黄金生产基地。依托黄金生产重点企业，重点引进开发宇航、电子、医药等领域的黄金制品加工技术，引导企业生产向黄金投资品种、饰品、工艺品、旅游纪念品、金箔、金丝等市场前景广阔的领域拓展。

规划建设黄金新材料产业园，加强黄金纳米催化剂、黄金生物医学材料、黄金电子和光学材料等黄金新材料研发力度，做大做强黄金新材料产业。加快推进黄金产业研发中心建设，围绕黄金资源勘探技术、黄金资源综合利用技术、深井无人采矿技术、尾矿综合利用、尾矿库综合整治等领域开展科技攻关。加强与国内外知名的设计加工企业合作，大力发展时尚黄金饰品和工艺品，建设黄金饰品、工艺品展销中心，加强与品牌营销商的合作，支持依托互联网技术和电子商务平台壮大电子交易规模，打造全国知名度高、线上线下联动的黄金饰品、工艺品交易专业市场。积极争取央行、中国黄金协会、商务部等部门支持，力争早日推出莱州黄金饰品交易指数发布，打造全国黄金饰品交易指数发布地。积极推进矿山公园、黄金博物馆、120米提升观光两用井塔等项目建设，打造黄金矿业旅游品牌。大力推进绿色矿山建设，依托山东黄金三山岛金矿、新城金矿，积极创建绿色矿业发展示范区。探索建立与黄金企业的利益共享机制，全力提升黄金产业对莱州地方财力的支持力度。重点建设三山岛金矿区资源融合项目，焦家金矿带资源开发利用项目，三山岛金矿国际一流示范矿山项目，山东地矿莱金大厦，汇金矿业纱岭金矿12000吨/天采选工程，金盛矿业朱郭李家金矿5000吨/天采选工程以及石材文化小镇等。

以新城金矿企业用地为例，考虑到黄金矿产资源的持续开采与企业后续生产安排，应留出部分储备用地作为地面生产用地及尾矿堆放地，同时鼓励企业进行尾矿回填，将节约的用地转换用途，用于物资储备、中转的场所及相应附属设施用地。

（2）做大做强机电产业集群。围绕重点企业和重点产品，发挥龙头企业示范引领，加大关键核心技术研发，加快鲁达技改、美乐达商用冷柜、高端合金构件等重点项目建设进度，加速向高端装备、智能制造、成套设备方向转型升级，做大做强以汽车零部件、工程机械、专用设备、电器设备制造为核心的智能化、专业化机电产业集群。重点发展汽车刹车总成、汽车轮胎、汽车电器、内燃机配件、齿轮箱等汽车关键零部件，积极引进高端数控加工设备，普及精益生产、质量诊断、质量持续改进等先进生产管理模式，努力进入国际汽车零部件采购配套体系。依托明宇重工、山东鲁工等重点企业，加快提升工程机械装备技术水平，持续推动工程机械产业向新能源和高端工程机械转型升级。以昌信机械、行星机械、新海威机械等企业为依托，加快推进木工机械制造行业集群式发展。围绕增强汽车电子、机床电子、船舶电子等重大装备的配套能力，重点发展环保节能型冷冻设备、新型节能型电动机、新型纺织监测仪器等电器设备。依托山东环日集团，推动医疗专用设备制造基地建设。

以昌信机械企业用地为例。该项目位于虎头崖镇宏祥工业园区，周边拥有多家同类业务企业，为促进该类产业在新旧动能转换中突出重围，应鼓励大中型机械制造企业加快转型步伐，大胆淘汰落后产能，为产业结构调整腾出用地。

（3）整合提升石材产业。坚持绿色化、集约化、规模化、高端化发展方向，加快推进石材产业园建设进度，实施集中规范管理，引导石材加工企业向石材园区集聚发展。支持环球石材、格瑞特石业、华峰石业、华德隆等骨干企业，通过产业链协作、建立市场联盟、兼并重组等多种方式，加大对全市小微石材企业整合力度，提升行业集中度。强化石材协会平台建设，更好地发挥其在行业整合协作、产品质量保障、统一营销平台构筑、集体品牌打造的作用，形成发展合力，共同放大"中国石都"品牌效应。培育打造高端品牌，加大石材资源综合利用，加快向新型建材产业方向拉长链条。推动石材整治与旅游融合发展，统一规划，明确展示、销售、加工和堆料场功能分区，建设与绿化融为一体的展示带、体现石材文化特色的销售门店，建立洁净加工厂标准，规范布局堆料场，构建"前展示、中销售、后加工堆场"的发展格局，打造特色风情石材小镇。结合旅游资源开发和景区建设，高标准规划建设集文化、艺术、旅游相融合的石材雕塑文化产业园。建设中国北方石材交易市场，加快生产加工向商贸流通转型。支持石材电子商务网站发展，打造莱州石材网上展示、加工、营销、物流平台，用"互联网+"思维改造提升石材产业。学习借鉴五莲矿山整合经验，探索成立国有控股绿色矿山开采公司，统一制定并严格执行矿山开采、修复及综合利用总体规划。

以环球石材企业用地为例。目前石材行业市场萎缩，资源逐渐枯竭，分散、凌乱地分布在矿山周围的石材加工点面临着生存和发展的挑战，对工艺技术落后，不符合行业准入条件和有关规定的相关企业，应禁止新建扩建，并对破坏的山体环境进行生态修复。对具备一定工艺技术、装备及产品水平的企业，应鼓励利用矿山尾矿、建筑废弃物、工业废弃物、江河湖（渠）海淤泥以及农林剩余物等二次资源生产建材及其工艺技术装备开发，或者开展无毒或低毒树脂的树脂基人造石的生产，同时鼓励向石材经营的下游行业转型。

（4）加快精细盐化工产业发展。依托诚源盐化、科源化工、金宜善等骨干企业，建设一批高端企业科技创新平台，引进和培育高端化工人才，联合国内外高端科研院所，联合实施重大科技攻关项目，不断取得一批盐化工、精细化工领域的技术新突破。扩大原盐生产能力，搞好氯气和苦卤综合利用，拓展延伸产业链，加快发展有机氯产品、钾素和溴素及其深加工产品，形成盐化工、溴系列、苦卤化工系列、精细化工系列四大产业链和产业集群。重点培育溴素深加工产品链，以大宗溴化合物产品为引领，协同发展溴系小分子、高分子、齐聚物阻燃剂和溴系医药中间体，进一步延伸产品链至阻燃剂母粒和阻燃剂材料。以苦卤为原料延伸苦卤化工系列产品深加工，重点生产氯化镁、氢氧化镁、硫酸钠、氯化钾、硫酸钾等产品。以园区化、生态化、循环化、高端化发展为方向，坚持创新、安全、环保、质效联动发展，加快优化产业布局和产品结构，围绕海洋化工、精细化工、化工新材料和高端专用化学品等重点领域，打造循环产业链，建成完整的化工循环经济体系，着力打造独具特色的现代化工产业基地，到2022年，化工产业产值力争突破120亿元。积极推进莱州银海化工产业园建设。抓住山东省加快建设高端化工园区重大机遇，积极推行化工产业基地化、园区化发展，搞好莱州银海化工产业园的规划设计和配套设施建设，提高园区配套能力、监管能力、服务能力，全面完成"散、乱、危、小"化工企业进园入区。积极开展化工生产企业评级评价，建立倒逼机制，依据评级评价结果，梳理"关闭淘汰一批、改造升级一批和发展壮大一批"企业名单，建立"一企一档"，实施分类管理，倒逼企业转型升级，增强企业本质安全和发展内生动力，推进我市化工产业转型升级，实现高端绿色发展和新旧动能转换。园区要充分发挥港口、土地、区位交通优势，利用清洁生产、智能控制等先进技术改造提升现有生产装置，降低消耗，减少排放，提高产品质量和综合效益，重点发展低碳烯烃和海洋化工产业，延伸发展新材料和高端化学品产业，着力打造有机化工新材料、无机化工新材料、高端专用化学品等多产业板块融合发展的特色化工产业集群。

以莱州银海化工产业园建设为例。化工行业是国民经济的基础产业，化学工业的发达程度已经成为衡量国家工业化和现代化的一个重要标志，当前我国化工产业正迎来发展的良好机遇，按照"集约用地"的原则，高标准集中建设莱州市化工产业基地，确立绿色化、环境友好的发展方向，依靠技术进步和资源整合，落实集约节约利用土地资源，与环境保护相协调。

2. 新动能培育板块规划指引

高端装备产业以智能化、高端化、品牌化为主攻方向。莱州市应围绕汽车零部件、工程机械、专用设备、精密数控等重点领域，加快推动创新发展，突破关键技术与核心部件，提升综合集成水平，推动装备产品由低档向高档、由数字化向智能化、由单机向制造单元和成套设备转变，建设全国知名的区域性高端装备制造基地。加快发展高端装备产业。以精密数控、自动化设备、高端专用设备等领域为发展重点，引导企业与国内外强企名企合作，打造一批行业标杆企业。依托悦龙橡塑、亚通集团等骨干企业，充分发挥基础优势和区位优势，以市场为导向，以技术创新和制度创新为动力，按照创新发展、高端发展、提升实力、培育优势的发展思路，选择一批具有比较优势和潜在发展优势的重大技术装备和产品实现重点突破，力争把莱州市建成山东省重要的高端装备制造业基地。支持弘宇农机做大做强，加大智能拖拉机电子液压悬挂控制系统研发力度，提高大马力拖拉机提升器市场占有率。以亚通集团为依托，大力发展防爆混凝土搅拌运输车、金属矿山车等井下、矿山专用车制造。高端装备产业上，重点建设鲁达载重车和轿车制动器及总成OEM配套技改项目、锐通塑业高铁防水板材生产项目、美乐达商用冷柜项目、山东黄金工程机械制造项目、弗泽瑞公司高端压铸镁铝合金构件制造项目、明宇重工扩建项目、飞跃塑料科技扩建等。加快发展海洋工程装备制造。紧紧抓住烟台建设中国海工装备名城重大机遇，依托大丰轴瓦、新忠耀、悦龙橡塑、润星采油等骨干企业，加强与国内外知名企业、研发机构的合作，围绕船舶配套、海洋勘探开发、海上作业等环节，重点发展大功率船舶高性能配件、海洋油气及井下作业装备、填海围岛及航道疏浚建设施工装备、临港机械、海洋矿产资源勘探开发工程装备等海洋工程装备。现代海洋产业上，重点建设中船重工集团莱州海洋装备产业园项目、烟台大丰大功率船舶柴油机高性能轴瓦研发与应用项目、山东悦龙橡塑公司钻井泥浆、固井系统专用高压软管扩建项目、莱州润星采油设备公司ESP用叶轮导壳技改项目、山东省芙蓉岛西部海域国家级海洋牧场示范区建设项目、蓝色海洋公司海洋牧场海珍品精深加工项目、文峰物流城项目、龙海货运项目等。大力推进人工智能及机器人产业发展。以智能制造为主攻方向，积极引进人工智能及机器人骨干企业，培育中小微创新企业，打造"科技小巨人"。建设布局人工智能创新平台，吸引重点高校、科研院所等机构人工智能实验室、研发中心集聚，积极引进全球人工智能的领军型企业。加强与知名企业合作，发展搬运、装配、喷涂、焊接等工业机器人，推进机器人专用高精度减速器、控制器、伺服驱动器、传感器等关键零部件配套。扩大人工智能应用范围，创新应用模式、延伸服务领域。加速人工智能与新一代信息技术、生物科技、新能源、新材料等战略性新兴产业融合发展。积极发展大数据产业。充分发掘莱州在种业、黄金、石材、工程机械、海洋渔业等行业和领域的数据资源优势，积极实施大数据战略，抢占大数据发展先机。支持大丰轴瓦、神亚自动化设备、宏泰电器等企业提升智能化发展水平，积极发展数据采集、清洗、存储管理、分析挖掘、可视化、安全监管等大数据产品，搭建云计算中心和数据开放平台，探索建立大数据交易服务中心。积极推动医疗健康、电信、能源、商贸、农业、食品、文化创意、公共安全等行业领域大数据应用，探索金融大数据、电子商务大数据的创新应用。加快电子政务和智慧城市建设，强化社会治理和公共服务人数据应用。

以悦龙橡塑企业用地为例。该企业主要生产钻井系统、固井系统专用高压软管等产品，对该类产业用地，应首先整合梳理待发展地块，分批次集中推出连片优质产业用地，打造原始创新策源地，支撑本地产业集群化发展。

突出新材料基础性、先导性、战略性作用，围绕优势领域，集中优势资源，大力发展绿色、清洁、可再生能源，积极推动新材料融入高端制造供应链。加快发展新材料产业。顺应新材料高性能化、多功能化、智能化、绿色化的发展趋势，重点发展建筑新材料、防火隔热、化工新材料、特种金属材料等，不断突破关键技术，提高工艺制作水平，加快产业化进程，着力建设具有较强竞争力的新材料产业集群。充分利用黄金尾矿资源，重点发展建筑新材料，生产高温陶瓷、特种水泥等产品。依托祥云隔热材料、华德隆石材等重点企业，积极发展防火隔热材料、轻型墙体材料、与石材加工业相关的金刚石工具、防护与保养材料。重点扶持豪克国际巨型子午线轮胎、悦龙液压张力胶管，大力发展化工新材料，突破发展高分子、工程塑料等新材料。以新忠耀机械高速动车组牵引电机壳体为龙头，重点发展集成动车组机电壳耐低温材料、特种金属材料。

以祥云隔热材料企业用地为例。结合生产特点需要综合考虑产业用地布局及交通条件、物流仓储用地规划，该用地尽量布置在城市主干道路的临近地区，并从莱州市原规划未统一功能分区的现实出发，适度调整相关产业布局，作为今后创新科技孵化的重要载体，不断推动创新科学技术小试、中试等科研成果的产业化转型。

新能源产业重点建设海上牧场与海上风电融合发展实验项目、垃圾焚烧发电项目，并积极推进清洁能源发展，加快推进华电国际莱州电厂二期工程建设，构建粉煤灰综合利用、城市热源供应等关联产业链，打造沿海生态煤电示范基地。加强风电布局与主体功能区规划、产业发展、旅游资源开发的衔接协调，实施莱州湾海上牧场与海上风电融合发展实验项目。合理规划发展生物质能、太阳能等其他洁净能源，支持生物质发电扩建工程项目建设、大型畜牧养殖企业建设沼气发电装置建设，有序推进天然气供应及利用。打造山东省北部沿海生态煤电集群的龙头。坚持电网建设与电源建设并重，着力打造结构优化、布局合理的新型智能化电网。合理布局开发生物质能、太阳能等新能源，实施微能源网示范推广工程，建设山东省重要的清洁能源基地。

发展新能源产业也已经成为各地转变发展方式、调整能源结构的重要选择，莱州市新能源产业尚在规划当中，就企业用地选址来看，陆地风电项目容易出现占地面积过大、挤占耕地后备资源等问题，而海上风电则不受此制约，但在建设中要避免对海洋生态环境的破坏，加大海上风场运维过程中的新科技手段运用。

在培育发展节能环保产业时，莱州市应聚焦海洋、大气、土壤、尾矿、尾渣等重点领域，培育壮大高效节能产业和先进环保产业，发展节能环保服务业，扶持环保装备产业化发展，推广洁净水处理和工业水循环利用技术，发展污水和垃圾处理等先进环保技术设备，使之成为新的经济增长点。以节能关键技术与装备、污染物监测治理、资源循环利用为重点，加快发展输配电网无功补偿装置、智能电网设备、工业和生活废水处理等产业。加快脱硫除尘等空气污染防治技术、海洋环境污染防治技术的开发和应用，推广苦卤回收利用技术。支持发展洁净产品生产技术、环境工程与技术咨询、环保科技推广、环境信息服务等环保中介，大力发展节能环保服务业。通过培育和引进重点项目，扶持环保装备产业化发展，推广洁净水处理和工业水循环利用技术，发展污水和垃圾处理等先进环保技术设备，使之成为新的经济增长点。加快脱硫除尘等空气污染防治技术、海洋环境污染防治技术的开发和应用，推广苦卤回收利用技术。支持发展洁净产品生产技术、环境工程与技术咨询、环保科技推广、环境信息服务等环保中介，大力发展节能环保服务业。

莱州市的节能环保企业分布较为零散，应依托山东省莱州经济开发区和莱州银海化工产业园，通过培育和引进重点项目，打造区域性节能环保产业特色基地。

5.4.3 莱州市重点城区新旧动能转换的产业用地优化方向

为支持莱州市新旧动能转换与新产业新业态的发展，我们对莱州市重点建设的中心城区、经济开发区和工业园区的产业空间进行重新谋划，通过对土地价值的研判，推进重点城区业态有机更新和产业错位发展，确定中心城区重点发展金融、商务、科技、商贸等现代服务业，经济开发区和工业园区围绕产业高端和高端产业，通过政策引导和分类引导扶优扶强，着力培育一批技术先进、核心竞争力强、主业优势明显、具有较强扩张能力和持续盈利能力的重点企业，全面提升产业竞争力，抢占产业高端环节。并结合产业空间开发利用秩序，在城区功能定位基础上落实新旧动能支撑产业的布局指引，探索新型城镇化为导向的产城融合发展新思路，通过合理布局交通与市政等基础设施，外联内优，形成合理可行的方案，并在核心起步区内通过道路深化、地块优化等手段，确定建设用地的各项控制性指标和规划管理要求，以指导土地批租及后续详细规划的编制。具体做到：

1. 拓展中心城区产业发展承载空间

中心城区是莱州市域综合性公共服务主中心，是人口的承载主体，也是现代服务业、先进制造业及新兴产业的集聚区，包括生产、服务、金融和流通等多种之能，是莱州政治和行政管理中心、交通运输中心、信息与科技中心和人才密集之地。按照产业布局"退二进三"的要求，莱州市应对中心城区企业进行梳理甄别，将不符合中心城区产业发展方向、科技含量和附加值较低的企业向二三圈层疏解，为新兴产业腾出发展空间。

2. 进一步优化产业园区空间布局

第一，需要加快经济开发区和工业园区的整合，从新旧动能转换的目标引领出发，结合现有产业布局基础，促进产业项目向产业园区开发边界内聚集，突出特色产业聚集发展，持续膨胀骨干产业，优化园区布局，进一步拉伸园区发展框架，对确需在开发边界外建设的产业项目，应当符合总体规划和开发边界外项目准入要求，并建立相应管理目录。

第二，强化产业专业化园区建设，如：以三山岛为核心，打造临港加工制造、临港仓储物流等临港型经济；以沙河为核心，打造承载机械制造、再生资源利用等产业集聚区；对莱州银海化工产业园，可参考天津滨海新区建设化工园区的经验和实际做法，结合化工产业园区的建设要求，建立园区边界物理隔离封闭防护、进出园区道路门禁卡口、重点企业内部封闭三个层次的园区封闭管理系统，实现全区危险化学品生产、储存企业向南港工业区集中，并进一步实现对危险品车辆定位跟踪、定位管理，重点企业内部封闭以及海域港口封闭作业，有序开发盐滩碱地的卤水资源，完善全区化工产业布局。

3. 全力支持市区重点项目建设

莱州市应充分发挥新旧动能重点项目在经济社会发展中的引领、示范、支撑和统筹作用，紧抓山东省推进新旧动能转换重大工程机遇，积极参与新旧动能转换重大技术课题攻关项目遴选工作，抓好项目库建设管理，切实提高市区重点项目建设管理和服务水平，切实推进莱州市新旧动能转换重大工程规划的产业发展构想落到实处，例如以正在筹备中的台湾工业园项目、亚通公司上市募投项目、鲁达技改扩能项目、烟台亚通精工机械股份有限公司项目、山东鲁达轿车配件股份有限公司项目等为依托，积极打造高端机械装备制造生产基地，培育新旧动能转换示范区和外资利用主阵地；以中海港务 10 号码头改建项目为带动，积极开展航道拓宽、围堰吹填、泊位设备及输送管廊改扩建等工程建设，进一步提升莱州港的吞吐能力，全力推动港口经济再上新台阶；以居家健康养生和社区养老服务示范基地项目为带动，借助莱州市"中国长寿之乡"这个金字招牌,建设全国居家养老和社区服务示范基地。进一步强化"要素资源跟着项目走"保障机制,落实建设用地指标、耕地占补平衡指标、增减挂钩指标优先用于市区重点项目。

4. 探索建立混合用地与土地退出机制

莱州市应从提高土地集约高效利用水平出发,创新推行混合用地模式,在符合总体规划的前提下,允许工业、仓储、研发、办公、商业、租赁住房等用途混合利用,并按照主导用途(每类土地用途上所建建筑面积占总建筑面积最大比例的用地)对应的用地性质,实行差别化供地。

加强闲置低效土地清理,对低效工业用地、"占而未用"项目进行处置,对不符合园区发展规划的产业用地,政府可依法实施收储,有偿收回的补偿金额不低于土地使用权人取得土地的成本,并综合考虑其合理的直接损失,参考市场价格确定。例如,结合甲醇仓储贸易基地项目,由自然资源局收回违约的原星海石化地块,市政府对该宗土地进行收储,再以招拍挂方式摘牌,落实该项目所需的土地指标;对于拟建设的海底地下深井开采世界级示范性矿山——瑞海矿业项目,其项目建设和尾矿堆存用地需要将通过变更商住用地为工业用地的方式,解决项目建设用地问题。

5.4.4 镇域新旧动能转换的分类发展引导

镇域包括夏邱、柞村、虎头崖、郭家店、驿道、平里店、朱桥和金城。各镇结合自然基础条件和现有产业发展优势,在镇域新旧动能转换过程中,一方面加强水源保护和水土保持功能,发展特色林果蔬、高效农业、农产品加工和乡村旅游;另一方面,鼓励新增工业向产业园区分类集聚,搬迁污染企业;同时,积极完善一般镇的基本公共服务和生产性服务功能。

具体分类发展要把握以下原则:

(1)优先使用闲置土地,提高存量土地的使用效率,其工业用地投资强度应不低于省级经济技术开发区的投资强度,产业用地要采取招拍挂等市场化出让方式,防止以特色小镇建设为名,违法违规搞圈地开发；

（2）加强小城镇产业导入，增强小城镇集聚吸引力，提升人口规模，发挥人口规模效益，进一步提高小城镇镇区公共服务设施、绿地比例，大力提升基础设施用地比例；

（3）在小城镇用地规划相关控制标准中可结合距离大城市、县城远近对用地结构比例予以不同的控制要求，统筹城乡发展，鼓励地方以集体建设用地入股租赁等形式参与特色小镇项目，让当地农民分享城镇发展收益，保护其合法权益；

（4）进一步改革小城镇的土地使用制度，构建小城镇土地配置的新机制，盘活集体土地，探索集体产业用地流转带动产业空间合理利用的实践案例，构建多元化小城镇土地市场。

第6章 城镇闲置土地形成原因与防治对策：山东省的实践

当前，社会经济的快速发展，尤其是城镇化与工业化速度的加快，致使城镇建设用地过分注重外延式扩张、建设用地内部利用效益低下、耕地和生态用地数量逐年减少，这些问题日益成为地方经济社会协调发展的制约因素。伴随着城市化进程脚步的加快，城市内部以及周边出现大量的圈地、占地，大面积的闲置、低效用地现象屡见不鲜。为应对这种局面，我国对闲置土地政策出台的频率加快，政府对闲置土地重视程度加深，国家对存量用地特别是闲置土地处置管理空前严格。2015年"全国土地利用计划"首次提出，要统筹存量与新增建设用地，要求严格控制建设用地供应总量，加大对闲置土地的处置力度，对依法应无偿收回的闲置土地，要坚决收回。同年的全国土地日（6月25日），国土资源部提出创新存量用地倒逼机制，同时拟对部分城市新增建设用地实行"刚性约束"。2018年8月自然资源部大力推进土地利用计划"增存挂钩"，要把批而未供和闲置土地数量作为重要测算指标，逐年减少批而未供、闲置土地多和处置不力地区的新增建设用地计划安排。尽管闲置土地问题已经成为当前各级政府重视、全社会关注的热点问题，但有关闲置土地的管理尚未形成成熟的处置机制以及完善的法律、行政法规和制度支撑体系。

本章研究立足城镇化高质量发展要求，对山东省闲置土地情况进行梳理分析，明确闲置土地的内涵与类型，分析闲置土地形成的原因，总结国内外闲置土地处置经验和典型做法，提炼处置模式与处置办法，提出关于闲置土地的方法路径、转型方向与对策措施，为山东省闲置土地的处置和充分利用提供依据。

6.1 闲置土地相关概念

6.1.1 闲置土地

对闲置土地界定，在学术界可以分为两个阶段，即《闲置土地处置办法》颁布之前和之后。

在该办法颁布之前，对闲置土地的界定主要强调的是资源配置失衡、土地粗放利用等因素在土地闲置中的作用，研究内容包含了闲置城镇建设用地、农村集体建设用地以及撂荒的耕地。在这一阶段，刘维新、雷爱先（1999）对闲置土地的界定比较有代表性，他们将其分为广义和狭义，狭义的闲置土地是指依法取得并实际占有土地后，未及时按照政府批准的或出让合同约定的用途加以利用，或土地利用率未达到规定要求的城镇建设用地。广义的闲置土地除了上述所指的范围外，还包括非法批地、未批先占、征而未用等造成的闲置土地，以及耕地承包经营者抛荒形成的荒芜耕地。

1999 年，国土资源部出台了《闲置土地处置办法》，就闲置土地的界定、处置程序、处理方法、利用方式等方面作了严格的规定。该办法的第二条明确规定："闲置土地，是指土地使用者依法取得土地使用权后，未经原批准用地的人民政府同意，超过规定的期限未动工开发建设的建设用地。"在之后的土地资源行政管理中，对闲置土地的认定主要沿用了这一规定。2007 年后，国家加强了对闲置土地的监管和处置力度，在先后出台的一系列政策文件中，除了沿用闲置土地的提法外，还采用了"批而未用"土地的新提法，是对闲置土地的概念的延伸和扩展。

叶晓敏（2009）认为，闲置土地研究的目的是提出有效的政策建议，研究数据来源多是土地调查资料，所以研究口径在一定程度上与土地管理中闲置土地的界定保持一致。但是，我国《闲置土地处置办法》等法规政策中对闲置土地的定义，是为了对已出让或划拨的土地中存在闲置土地的问题进行处置而规定的，具有一定的针对性和局限性。针对这一问题，部分学者提出了改进意见。第一，针对法律法规中闲置土地的界定过于概念化的问题，可以对其认定标准进行细化，加强其准确性，比如林依标（2003）提出，将政府出让土地的时间和效力作为界定闲置土地的指标。第二，针对法律法规中闲置土地的界定过于绝对化的问题，可以对闲置土地的概念进行扩展，提高其研究的覆盖面，比如张素琴、严政（2004）指出，现实中土地闲置现象并非和法律规定的那样绝对，更多的是土地已经开发建设甚至建成投产，但又有相当比例的土地处于闲置、低效利用状态。

与闲置土地概念接近的还有空闲土地与低效用地两个概念，其中，空闲土地是指处于未利用和中止利用状态的无主地、废弃地和因用地单位撤销、迁移、企业改制及破产等原因停止使用而空闲的土地。主要形态包括有粮食、供销、商贸等系统在机构改革撤并后停止使用的土地，乡镇政府机构撤并或迁址后原用地，学校、村委合并后原用地，乡镇企业、养殖业破产后原用地等。

低效用地是指土地利用效率较低，在已供建设用地中长期处于半停产的企业用地，评价指标包括土地用途、投资强度、容积率、建筑密度、人均建设用地、用地定额和土地产出率等指标未达到要求，其具体范围要针对不同地类，根据国家和各个地方有关规定、标准以及节约集约用地研究成果等评价确定。

我国将未得到实际利用的土地在行政管理上划分为闲置土地和空闲土地，主要根据其土地使用者性质来划分。政府批而未供的土地单独为一类，供而未用的土地即闲置土地，未供未用的土地即为空闲土地。低效用地是已经利用的土地，但利用效率低下，具体的效率标准根据各地的不同情况不同水平而定，没有统一的标准。因此，根据闲置土地的本质，不考虑土地使用者的身份，空闲土地也是闲置土地的一种表现形态，若低效用地的利用效率低到一定程度，几乎处于未利用的状态，那么也应属于闲置土地的范畴。

6.1.2 闲置土地的分类

目前，闲置土地类型的划分没有统一的标准，也没有相对被认可的分类体系，本小节根据闲置土地的性状，尝试从不同的角度对闲置土地进行分类。

根据土地所有者的性质，城市的土地属于国有土地，农村土地属于农村集体所有，闲置土地可以分为城市闲置土地与农村闲置土地。农村闲置土地又可分为农业闲置土地（农地抛荒）和非农建设闲置土地（闲置乡镇企事业用地、闲置宅基地、空置房）。而城市土地闲置的表现形态也很多，主要有开发区闲置土地、旧城改造的闲置土地和城市中心的闲置土地等。

根据使用权人的不同态度，闲置土地可分为主动闲置土地和被动闲置土地。主动闲置土地是指土地使用权人不因外界干扰自发自觉的，或有预定目的将土地搁置不用而产生的闲置土地。被动闲置土地是指土地使用权人由于外在因素无法在规定时间内利用而处于闲置状态的土地。主动闲置土地是土地使用权人有意的甚至通过主观行为努力而产生的闲置土地，而被动闲置土地是土地使用权人不期待的，由外界因素干扰产生的闲置土地。

闲置土地根据外在表现状态，可分为显性闲置土地和隐性闲置土地。显性闲置土地即未开发动工的土地，如城市未开发建设用地和农村抛荒的土地。隐性闲置土地是指表面上看起来已经被开发利用，但实际却没有被利用的土地，比如空置房、停工停产的企业厂房、废弃的道路、港口和码头等。

闲置土地根据产权状态可以分为征收闲置土地、划拨闲置土地和出让闲置土地。征收闲置土地是指全部或部分处于抛荒状态，自政府批准文件下发之日起满一年的土地或实施土地平整、"三通一平"等基础设施建设后，中止开发建设连续满一年的土地。划拨闲置土地是指土地已收回国有，自土地管理部门《建设用地批准书》颁发之日起满年全部或部分拨而未用的土地或地上物拆迁后，连续满一年未动工开发建设的土地。出让闲置土地是指土地以出让方式取得的建设用地，超过土地出让合同约定的动工开发期限，满一年的未动工开发的土地。

根据政府土地供应行为的实际效果，闲置土地可以分为批而未供的闲置土地和供而未用的闲置土地。批而未供闲置土地是指由于土地供应的审批手续尚在办理中、土地未完成拆迁、规划调整造成土地供应计划变更或预期用地者发生变化等原因导致土地未能供给土地使用者而产生的未被利用的土地。供而未用的闲置土地的责任主要在土地使用者一方，主要有开发商囤积土地待价而建、开发资金不足、项目规划设计变更和旧城改造拆迁困难等原因而产生的未被利用的土地。

闲置土地根据规划用途，可以分为闲置建设用地和闲置农用地。闲置建设用地一般可以分为闲置住宅用地、闲置商业用地和闲置工业用地。闲置农用地可进一步细分，如抛荒旱地、抛荒水田、荒山、荒滩等。

6.1.3 闲置土地的认定

当前闲置用地的认定以《闲置土地处置办法》(2012年)为准，即闲置土地是指国有建设用地使用权人超过国有建设用地使用权有偿使用合同或者划拨决定书约定、规定的动工开发日期满一年未动工开发的国有建设用地；已动工开发但开发建设用地面积占应动工开发建设用地总面积不足1/3或者已投资额占总投资额不足25%，中止开发建设满一年的国有建设用地。

按照闲置土地的概念界定和现有的数据来源，目前山东省闲置土地大致包括两个部分：一是国土资源部按季度监测和通报涉及山东省的涉嫌闲置土地，二是山东省土地市场动态监测监管系统提取并经核实的闲置土地。

6.2 山东省闲置土地现状特征

为对闲置土地的空间分异特征进行全面考察，本节从全域和局域两个角度进行探索性空间分析。其中，全域空间相关性采用常规的Moran's I指数进行测度，局域空间相关性采用空间热点探测方法进行测度。

6.2.1 研究方法

1. 全域空间自相关

全域空间自相关主要用来分析山东省闲置土地面积的总体空间关联

和差异程度，采用全域 Moran's I 进行计算［如式（6-1）］。I 的取值在［-1，1］之间，I＞0 时，表示闲置土地面积的空间分布具有正相关性，即高值与高值邻近或低值与低值邻近的现象显著；I＜0 时，表示闲置土地面积的空间分布具有负相关性，即高值与低值邻近或低值与高值邻近的现象显著；I＝0 时，表示闲置土地面积呈空间随机分布，不存在空间自相关性。全域 Moran's I 可以分析单要素自身和多要素之间的空间自相关性。由于闲置土地受政府主体和企业主体影响较大，具有明显的行政区域特征，所以这里以山东省 137 个县（市、区）级行政区为基本单元，进行彼此之间的闲置相关性分析。

$$I = \frac{n \sum_{i=1}^{n} \sum_{j=1}^{n} w_{ij}(x_i - \bar{x})(x_j - \bar{x})}{(\sum_{i=1}^{n} \sum_{j=1}^{n} w_{ij}) \sum_{i=1}^{n} (x_i - \bar{x})^2} \quad (6-1)$$

式中，n 为县级行政区数量，取 137；x_i 和 x_j 为区域 i 和 j 的闲置土地面积；$\bar{x}$ 为闲置土地面积的平均值；w_{ij} 为空间权重矩阵，是闲置土地面积在 i 和 j 区域之间的链接关系，采用 Queen 邻接关系确定，空间相邻时 $w_{ij}=1$，空间不相邻时 $w_{ij}=0$。

2. 空间热点探测分析

热点分析用来识别闲置土地面积相似集聚区域的空间分布位置，即不同空间位置的高值簇和低值簇分布情况，可以弥补全域空间性可能忽略局部地区的非典型特征的不足，通常利用 Getis - Ord Gi^* 指数模型［式（6-2）］计算得到的 Z 值和 P 值作为热点区识别的依据。如果 Z 值高且 P 值小，说明该区域是高值集聚的热点区；如果 Z 值低并为负数且 P 值小，说明该区域是低值集聚的冷点区。Z 值的绝对值越高，说明空间集聚程度越大。

$$G_i^* = \sum_{j=1}^{n} w_{ij} x_j \Big/ \sum_{i=1}^{n} x_i \quad (6-2)$$

式（6-2）中，x_i 和 x_j 为区域 i 和 j 的闲置土地面积；w_{ij} 为空间权重矩阵，计算方法同上。

3. 空间计量分析模型

面对闲置土地可能存在的空间依赖和空间异质性，传统的 MLRM、

OLS 等计量回归模型会产生较为严重的异方差，从而导致估计系数有偏甚至无效。Anselin 提出的空间计量模型通过在传统回归模型中加入空间滞后项和误差项，以最大似然估计替代最小二乘估计方法，有效地解决了空间异方差问题。因此，这里选取目前较为成熟的空间滞后模型（SLM）和空间误差模型（SEM）进行闲置土地空间分异的最大似然估计，通过模型统计检验变量和空间依赖性检验变量的比较分析，选择最优模型进行闲置土地空间分异的影响因素分析。

（1）空间滞后模型（SLM）。该模型考虑了因变量的空间溢出效应，即某空间单元的因变量不仅与本身的自变量有关，还与周围相邻单元的因变量有关，其计量模型为：

$$Y = \alpha + \rho \sum_{j=1}^{n} w_{ij}Y + \beta X_{ij} + \varepsilon_i \quad \varepsilon_i \sim Nid(0, \sigma^2) \quad (6-3)$$

式（6-3）中，Y 为因变量；α 为截距项；ρ 为空间自相关系数，取值范围为 [-1, 1]，表示相邻区域之间的影响程度；w_{ij} 为空间权重矩阵；x_{ij} 为自变量矩阵；β 为影响系数；ε_i 为空间随机误差项。

（2）空间误差模型（SEM）。该模型是对上述随机误差项设置空间滞后因子的回归，即当存在空间相互作用于随机误差项时出现的另一种空间依赖形式，并将这种空间依赖性反映到误差项中，其计量模型为：

$$Y = \alpha + \beta X_{ij} + \gamma \sum_{j=1}^{n} w_{ij}\varepsilon_i + \mu_i \quad \mu_i \sim Nid(0, \sigma^2) \quad (6-4)$$

式（6-4）中，Y、x_{ij}、β、w_{ij}、ε_i 的含义同公式（6-3）；γ 为空间误差系数，即回归残差之间空间相关强度；μ_i 为是区域内随机扰动项。

6.2.2 空间分布特征

利用 ArcGIS 的统计分析（Geostatistical Analyst）功能的趋势分析工具（Trend Analysis Tool），采用二次多项式拟合生成山东省不同类型闲置土地分布的全局趋势三维透视图，可以发现，山东省闲置土地数量在空间上整体表现为东部地区高于西部地区、北部地区高于南部地区的特征。

为进一步揭示山东省闲置土地的具体空间分布情况，我们利用 ArcGIS 空间分析的 Kernel 核密度方法生成不同类型闲置土地分布的密度图，可以发现如下特征：①闲置土地的总体密度为 0.65 个/平方千米，呈现稀疏状态；②闲置土地的空间分布整体稀疏，仅在青岛和济南等全省的几个发展极核地带呈点状密集分布，其他地区分布相对均匀且规模偏小；③闲置土地的空间分布呈现出东部密集西稀疏，北部密集南部稀疏的特征，东部与北部地区主要集中分布于青岛、威海、潍坊等城市，西部与南部地区只有德州、聊城、菏泽存在密集状态，其他地区均呈现出稀疏状态，闲置土地规模较小。

6.2.3　空间分异特征

首先，对闲置土地规模的全局空间聚类检验计算显示（见表6-1），闲置土地的Z(d)值为-41.3875，这说明只有1%或者更小的可能性导致山东省闲置土地规模低值聚类模式是随机过程产生的。即，山东省闲置土地规模分布呈显著的空间集聚性，且是小规模的地块集群式分布。

表6-1　山东省闲置土地规模全局空间聚类检验结果

	G(d)	E(d)	Z(d)	P(d)
闲置土地	0.000001	0.00001	-41.3875	0.000000

然后，利用空间统计分析软件（OpenGeoda）V1.2.0计算得到山东省137个县级行政单元闲置土地规模的全域Moran's I指数，其散点图分布如图6-1所示，其中第一象限内数据点表示闲置土地规模的高值-高值集聚，第二象限表示低值-高值集聚，第三象限表示低值-低值集聚，第四象限表示高值-低值集聚。利用OpenGeoda中的蒙特卡洛模拟检验法，在P值等于0.001的情况下，得到闲置的Moran's I指数分别为0.6462，说明山东省闲置土地规模在99.9%置信度下存在显著的空间正相关性，散点大部分位于第三象限内，也表明闲置土地规模在空间分布上呈低值-低值的集聚状态，即全域空间上表现为闲置土地规模较低的级行政单元趋于相邻。

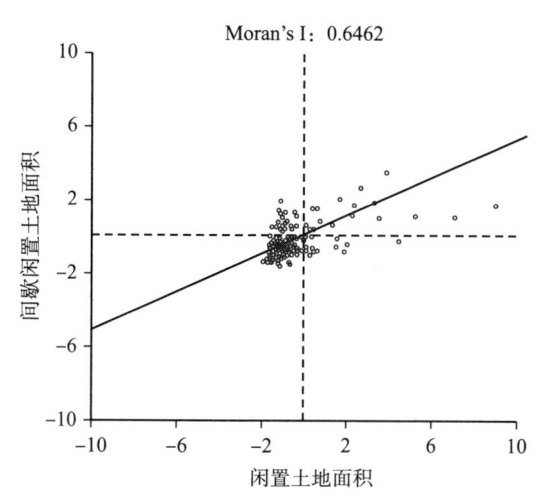

第6章 城镇闲置土地形成原因与防治对策：山东省的实践

图6-1 山东省闲置土地规模的 Moran 散点图

虽然山东省不同类型闲置土地规模的全局空间自相关性比较强，但在第一、二、四象限的散点也有分布，经反复试验发现，常用的局域 Moran's I 统计（也称"LISA"）只能反映出"高－高集聚"和"低－低集聚"的空间位置，对于"高－低"和"低－高"区域的表达不显著，容易忽略一些过渡性的空间信息；热点分析除了可以准确地发现高值簇和低值簇外，还能将次高值和次低值区域进行较好的显示，比较适合本节研究需要。因此，利用 ArcGIS10.3 空间统计（Spatial Analyst）功能的热点分析工具（Getis - Ord Gi*），计算得到山东省不同类型闲置土地规模的 Gi - Z 值和 Gi - P 值，根据自然断点法对 Gi - Z 值从高到低分成热点、次热点、次冷点和冷点 4 类，形成全省各县级行政单元的闲置土地规模空间热点分布图。可以发现如下特征：①在总体空间分布上，山东省闲置土地规模的地域差异十分显著，整体呈现"一核两区"的分布特征。其中热点区和次热点区呈"一核一区"分布，集中在省会中心城区和胶东半岛与鲁北滨海地区，该地区是山东省"蓝黄"两大经济区和省会城市经济圈的核心地带，也是全国优先开发和重点开发地区，受区域"四化"建设与社会经济高速发展的影响，城市建设用地规模大、发展快；冷点区和次冷点区呈"一区"分布，主要表现在鲁西和鲁南平原地区以及鲁中山地地区，该地区属于黄淮海典型农区和沂蒙山区，是山东省农业主产区、村庄分布密集区和重点生态功能区，区域的自然地理条件和社会经济基础相对落后，城市建设用地规模小、发展相对较慢。②从区位分布来看，闲置土地分布的热点区域均位于东部地区，主要位于青岛市和潍坊市，次热点区域主要位于中部地区，以济南市及其周边区域居多，其中青岛市也有少量分布。冷点和次冷点区域以热点和次热点区域为中心向周围扩散分布，西部地区均处于冷点和次冷点区。这说明闲置土地的分布与区域经济发展水平密切相关，青岛、济南、潍坊等经济发展水平高，发展速度快，闲置土地分布多，其他地区经济发展水平相对较低，发展速度相对较慢，闲置土地分布较少。③在变化趋势上，从东到西方向的闲置土地规模由威海、烟台、青岛向潍坊、淄博递减，再到聊城和德州进一步递减；在南到北方向上，由东营向滨州、淄博、莱芜递减，再在到济宁、菏泽、临沂进一步递减。

6.3 山东省闲置土地形成原因

通过对山东省闲置土地基本情况的分析，我们发现闲置土地牵涉领域众多，造成闲置土地的产生原因往往非常复杂，既有来自技术管理方面和主观思想意识层面上的原因，也是政府、企业、市场综合作用的结果，是历史发展阶段的产物，为加强闲置土地的管理，探求解决方案，有必要对其成因进行详细分析。

6.3.1 定性分析

按照现有闲置土地典型案例成因牵涉的主体进行归纳，闲置土地成因主要有政府原因和企业原因。

1. 政府原因

（1）规划因素导致的闲置。城市化进程的不断加快，需要进行城市规划调整，但是由于城市规划法制意识的淡薄和规划实施行为的随意性，城市规划的具体措施难以实施，规划实际进行过程造成规划与实际占用脱节，土地使用不合理，乱占滥用，甚至出现违法占地、违法建设的情况影响后期城市规划发展。用地缺少必要的监督机制，历史上单位和个人用地少批多占，占而未用，造成部分土地的闲置。

（2）经济发展政策调整导致的闲置。为了实现经济可持续增长，国家宏观调控政策进一步趋紧，特别是环保和产业政策变化、环保力度的加强、产业结构的调整等原因使很多前瞻性不强的项目没法达到预定投资条件，企业也在短时间内无法找到替代项目，迟迟无法动工建设，导致闲置。

（3）生地或毛地出让导致的闲置。地方政府在土地出让中急于求成，将尚未完成拆迁补偿安置的"毛地"进行出让，尚不具备开发建设条件的"生地"进行出让，造成建设项目用地未能以"净地"的形式出让到开发企业名下，征地拆迁不到位，基础设施无法进场，无法按期交付土地使用权人，原土地使用者的书面"拆迁承诺"几乎算是一纸空文，当原土地使用者内部出现变化时，就很容易造成拆迁纠纷。虽然各地加大了处置的力度，但仍有部分闲置用地未得到有效处置。该类问题特别容易出现在经济发展较好的区域，因为经济利益巨大，所以各利益主体的经济诉求都非常强烈。

（4）政府抵押融资导致的闲置。出让国有土地一直以来是地方政府财政收入的重要来源，特别是地方政府出现债务过重的情况下，利用国有土地进行融资更是解决债务危机的重要手段。政府通过融资平台公司利用土地使用权抵押进行融资，导致大量土地供应后未及时开发建设，形成闲置。

（5）政府旧城改造导致的闲置。旧城改造，是对旧城区中已不适应经济、社会发展需要的物质环境部分进行改造，对城市中布局散乱、设施落后，规划确定改造的老城区、城中村、棚户区、老工业区等进行再开发，使其整体功能得到进一步改善和提高。我国城市规划建设中的旧城改造在运作过程中，部分城镇的财政工作处于较低的水平，在短期内很难扭转收支不平衡的状况，旧城改造缺乏有力的经济支持。相关的调查发现，老城区的改造费用十分庞大，这笔费用是开发新城区的几倍甚至是十几倍，而且老城区的改造时间也十分漫长，一般的改造周期在2~3年，甚至有的会长达5年。旧城的改造比新城区开发更为困难，在这一过程中较易出现土地闲置。

（6）城市产业政策导致的闲置。城市作为国有建设用地集中投放的地域，是承载第二、三产业的重要空间载体，而第二、三产业迅速发展使得城市规模快速扩张，政府更侧重从战略高度开展产业发展规划，有意识调整城市功能布局和用地结构，提高城市品位，利用土地级差地租把市区的第二产业搬迁到工业园区集中、集约发展，利用退出的土地，加快发展第三产业。但是部分城市产业政策主张未与其产业结构调整和工业企业技术改造紧密结合，使得部分规划功能区内的用地发生闲置。

（7）拆迁改造困难导致的闲置。拆迁困难是阻碍房地产顺利开发的最大难题，出现极大的土地浪费。造成拆迁困难的原因有很多，如拆迁标准的统一、房价的持续高涨、弱势群体的财产再分配问题等。有的开发地块，在供地环节存在瑕疵，地上附着物未清理干净，甚至涉及拆迁补偿问题。原定一年内拆平，三年内建成，可三年过去了，地块居民的动迁却还未完成。拆迁难和拆迁周期的延长，大大增加了开发商的开发成本和开发风险，这使部分实力不足的单位不得不将土地闲置，伺机再动。

（8）资源使用权属限制。由于海域使用权管理政策与土地使用权管理政策的衔接存在一定问题，围垦造地形成的土地纳入土地管理的机制或路径缺乏联动协调机制，在行政审批、招拍挂出让等环节还没有形成规范化的工作体系。一是海域使用权与土地使用权审批职能分属海洋部门和国土部门，二者各自依据政策法规不同，产生围垦土地权属转移、连接不畅，缺乏统筹利用机制；二是企业先后取得海域使用权与土地使用权须分别经过两次公开出让程序，审批时间长、手续多，单是项目前期工作最快也要3年时间，行政审批效率低下。

2. 企业原因

（1）企业对市场形势预期不准确导致的闲置。企业对市场形势预期不准确，或者市场形势发生重大变化导致项目经济上不再可行，产生土地闲置。部分企业在选择项目时，论证不充分，项目选择出现偏差，一旦受到国家政策调控和宏观经济形势发生变化，项目建设就停止不前，导致闲置。例如，快速增长的电商对传统商业地产带来巨大冲击。有关数据显示，从2013年至2015年间，我国网上零售每年增长的速度都超过50%，2016年增速短暂下降到30%后，2017年又恢复到40%。国家统计局数据表明，2017年全国社会消费品零售总额约为36.63万亿元，其中全国网上零售额约为 7.18 万亿元，占比约为 19.6%。电商的迅速发展使传统商业的发展受到了限制，这导致许多商服用地无法做到充分利用，产生闲置。

（2）开发商囤积土地而导致的闲置。囤积土地是开发商利用不可再生资源获取高额利润的重要方式之一。在缺乏严格监管的情况下，一些地产商在拿到土地后，有意放慢开发步伐，待价而建，目的纯粹在于投机，意在获取由城市经济社会发展带来的土地增值收益。开发商之所以囤地，是因为其对于土地有一个基本预期——土地价格还要涨。此外，囤地对企业来说，是一种收益非常大但风险很小的一个融资方式，在不断推高地价过程中，一方面可以攫取高溢价收益；另一方面风险被稀释在了资本市场和购房者身上。虽然政府对打击"囤地"有着强硬规定，但是开发商规避处罚的手段则更加多样。一块地拿到之后，可以部分施工，可以缓慢施工，还可以在规划方面做手脚，比如多次更改规划，一直拿不到施工许可等，都可以达到囤地而不受惩罚的目的。但是，开发商非法囤地造成的土地闲置负面影响太大，对国家的土地资源也会造成极大浪费。

（3）开发商自身经济实力欠佳而导致的闲置。开发商由于自身经济实力欠佳，在未确定合理可行的开发计划之前，便在政府手中取得土地使用权，导致后期土地闲置，没有具体建设项目。或项目虽有具体开发计划，却缺少科学的论证，对于资金量预计不足，导致在实际建设中，摊子铺得太大，造成资金分散与浪费，资金链断裂，造成大量土地闲置。

（4）企业破产改制而导致的闲置。随着经济体制改革的逐步深化，许多国有企业被兼并、重组或关闭，有的停产、转产或破产，造成大量土地闲置，企业部分原有划拨土地长期处于闲置或低效利用状态。大部分企业原来使用国有土地的方式是无偿划拨，后来又转移到个人名下，土地成本低廉，而政府又难以将这部分闲置土地收回重新处理。这些企业因资金和规划等原因，暂时不会新上项目，所占大量国有土地仍继续闲置，继续影响土地管理的正常秩序。

（5）司法查封导致的闲置。由于公司债务等原因，土地由司法部门查封，导致土地无法利用，从而产生土地闲置。被法院查封的闲置土地，在处置过程中存在着许多困难，一是鉴于司法权优先于行政权的原则，在查封期间不宜对闲置土地直接进行处置；二是因被查封的土地往往债务纠纷十分复杂，即使依法收回后进行拍卖仍然存在很多困难和问题，处置工作难以推进。因此，对监管系统中被法院查封的闲置土地很难按照《闲置土地处置办法》的正常程序进行依法处置，只能被动接受司法处置。

3. 成因总结

总体来看，政府原因造成的闲置土地问题较多，影响范围大，收回难度大，而企业原因造成的闲置土地再开发需要经过建设工程规划许可、施工图联审、项目招投标、缴纳配套费等多道程序，办理施工许可手续周期较长，需延长处置周期。

同时，在实际工作中，政府原因和企业原因交叉存在。闲置土地处置工作中，有的项目之所以未能开工建设，往往既有政府原因，也有企业原因。例如有的项目因群众阻挠进场等原因，企业不能按时开发，也就没有按时交齐土地出让金，以致出现土地闲置的情况。对此类情况的原因认定非常复杂，不能简单地认定政府原因或企业原因，需要综合研判分析，谨慎作出处置决定。

6.3.2 机理分析

在闲置土地成因定性分析的基础上，为全面系统总结闲置土地产生的发生机理，本节研究从不同的研究视角出发，分别对市场机制缺失、资源配置失衡、成本收益导向下的用地行为导致土地闲置的机理进行分析，其中：市场机制的研究对象是某一地区的出让市场，相对比较宏观；用地行为更多的是企业基于收益成本的生产经营决策，相对比较微观；资源配置的研究对象是地方政府对国有建设用地的出让、开发、建设等用地行为的管控，尺度介于市场机制和用地行为分析之间，属于中观层面的研究。

1. 宏观层面原因分析

我国的市场经济制度已经基本上建立，市场经济开始发挥资源配置的基础性作用，市场调节与宏观调控已经成为社会主义市场经济的两个不可分离的重要方面。国有建设用地市场化配置是通过市场机制和政府调控的协同作用实现的，但是由于历史和现实原因，目前我国的国有建设用地市场机制有所欠缺，这导致国有建设用地的市场化配置程度远远低于其他生产资料，而市场机制缺失引发的低价出让、供过于求和需求高涨对闲置土地的形成产生重要影响。

（1）历史原因。一是国有建设用地早期实行的是双轨制供应制度，就是通过两种方式供应土地：在 2007 年之前的工业用地有部分是由政府无偿划拨或极低价格供应的国有土地；2007 年之后通过市场化手段（主要为"招、拍、挂"）有偿出让国有土地。当土地的价格较低和税收较为宽松时，土地经营者便会以闲置土地数量、减少资本和劳动的投入的方式，来降低成本，以期获得高额利润，这导致了土地的粗放利用。

二是早期城市规划为宽泛，城市管理强制力度小，城市内部商业用地和住宅用地相互穿插、功能分区混乱、土地利用无序，在客观上造成建筑密度和容积率偏低、土地利用率低下。与此同时，城镇规划不合理、约束性不强、强制力不够、随意更改，造成在用地过程中有规不依，使规划失去约束效力，进而导致低效建设用地的产生。再者，政府曾经为招商引资常常急于引进项目，与开发商妥协，用廉价土地换取城市建设资金，造成同区域恶性竞争，同时也造成土地的过度开发，粗放利用，布局分散。

目前，很多城镇周围都普遍存在着土地低效或不合理利用的情况，主要是政府在思想上忽略了土地规划的重要作用，导致大量不科学的土地规划，甚至出现滞后现象以及对规划意识的淡视。官僚主义的政绩观也是土地规划和利用不合理的主要原因。在城镇的土地开发上，也出现了只重视新城区的开发建设，而忽略了老城区的改造和土地再利用的现象。

三是早期土地管理核心目标在于满足土地利用需求，适应当时的经济社会发展需要，却放松了对利用效率的管理。早期的经济社会发展是粗放型的，以数量的增加为主导，土地供应管理面对着巨大的需求，土地管理部门主要工作是保障土地供应，这造成早期土地利用效率的监管力量薄弱。除此之外，早期的土地利用技术水平相对落后，早期制定的衡量土地利用效率的有关标准相对较低，从相关技术标准要求的发展轨迹不难看出这一点。

（2）市场机制和宏观调控原因。市场机制在土地资源配置领域的作用未能得到有效发挥是工业用地闲置的原因之一。对国有建设用地而言，市场化配置是否能够得以实现，主要取决于出让方式能否鼓励竞争、价格信号能否反映土地的真实价值。土地作为一种稀缺资源，亟须通过市场经济的价格机制和竞争机制作用，实现在不同使用者之间的合理流动，达到利用价值的最大化的目标。国有建设用地出让方式缺乏竞争性，意味着土地在企业和项目之间的流动渠道是不畅的，难以确保最有竞租能力的投资者获得土地，影响土地配置效率。

我国城市建设用地供应的双轨制导致了两个大弊端：一是在土地资源的配置中市场不能充分发挥其基础作用，土地资源配置中价格机制的调节作用被削弱；二是土地资产化率水平较低，不利于公平竞争。尽管国家在2003年以后要求对国有建设用地供应实行"招拍挂"，但没有调整历史遗留下来的大量划拨用地用途。划拨用地取得的成本小，使用无限期，导致了客观上不能充分实现其土地资源的资产属性，阻碍了市场发挥对土地资源配置作用。这对土地使用者产生了一种"负"激励，导致使用者强烈的投资冲动和建设用地的无序扩张。没有了自我约束的经济压力，很大部分使用划拨土地的单位土地产出效率低下，国有土地资源被不断地浪费。

用地企业资金链断裂也会造成企业土地和厂房闲置。对闲置土地目前缺乏有效的市场引导机制和相关激励政策措施，致使闲置土地因法律限制性规定不能及时开发建设，低效用地难以通过自主建设、联合经营、有序流转等形式实现再开发利用。

2. 中观层面原因分析

"没有无用的资源，只有用错的资源"，国有建设用地闲置的原因在于土地资源配置失衡。国有建设用地配置是土地利用的决策者为实现特定的土地利用目标（经济效益、社会效益等），而在多种国有建设用地利用方向或利用模式之间做出的抉择。政府在国有建设用地利用方向或利用模式上的主导地位对土地资源配置具有举足轻重的影响，政府行为导致的土地资源不合理配置、政策难以落实，是闲置土地现象久拖不决的重要原因。下文将从实施标准、政策执行、合作机制、配套体系、政策衔接和政府监管 6 个方面展开分析。

（1）实施标准。当前有关闲置土地的政策措施太过笼统，缺乏可落地操作的具体计划和清晰的判断标准，同时，现有政策对闲置土地现象的成因和经济社会效应的复杂性估计不足，导致闲置土地存在认定难、处置难和执行难这"三难"问题，甚至存在部分政策执行者随意变通政策精神，使政策落实"失真"，片面落实。受局部利益制约，个别部门在实施政策时将其中对自己有利的部分用足用活，其余则被遗弃，使政策落实大打折扣。

此外，《闲置土地处置办法》规定，属于政府、政府有关部门的行为造成动工开发延迟的，国有建设用地使用权人向市、县国土资源主管部门提供土地闲置原因说明材料，可以采取延长动工开发期限，调整土地用途、规划条件，由政府安排临时使用等方式进行处置，一定程度上为土地闲置提供了庇护空间。

（2）政策执行。当前财税体制和绩效目标考核的制度安排下，地方政府执行国家政策的忠诚度往往让位于土地开发，特别看重与开发密切相关的招商引资活动及其引致的各项财税收入的增加，部分政策执行者出于局部和个人利益的考虑，担心严格执行政策会吓退开发商，损害本地土地财政收入，未能严格按照规定要求执行。他们与闲置土地占有者形成了利益同盟，对用地企业疏于监管，对闲置土地处置乏力。出让的建设用地必须是土地权利清晰、安置补偿落实到位、无法律经济纠纷、土地开发利用规划条件明确、具备动工开发所必需条件的"净地"，然而，在部分地区仍存在生地或毛地出让的现象，以不公开形式给特定对象以特殊政策，将国有土地使用权出让与 BT、BOT 等建设项目捆绑，将商住用地出让与工业、文化、旅游、商贸市场等项目捆绑，默许政府以外的单位和个人进行土地一级开发。

（3）合作机制。闲置土地的成因复杂，许多处置举措都涉及相应的人、财、物，牵涉错综复杂的社会关系，仅仅依靠国土资源管理部门来认定、处置，很难达到目的，必须依靠当地的政府、法院、公安、财政、建设、规划、审计等多个管理部门。对于闲置土地的处置问题，因涉及地方政府前期的拆迁、人员安置、土地补偿、基础设施配套、规划审批等多种问题，闲置土地的查处难的问题显而易见，需要适当分工和通力合作。但现实中，有的执行部门、执行人员缺乏集体意识和合作精神，把"分工"当成"分家"，把自己分管的部门看作"私人领地"，相互之间不是"补台"，而是"拆台"，不是主动配合其他部门、其他人员共同实施政策，而是相互推诿，以致政策实施中出现了"肠梗阻"现象。

（4）配套体系。闲置土地的形成和处置影响面较广，需要与社会信用体系、财政资金体系、社会保障体系和法律法规体系等相配合，如果配套措施不及时跟上或执行资源不足，就会出现执行中"最后一公里"的"掉链子"现象。例如：有的不同领域的政策不配套，相互钳制；有的同一领域的政策不衔接，前后打架；有的政策执行孤军深入，缺乏辅助政策；有的政策弹性太大，内容漏洞较多。这些问题，都不利于政策的有效落实。

（5）政策衔接。主要是政策执行中的"虎头蛇尾"现象。粗放扩张的发展理念、急功近利的考核机制、政府主导追求短期效益的招商体制是导致建设用地闲置低效的重要因素。在经济利益和政治利益的激励下，地方政府的招商行为有从直接招商向以行政资源换取经济资源的主导招商模式转变的趋势，其主要手段是利用土地资源、基础设施、劳动力及环保、税收等由政府部门掌握的政策性因素，通过税收优惠、低价出让土地等措施来吸引更多的企业、资金和更高端的产业进入。但是，目前在地方政府招商引资活动中仍然存在着片面追求数量不讲究实际效益的倾向，导致招商引资项目的资金到位率低，直接投资协议金额与实际利用投资金额之间缺口很大。由于资金不按期到位，部分招商引资企业用地筹建期过长，致使土地长期闲置。

（6）政府监管。存量建设用地，指在变更调查数据中为建设用地或在农转用有效期内完成农转用审批的地块，一般分为未建设存量用地和已建设存量用地两类。在国有建设用地配置中，未建设存量用地存在供应时机滞后的问题，地方政府期间配置上的失衡将导致国有建设用地错失最佳的开发时机或开发主体，为土地闲置埋下隐患。土地利用现状对建设用地开发成本和开发难度均有影响，一般而言，新增建设用地由农用地转用而来，开阔平整、集中连片、形状规整、规模适中，利用条件较好；而存量建设用地一般零星分布，区位条件和基础设施较差，企业常需支出额外的建设成本，利用条件逊于新增建设用地，出现闲置的可能性较高。

国土管理部门在土地批后监管过程中的发言权也很有限，致使土地在批后过程中处于监管滞后状态。这导致了一些用地企业尽量先多圈地，同时又在各级政府之间腾挪转移、寻找漏洞制造机会改变使用用途。在调查中，开发未完成企业家和开发不达标企业家占比较高，由此可以看出土地监管很不到位，国土部门几乎无法有效地管控用地规模，有不少企业行政办公用地比例超标，表现为明显的结构不合理；较多企业容积率低于建设项目控制指标，达不到规划要求。

3. 微观层面原因分析

成本—收益分析是对经济活动的投入与产出之间的关系进行分析评价的一种基本方法，被广泛地用于各种投资或支出行为的评估，也是地方政府和投资企业选择建设用地利用方向或利用模式的主要决策工具之一，构成其实施用地行为的主要动机。作为土地经营者的企业，出于追求高额利润和降低经营风险的目的，会有意识地使土地闲置，同时，由于市场环境变幻莫测，也存在企业正常经营行为被干扰，导致企业实际使用的地块出现闲置。下文总结了企业在不同的生产经营状态下产生土地闲置的原因。

（1）追求高额利润。企业生产经营活动的主要动机是获取利润，在建设用地潜在的增值收益刺激下，企业基于土地价格上涨的基本预期，往往以获取高额收益为出发点。第一，有的用地者利用土地价格的不均衡进行市场套利行为，如在商业用地与住宅用地开发过程中，少数企业存在囤地炒地行为。现行的用地制度设计使国有建设用地的市场竞争不充分、供地机制不完善、土地出让价格与市场地价不匹配，土地取得以及长期占有即保有环节的低成本与因土地资本属性而给拿地者形成的预期高收益形成了巨大利益诱惑和广阔逐利空间，驱使开发商蓄意囤地圈地，"圈而不建"，"圈大建小"，借鸡生蛋，拆东补西，融资套现。

第二，企业出于长远发展的用地需求，考虑到区域整体发展可能带来的地价升值，往往更加倾向于抓紧征地、超前拿地，而且上报的用地规模远远大于企业实际需要。由于缺乏科学有效的用地规模衡量标准，作为土地实际管理者的地方政府往往难以确定建设项目的合理供地面积，多数情况下只能根据投资规模确定用地规模。这种现象在投资总额较高的重大项目的土地供应上更加明显，原因在于重大项目是一种稀缺资源，地方政府出于招商引资或区域竞争需要，往往为其提供以工业土地供应为代表的各种优惠，尽量满足企业的用地需求，形成重大项目在建设用地市场上的垄断地位。因此，工业用地供应规模偏大现象难以避免。工业用地一次性供应规模偏大的直接后果是助长了用地主体——工业企业两种行为：其一，资金压力大，难以在短期内实现大块成片宗地的全部开发而采取分期开发方式；其二，预留后备发展用地，等待开发时机而暂缓开发。这两种行为模式均会造成土地闲置。

第三，企业的新增用地需求不断增长。而当前国有建设用地供过于求、用地出让价格和持有成本偏低的现实，使企业的新增用地需求从无效需求转变为有效需求，甚至产生了过度或超额的"虚假需求"。并且，由于用地抵押的融资功能，企业的置地成本非常低廉，部分企业热衷于一再扩充土地储备，攫取土地增值收益。无论是作为生产经营者的企业考虑到未来生产规模扩张的用地需求而提前圈占土地；还是作为土地投机者的企业囤积土地待价而沽，本质上都是源于建设用地的资产性需求。其特点是并不直接将土地投入生产环节，而是以土地价值储存特性为目的持有土地，为提高变现能力或降低持有成本多以低效、闲置方式保有土地。这是国有建设用地利用中的"多占少用""早占晚用""占而不用"的原因之一，直接导致国有建设用地闲置低效。

（2）企业经营不善。在生产经营过程中，企业因发展定位不准、资金缺乏、经营不善、国有企业改制等原因倒闭破产，会导致用地闲置。依据国务院《关于在若干城市试行国有企业破产有关问题的通知》，破产企业的土地使用权按如下原则处理：企业破产时，企业依法取得的土地使用权，应当以拍卖或者招标方式为主依法转让，转让所得首先用于破产企业职工安置；安置破产企业职工后有剩余的，剩余部分与其他破产财产统一列入破产财产分配方案。在实际处置中，因牵涉债务纠纷、劳资关系和司法问题等，其资产核对清算难度很大，大多数经营用地已在金融机构设置了抵押，一个破产案件中往往涉及数个甚至上百个民事诉讼案件或仲裁案件，每一个诉讼、仲裁都要一个完整的法律程序，破产案件的终结需要很长的周期。这类闲置土地的拍卖或者再招标过程相对较长，"等""靠"思想严重，处置的积极性不高。

有些破产企业的土地位置偏僻，虽经土管部门挂牌拍卖，但无人应价购买；由于企业产权手续不全、房地分离等原因，破产企业划拨土地使用权时难以处置。此外，破产企业的特殊财产，如企业集体宿舍的处理，一直是破产清算工作的难点，强制清理势必引发职工不满，造成社会不稳定。破产企业以划拨方式取得的国有土地使用权，不属于破产财产，其土地使用权由政府收回。在国家尚未出台统一规定的情况下，有的职工主张国有土地使用权应当纳入破产财产，对政府收回划拨土地，以及用划拨土地出让金补偿职工权益的做法，不予认可，认为是强行拿走企业土地，并要求政府和企业"卖地分钱"。

6.4 闲置土地处置经验与困难

山东省正处于工业化中后期发展阶段，前期快速城市化的推进和粗放的土地利用方式使闲置土地问题突出，闲置土地处置已经成为当前土地资源利用和管理中具有极端重要性和现实紧迫性的工作。与此相对比的是对闲置土地处置的认知尚处于探索阶段，尚未形成行之有效的处置模式与办法。因此，我们有必要总结国内外闲置土地处置的相关经验以及典型的处置案例，总结其主要经验，提炼闲置土地的处置模式与处置方法。

6.4.1 处置经验与典型案例

从国内外发达地区闲置土地的处置经验出发，了解国内外闲置土地处置领域的主要做法，解析山东省闲置土地处置的典型案例，能够为下一步闲置土地处置提供借鉴。

1. 国际经验

（1）欧美国家。欧美发达国家对闲置土地的关注更多集中于工业发展过程中污染的或利用不充分的、再利用存在难度的土地，相关研究已比较深入。此类土地通常以老工业基地为主，比较典型的有欧洲"煤钢联盟"的主要组成地区，德国的鲁尔地区和法国的阿尔萨斯－洛林地区，美国的"锈蚀地带"，以及英国的曼彻斯特等，又称"棕地"。政府将棕地再开发视为城市复兴战略的一部分，而非一个个独立的项目。这些工业基地的振兴政策各有特色，如英国设立了遗弃土地基金，为棕地再开发提供补贴，并在特定区域建立企业区，为企业提供税收减免，从而促进废弃土地的再利用。1998年2月，英国政府发布了一个全国性的目标：全国致力于优先循环使用棕地，到2008年英国至少60%新住宅开发建立在棕地上。美国棕地治理与再开发投入规模非常大，除环境保护局的棕地重建计划为棕地再开发提供专门资金外，商务部、陆军工程部、卫生和人类服务部、交通运输部等部门也为其提供资源保障。此外，美国各州地方政府也将辖区内棕地再开发视为政府拨款的重要领域。英国、法国、荷兰、加拿大等国也纷纷开展了棕地再开发资金援助工作。荷兰政府自1997年起每年投入3.86亿欧元进行棕地再开发，并制定了激励棕地再开发的基金计划；加拿大也开展了一系列针对贫困省棕地再开发项目的资金辅助计划，其安大略省制定了社区改进制度，为已注册或评估的业主及其代理人提供一定的资金支持。

除直接提供财政拨款外，发达国家政府还充分利用市场机制，通过制定宽口径、多渠道的减税计划来激励相关利益主体积极投入棕地再开发工作中。如美国1997年颁布了棕地税收相关政策，通过提高纳税门槛来减少税收负担。加拿大安大略省为了鼓励棕地再开发，为开发商提供税收援助来抵消棕地治理成本，进而减少棕地集中度，推进棕地再开发顺利开展。英国也出台了相应的税收优惠政策，激励人们从对绿地开发转向对棕地治理和再开发，2001年英国内税务局颁布减免税，规定对治理污染土地的公司减免150%的企业增值税。税收的减免降低了私人企业从事棕地再开发的必要成本，鼓励了私人投资进行棕地再开发领域。欧盟则在2002年通过了第六环境动议项目，要求保护土地，并提供基金补贴和税收优惠。

（2）日韩。在日本，除极个别由政府主导和少数由大企业主导的园区外，绝大多数园区是由民间力量主导兴建的，面积比较小，多为300~500亩，但土地产出率很高。一般先由企业组织形成协同组合，再向当地政府提出申请，按规定审批通过后，在规划的工业地域和专用地域中进行土地开发。这种园区建设模式更多的是一种企业行为而非政府行为，一定程度上避免了"先圈地后招商"可能带来的土地闲置。

同时，日本坚持通过调整产业布局，优化城市布局。为了控制随着高速经济增长而急剧增多的城区工厂，一方面，通过立法严格控制城市新建、扩建工厂；另一方面，按照不同等级划分"促进迁移地区"和"推荐迁移地区"，在那里建设工业园区，采取各种各样的措施吸引市内的工厂向外迁移。对于不按规定坚持在市中心建立事务所或者工厂的，日本政府则根据法律对它们课以重税，并且要求其履行防治公害的义务。对凡是公害严重又可以搬迁的工厂，日本政府都实施优惠的经济政策，动员它们搬迁。对那些实在不能搬迁的，则要求其在规定的时间内改善环境，把平房式厂房改建为楼房，并且专门为它们研制防公害技术和进行现场防公害指导。日本大阪地区就把中小企业相对集中的市区东部划为特别工业区，把分散在市区的其他中小企业都集中到特别工业区内，从而有效地改变了工厂与住宅混杂的局面。

为了抑制过度投机造成的土地闲置问题，韩国政府颁布《土地超过利得税法》，对闲置土地所有者由于地价上升而获得的土地增值净收益课征"土地超过利得税"，税率高达50%。该税种仅适用于空闲地，有别于转让所得税的是超过利得税纳税人并没有取得纳税的收入，是对未实现利益的课税，因此显得尤为严苛。

2. 国内经验

为有效处置和充分利用闲置土地，规范土地市场行为，促进节约集约用地，国内不同省份根据自身情况开展了大量探索和实践活动，提出诸多行之有效的闲置土地处理办法，现总结如下。

（1）闲置土地处置的"永州样本"。2014年以来，湖南省永州市将中央方针政策、湖南省文件精神与永州实际相结合，探索出了闲置土地处置的"永州样本"。2014年节约集约用地专项督察发现永州市闲置土地404宗、面积10117.05亩以后，永州市开始了整顿，截至2016年10月10日，全市已依法处置闲置土地393宗、面积9924.9亩，占应处置宗数的97.28%，占应处置面积的98.1%。据统计，全市收回的闲置土地中已有677.7亩土地重新安排使用，土地收入达3.8亿元。另有2669.4亩土地纳入政府储备，可以进行招拍挂出让。基本达到了"应收回的土地收回来了，能用的土地用起来了"的目标，形成了正面效应。永州市的具体做法和成效如下：

一是摸清土地利用"家底",实现土地底数"由糊涂账到明白账"的转变。创新开展土地利用情况"天眼核查行动",借鉴卫片执法监督检查模式,利用高清遥感影像比对"一张图"数据成果,对全市土地利用情况进行了"地毯式"清理,提取疑似闲置地块下发各县区实地核查,对县区核查上报的数据进行严格审查,准确地摸清了全市闲置土地底数、分布情况和土地利用的翔实情况,为市委、市政府算好经济账、政治账、发展账,实行科学决策,提供了精确的土地数据依据。

二是坚持依法依规处置,实现用地状态"由闲置到盘活"的转变。始终坚持依法依规处置,按制度和规矩办事,实行逐宗严格审查把关,制定出台了《闲置土地清理操作手册》《闲置土地清理标准案卷》《永州市闲置土地依法处置到位认定标准》《永州市有偿收回闲置土地指导意见》等一系列的规范性文件,统一清理处置程序和有偿收回标准,确保处置"一把尺子量到底""一碗水端平"。坚持由市领导挂帅,重点对十一个县区100亩以上的闲置土地逐宗进行检查验收,严守标准,严把清理处置质量关,切实防止"走过场、假处置""巧过关"。同时,加大对已审批土地征地拆迁力度,加大批而未供土地供应力度。如冷水滩区组织开展了重点建设项目土地和房屋征收"百日大会战"活动,拆迁房屋1200余户41万余平方米,强制拆除违法违章建筑26万余平方米,使大量已审批和征收土地达到"净地"要求后进行供应,让"沉睡"多年的闲置土地重新焕发了生机。

三是规范土地市场秩序,实现合同管理"由无序到有序"的转变。一方面,大力化解不规范合同存量。对原来已签订的土地出让合同进行核查,对合同规定开竣工时间和违约责任不明确的,签订《国有土地使用权出让合同补充协议》,重新约定开竣工时间、违约责任和具体的开发条件。另一方面,坚决遏止不规范合同增量。出台《永州市国土资源管理规定》,坚决执行净地出让,建立开竣工跟踪管理等一系列制度,加强履约监管,督促用地单位和项目业主按照土地出让合同和补充协议的要求有序开发,既为处置闲置土地提供了有力支撑,又为规范土地市场秩序提供了制度保障,为科学管理土地、规范土地市场奠定了基础。同时,及时处理、纠正各类违规行为,如永州大道建设时,为筹措资金,实行"代建制",以土地抵工程款,匹配了8000余亩土地,现在解除了"代建制"合同,并把匹配的8000余亩土地全部收回,改为支付实际工程款。

四是斩断利益输送链条,实现清理处置"由表面到深层"的转变。闲置土地处置涉及重大经济利益调整,情况复杂,往往存在许多深层次问题,有的甚至存在利益输送和官商勾结问题,纪检监察部门查办的许多腐败案件,都与土地有关。为此,在清理处置过程中,注重发现和深查闲置土地背后的腐败行为,对有嫌疑的闲置土地采取釜底抽薪的方式,依法注销土地使用权证,收回土地储备,迫使开发商主动交代隐性的权钱交易和利益输送,进而对腐败行为进行严肃查处,有力震慑了国家公职人员利用土地进行官商勾结、以权谋私的行为,也有力震慑了部分开发商借机"圈地""屯地"的行为,斩断了利用土地进行利益输送的链条,一定程度上从根本上防范了土地腐败行为的发生。如新田县国土部门调查发现县循环经济工业园1宗面积258.59亩的闲置土地涉嫌非法转让土地,公安机关主动介入,将当事人缉拿归案,不仅该宗闲置土地及时得到有效处置,还追究了当事人刑事责任。纪检监察部门以此为突破口,对其背后的权钱交易行为进行了查处。

五是完善体制机制,实现源头管理"由失效到长效"的转变。在坚持标本兼治,加大清理处置力度的同时,加强规范管理的体制机制建设,杜绝闲置土地"边清理边新增"的乱象。规范招商引资,强化招商引资合同有关投资强度、产出效益、开竣工时间、双方责任的约定和监管,堵住以地谋私的"后门",杜绝圈地行为。把好土地供应和供后监管关,严格落实《永州市中心城区规划区国有建设用地使用权出让实施细则》,坚决执行土地出让"五大要求":必须坚持净地出让;涉及道路建设的,道路必须建好;土地未规划好、思路未理清之前不能出让;土地出让一定要经过政府常务会议决定;没有特别特殊情况,不经集体研究,出让土地的容积率不得调整。

(2)海南省推行换地权益书解决土地闲置问题。换地权益书是政府收回土地使用权时核发给土地权益人的法律凭证。依法核发后的换地权益书不与原批准的用地相联系。换地权益书持有者在签发换地权益书的市、县、自治县受让国有土地使用权时,可凭此证从政府换回与换地权益书面值等价的土地权益。换地权益书发放、流转和收回,实行记名登记制度。符合下列情形之一的按照本办法核发换地权益书,收回土地使用权:①依法批准出让但因政府或者政府部门原因造成闲置的；②市、县、自治县人民政府批准出让的闲置土地；③土地权益人与市、县、自治县人民政府签订用地合同或者协议、交纳定金或者土地出让金、未依法办理用地报批手续但已实质性占用的土地；④土地权益人与市、县、自治县人民政府签订合同或者协议、交纳定金或者土地出让金但未实质性占用的土地；⑤依法作价抵偿国有金融机构和国有控股金融机构债务的土地。

（3）安庆市落实建设用地过渡期政策。建设用地过渡政策是指利用存量房产、土地资源发展国家支持产业、行业的，可享受在一定年期内不改变用地主体和规划条件的过渡期支持政策。2015年，国土资源部、住房城乡建设部等六部委下发的《关于支持新产业新业态发展促进大众创业万众创新用地政策的意见》中指出，"对制造业迈向中高端的企业用地以及'互联网＋'行动计划实施等用地实行过渡期政策，5年内继续按原用途和土地权利类型使用土地"。根据该意见，安徽省安庆市对于符合规划、配套齐全、经整修后可以继续使用的旧厂房，规定企业可以保留原有的土地使用权，将旧厂房按照一定的价格出租给新的运营公司，由运营公司在相关政策许可范围内进行改造，改造后的厂房根据城市产业发展需要，重点用于信息服务、研发设计、文化创意等新兴产业和业态，也可以用于教育科研、医疗卫生、文化体育等项目。这不仅避免了走过去"拆旧建新"或"先收后让"的道路，原有房产土地能高效利用，而且降低了企业用地成本，减轻实体经济负担。如安庆市"一枝梅"香皂厂老厂区成功利用过渡期政策完成升级改造、实现新兴产业蓬勃发展的典型案例，不仅让国家产业用地政策在安庆市落地生根，更验证了这一政策的巨大红利。

（4）杭州市推行土地"统一收购权"。浙江省杭州市以储备消化闲置用地，采用统一收购、统一批发的方式。杭州市规定市区规划范围内凡需盘活的土地一律由政府收购和储备。政府抓土地"统一批发权"，规定市区土地，特别是用于经营性房地产开发用地统一由政府供应，政府垄断土地一级市场，通过土地收购（收回）—土地储备—土地出让这三个环节实现市区土地一级市场的政府垄断。杭州市对土地收购储备工作实行分层次两级管理的体制模式。成立了杭州市土地收购储备管理委员会，它是政府土地收购储备工作的决策机构。设立杭州市土地储备中心，它是土地储备工作的执行机构，受市政府委托，在市土地收购储备管理委员会领导下，负责实施土地收购、储备、出让前期准备工作。

（5）上海市闲置土地临时绿化。为了充分利用闲置的土地，上海市实行《闲置土地临时绿地管理暂行办法》，以改善城市生态环境和市容景观，并加强临时绿地管理。行政区域内闲置的土地具备绿化条件的，可以建设临时绿地，但有下列情形之一的，应当建设临时绿地：①沿城市道路、河道的建设项目依法带征道路规划红线、河道规划蓝线内的土地，尚未实施道路、河道拓建的；②属政府依法储备的土地的。闲置土地原为耕地的，不适用本办法。临时绿地的建设、养护，由建设用地单位负责。尚未实施道路、河道拓建的闲置土地建设临时绿地的，由市或者区、县绿化管理部门负责组织实施。政府依法储备的闲置土地建设临时绿地的，由储备土地的管理单位负责建设、养护。临时绿地存续期间超过1年（含1年）的，建设临时绿地的建设用地单位可以向市或者区、县土地管理部门申请享受以下优惠：①临时绿地存续期间免缴土地闲置费；②临时绿地存续期不计入土地使用期限；③法律、法规、规章和市人民政府规定的其他优惠。

（6）丽水经济开发区疏堵结合盘活闲置土地。2012年浙江省丽水经济技术开发区逐步推行了临时土地证分段审批规范、企业签署承诺书、土地利用效率与征信系统相挂钩等办法，力促低效企业"动"起来。还出台了《企业厂房出租管理办法》《企业整体转让管理办法》《工业用地"退二进三"管理办法（试行）》等，政企联动，共同盘活闲置土地。丽水经济技术开发区将闲置土块的亩均税收从3万元以下提到10万元以上。

在清理好原来的低效闲置用地同时，丽水经济技术开发区在出让国有建设用地使用权工作中，通过加大信息公开力度、强化市场动态监管等方式，严格执行土地供应招拍挂制度，科学合理安排土地出让计划，实行市场配置资源，增加土地收益，同时提高了入园门槛，力求投资强度和容积率均比省定标准提高20%，全力预防新低效闲置用地发生。

（7）厦门市以多规合一提高城市空间治理效能。作为全国"多规合一"试点城市，福建省厦门市建起了从设计、实施到监管的一整套"多规合一"运行机制，以创新规划管理体系、搭建信息共享平台、提高审批效率。厦门市的"多规合一"实践以城乡规划、国土规划、发展规划、环保规划以及水利、林业和海洋等主要部门空间性规划整合形成的蓝图为基础，以信息化为手段，搭建了政府部门协同管理的"一个平台"，建立了信息共享、决策共商的管理机制。"一个平台"创新了项目生成机制，实现了业务协同，从而提高了行政审批效率。依托"一个平台"，发改、规划、国土等各相关部门在建设项目审批前期，就可分别落实投资、预选址、用地指标等条件，促使策划生成的项目可决策、可落地、可实施。

在"多规合一"改革实践中，厦门市又推行了"一张表"受理审批模式，实行统一收件、同时受理、内部流转、并联审批、限时办结。"一张表"受理审批，即每个项目报建单位只需将申请材料上报给行政服务中心，由行政服务中心分配给各部门，相关部门可在平台上同时审批，行政审批模式由过去的"串联式"变为"并联式"，由多环节、多层次变为扁平化、高效率。

6.4.2 闲置土地处置困难

根据各地市闲置土地处置专项行动汇报情况，总结闲置土地处置工作中暴露的问题，发现闲置土地的处置存在以下困难。

1. 闲置土地认定难

《闲置土地处置办法》明确规定，闲置土地是指国有建设用地使用权人超过国有建设用地使用权有偿使用合同或划拨决定书约定、规定的动工开发日期满一年未动工开发的国有建设用地。已动工开发但开发建设用地面积占应动工开发建设用地总面积不足三分之一，或者已投资额占总投资额不足25%，中止开发建设满一年的国有建设用地，也可以认定为闲置土地。虽然办法对闲置土地内涵进行了界定，对"动工开发"和"已投资额、总投资额"的含义也进行了说明，但由于界定不清，导致在闲置土地处置实务中，依然面临着动工开发日期难以确切认定、土地投资额度难以准确计算等现实问题。

目前，我国以在法定时间内动工建设与否为判断土地是否闲置的标准，现实中有些宗地内只有小部分被开发利用，而大部分仍长期未被开发有的宗地虽已开发利用，却没有被实际利用。

关于动工建设面积超过三分之一的认定，对建设面积的认定由哪个部门认定，是规划部门、建设部门还是自然资源部门，不甚明了。此外，有的项目还存在开发建设面积占应动工开发建设总面积达到三分之一，但剩余三分之二的土地长期闲置，或者大部分已开发或已竣工，但长期搁置不生产经营的情况，这些是否也应该认定为闲置土地，没有明确规定。

再以投资额度为例，"应投资额"和"已投资额"尚无明确的统计口径，如果没有专业的投资审计报告和会计报表查验，投资额比重难以确定。有的企业将有关机器设备购买、原料采购等费用计算在投资额内，轻易就达到了25%的标准，这就导致闲置土地处置产生较大争议。此外，已投资额占总投资额超过25%的也有可能存在土地闲置情况。督察发现，在建筑领域普遍存在的"烂尾楼"，其投资额有的甚至已接近总投资额，但因资金等问题长期不能完工，土地闲置状态并未真正改变（赵小风、黄贤金等，2011）。

2. 部门协同聚力难

由于在闲置土地处置中的部门协同和联动机制不完善，自然资源部门在闲置土地处置工作中承受了来自政府、社会的巨大压力，职权和职责不对等，处置手段和力度有限等问题突出。

项目落地主要靠地方党委、政府及有关部门决策，土地出让合同中约定的各项指标也主要由发改、规划、建设等部门确定。自然资源部门影响力有限，但后期监管责任很大，尤其是在形成闲置土地之后的清理处置工作，自然资源部门基本处于"单打独斗"的工作状态。这主要由四方面原因造成：

（1）闲置土地处置的法律地位不明确。《闲置土地处置办法》是部门规章，法律位阶不高，对除自然资源部门以外的其他部门约束力不强。

（2）缺乏责任追究等监管配套措施。在闲置土地处置过程中，即使用地单位不配合闲置土地调查和处置，也没有实质性损失，无须承担责任。在与用地单位协商收回事宜时，经常出现用地单位漫天要价的情况，但政府没有配套处置手段。

（3）土地市场诚信体系不完善。对不诚信的土地使用权人，自然资源部门没有形成在土地出让、转让、融资、贷款等方面的约束机制。

（4）自然资源部门内部分工不明确，职责不清。各地实际操作中，有的以土地利用为主按违约追究，有的以土地执法监察为主按违规用地立案查处。此外，清查闲置土地时的调查、取证、公告等程序复杂，时间长，加上企业刻意隐瞒，导致闲置土地调查取证工作十分困难，影响了闲置土地的处置效率。

3. 盘活利用限制多

土地闲置的原因复杂，导致盘活利用面临诸多实际困难，但转让又不符合规定。在闲置土地中，房地产类占比较高，有的省份七成以上闲置土地为房地产用地。以此类闲置土地为例，根据《城市房地产管理法》第三十九条规定，房地产项目转让的前提是必须经有批准权的人民政府审批，并依照国家有关规定，缴纳土地使用权出让金或转让方应将转让房地产所获收益中的土地收益上缴国家后，才能进行转让。

这些规定，其目的在于严格限制炒买炒卖土地，牟取暴利，保证开发建设的顺利实施，其初衷是好的。但是，这些限制也导致了闲置土地转让盘活必须首先进行一定的投资开发，而且要缴纳大量的税费，导致闲置土地处置进入"死循环"，无法实现真正的盘活利用。

4. 无偿收回执行难

《闲置土地处置办法》明确规定，属于土地使用权人自身原因而导致闲置土地的，未动工开发满一年的，按照土地出让或者划拨价款的20%征缴土地闲置费；未动工开发满两年的，无偿收回国有建设用地使用权。这些处置标准虽然明确，但在实际操作中面临难以执行的问题。

例如，用地单位原因造成的闲置土地中，除有一部分确属企业恶意囤地、以图获利外，也有很大一部分是受国家政策调整、市场环境变化、企业发展战略变化等因素影响，在一定时间段内不适宜开发。如果严格按照处置办法规定，无论是征缴20%的土地闲置费，还是无偿收回土地，都可能使这些土地使用权人面临破产倒闭的风险，从而对经济社会发展造成一定的负面影响。而且，许多闲置土地本身就是在市场经济不确定性背景下产生的，强行处置利用，可能会产生更多的负面效应。尤其是无偿收回，作为一种对依法取得土地使用权的企业非常严厉的行政处罚手段，在现实中强行使用可能会产生影响投资环境、打击土地市场、增加处置难度等一系列负面影响。此外，很多地方反映，建设用地使用权受《物权法》保护，无偿收回方式是否与法理相符，有待商榷。

相关部门出于维护社会稳定、促进招商引资等考虑，在处置工作中真正征缴闲置费、无偿收回国有建设用地使用权的寥寥无几，导致政策操作性不强，执行效果大打折扣。

5. 违约责任界定难

在闲置土地认定中，确实有很多土地闲置是规划频繁调整、毛地出让、征地拆迁不到位等政府原因造成的，但这其中，不乏一些基层政府为使企业免于处罚，对部分企业自身原因导致的闲置土地也出具政府原因证明，使其规避处置的"揽责"现象。这一现象产生主要有两方面原因：

一是，在不正确的政绩观引导下，地方政府注重自身作为土地供应者的角色，忽视管理职能，造成"重审批轻监管"。对于招商引资的成果，如果出现问题导致土地闲置，地方政府一般都会选择"救"企业，使其免受处置。有的地方甚至还会担心，对闲置土地采取处置措施，会影响当地招商环境和经济发展。

二是，对地方政府硬约束不够。缺乏倒逼机制，各地新增建设用地指标基本够用，而闲置土地处置难度大、成本高，地方政府没有处置的压力和动力。缺乏追责机制，在闲置土地处置、规划调整等土地管理事项中，对地方政府的硬约束少，造成其随意性大。除此之外，闲置土地认定为不同原因的处置方式差异大，可能存在权力寻租空间。

6.5 山东省闲置土地防治处置机制

土地闲置是资源的极大浪费，造成闲置土地的原因又往往非常复杂，涉及行政、制度、价格、税收、市场、文化和规划等各方面，然而面对人地矛盾极为突出的现实情况，加强对闲置土地的管理，制定合理的政策，并切实严格贯彻实行，就显得尤为重要。我们立足于山东省闲置土地现状分析与处置情况，按照整体设计科学、典型实践可行、经验模式可推广的基本要求，尝试建立"源头—过程—末端"闲置土地防治处置机制，探索研究山东省闲置土地防治的防治对策。

基于农用地用途转化与利用的全过程，国有建设用地闲置的产生主要存在于国有建设用地出让、利用和监管等多个环节，那么闲置土地防治的实质就是对国有建设用地使用前、使用中和使用后的一个循环盘活过程。在这一过程中，环节衔接和事务交叉导致可能存在多种成因的闲置土地，造成当前闲置土地的认定困难、责任划分困难和政策执行困难。对此，可以采用防治结合、标本兼治的流程化治理的思维，沿着"源头—过程—末端"三个阶段进行闲置土地防治的方法路径设计，如图6-2所示。

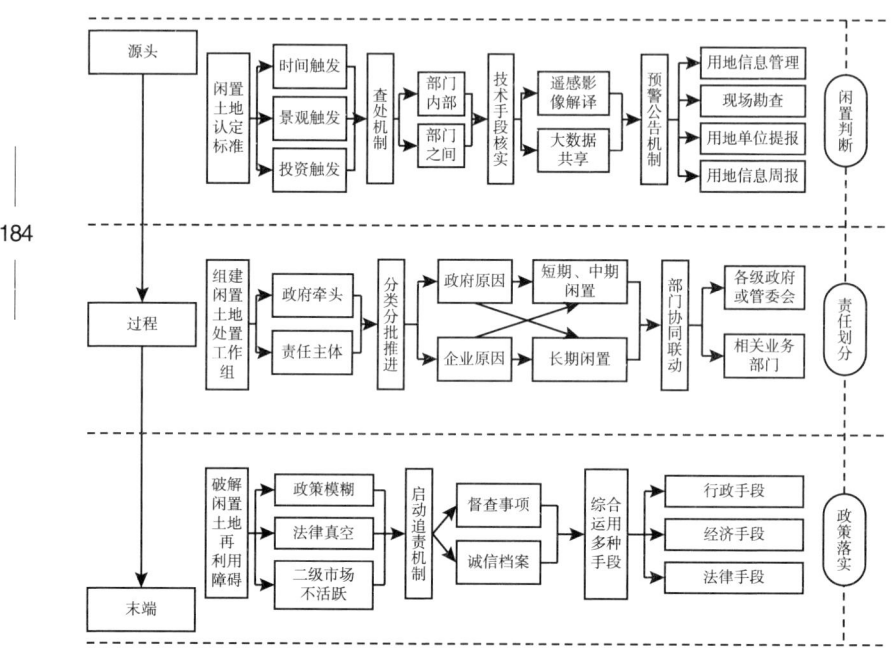

图 6-2 基于"源头—过程—末端"思维的闲置土地防治方法路径

6.5.1 突出闲置判断（源头）

闲置土地的判断是闲置土地处置的第一步，也是基础的一步。我们综合研究现有闲置土地认定难的表现，发现其困难主要体现在没有细化闲置土地认定的执行标准，缺乏闲置土地的查处机制。围绕该难题的破解方法，山东省应从细化认定标准、完善查处机制、加强技术手段跟进、建立预警机制等方面入手。

1. 细化认定标准

当前闲置土地的认定标准主要包括动工开发时间、建设面积和投资额三项考核标准，山东省可基于这三项指标，设立闲置土地预警线。对于动工开发日期满一年未动工开发的国有建设用地认定，应由国土部门定期发布闲置土地到期信息；对在法定时间内动工建设面积占比的认定，可由规划部门、建设部门和自然资源部门协商解决；对已投资额占总投资额比重的认定，可以通过投资审计报告和会计报表查验。

在以上认定标准的基础上，进一步深化对闲置土地内涵的理解，增加从土地利用的实际状态出发界定闲置土地的标准，倡导"以用为先、高效利用"，对长期搁置不生产经营或低效生产的用地情况加以重视，增加建设项目建设进度、投入强度、容积率、建筑系数、亩均税收、劳动力吸纳等更为具体的标准，将土地是否全部使用作为闲置土地判断的必要条件。

2. 完善查处机制

首先，厘清自然资源部门对闲置土地查处的内部分工和职责。《中华人民共和国土地管理法》和《中华人民共和国城市房地产管理法》对闲置土地收回的法律性质没有确定，是行政处理还是行政处罚进行查处尚不统一，各地实际操作中，有的以土地利用为主按违约追究，有的以土地执法监察为主按违规用地立案查处。今后可结合自然资源部门改革加以整合。

其次，应进一步明确政府及相关部门在处置闲置土地过程中的职、权、责，赋予自然资源部门闲置土地的监管执法权力，明确用地单位配合调查和处置的实施细则，简化闲置土地调查、取证、公告等程序，提高闲置土地的处置效率。在行使收回权的主体上，《中华人民共和国土地管理法》和《中华人民共和国闲置土地处置办法》都规定行使收回权的主体是县级以上人民政府，但人民政府没有专门内设机构，其执法人员一般不具备土地执法资格，因此山东省可以建立执法联合行动小组进行专项执法。

3. 加强技术识别

一方面，加强对建设用地地表建设情况的摸底调查，充分发挥遥感技术、GIS 技术等现代技术在闲置土地监管方面的作用，利用高分系列卫星数据反映的城镇闲置土地关键地物信息，通过目视解译、监督分类、POI 提取等方法加以判断。

另一方面，综合运用大数据思维与方法，密切与金融、税务、财政、发改、商务、建设、交通、工商、统计等部门和机构的合作，推进信息共享，探索建立经济运行评价、产业政策评估、企业市场环境模拟等多功能系统，辅助评估用地单位潜在的闲置风险。

4. 建立预警公告机制

闲置土地不是一朝一夕出现的，尤其是长期的土地闲置，其背后暴露出土地管理中"重出让、轻监管"的严重问题。针对这一监管空白，山东省应建立闲置土地常态化监察巡查工作制度，对国有建立用地出让到开发和利用全过程进行跟踪管理，结合闲置判别标准，以自然资源部门土地信息管理系统为基础，对出让的国有建设用地开发利用信息进行数字化管理，及时掌握建设项目开发进度，增加闲置触发模块，对触发闲置标准的宗地自动标注闲置土地警示标志。

同时，山东省可结合技术手段甄别，对可疑地块安排执法人员进入现场进行核实，并结合用地单位对土地使用情况的报告加以判断。汇总甄别确定的闲置土地信息，每周向地方党委、政府以及发改、经信、招商、商务、规划、建设等有关部门报告、通报，做好信息推送工作。

6.5.2 明确责任认定（过程）

土地闲置的责任认定是闲置土地处置关键环节。对于已经确定的闲置土地，相关政府部门需要追踪闲置成因，梳理闲置行为涉及的主体，通过利益协商与部门协作，达成闲置土地的处置方案。为确保闲置土地责任认定和处置方案的推进，山东省需要组建处置工作组，推进分类分批处理以及强化部门协同联动。

1. 组建政府牵头的闲置土地处置工作组

已有闲置土地的形成或多或少都存在政府原因，而且由于国有建设用地特殊的资源配置属性，其出让、开发和利用牵涉政府众多部门，责任难以准确厘清。结合已有闲置土地处置的成功经验，研究认为应以地方政府为主导推进闲置土地处置工作，将闲置土地处置列入政府督查事项，确保用地权利和监管义务对等。明确发挥闲置土地处置中的政府组织领导作用，协调县市区政府确立"组建一个工作组，实现一宗地一本卷宗、一套方案、一个责任人、一个联络人"的"六个一"工作机制。

2. 规范闲置土地收回程序

收回闲置土地作为行政处罚行为，建议其程序应按照《中华人民共和国行政处罚法》规定的法定程序操作，以避免执行过程中程序违法问题的发生。具体程序可为：立案、闲置土地认定、拟定处置方案、告知（听证）、决定（行政复议和诉讼）、报原审批机关批准、公告、送达收地决定书、终止土地有偿使用合同或撤销建设用地批准书、注销土地登记和土地证书、强制收回土地。

3. 推进分类分批处理

从闲置土地的处置办法来看，简单粗暴地采取无偿收回国有建设用地使用权的方式容易激化矛盾，存在违法嫌疑，对经济社会发展造成一定的负面影响。在实际工作中，山东省应本着依法依规的刚性原则，正视用地权益人的利益诉求和权益主张，鼓励建立用地单位、政府部门和本地居民的利益协商机制，加快闲置土地处置弹性处理方式的创新。

对政府或者企业原因导致建设用地闲置时间在两年以内的土地，可以区分情况，分类处理：①因拆迁建设难度太大，动工开发准备时间需要延长的，经国土部门和城建部门鉴定后，报经上一级国土部门批准后，准许延长动工时间，但最多不超过一年；②因规划依法修改造成闲置的，政府要积极协调，按照新用途或者新规划条件重新办理相关用地手续或进行地块置换；③除此原因以外的，企业希望更变用地性质的，国土部门要对企业预测和评估，对满足要求的可以办理变更手续；④企业因发展情况不佳无法继续使用土地的，政府要协议收回重新出让或积极协调转让、出租或合作开发，鼓励企业联合开发，签订协议，由买方企业加大投资，满足投资上述条件后，再依法转让；⑤无特殊原因，企业自身拖延动工时间的，按照规定缴纳闲置费。

对建设进展缓慢闲置期达两年以上的长期闲置土地，除政府原因外，政府应无偿收回土地使用权，将土地重新纳入市场。被列入储备计划的土地要进行公告。

4. 强化部门协同联动

山东省应建立各级政府与业务部门闲置土地处置的共同责任机制，实行内部协作，纪检监察、发改委、公安、国土、建设、农业、文化、卫生、环保、规划、商务、工商、林业、城管、供电、供水、供气等部门组成协调机构；强化外部联动，市政府与各县（市）区政府、乡（镇）政府、村委会逐级落实责任，明确目标，量化要求，形成强大合力。

6.5.3　强化政策执行（末端）

贯彻执行闲置土地处置政策是减少土地闲置的最终落脚点，是闲置土地落实处置的"最后一公里"。闲置土地处置的政策执行包含两个层面：第一，是依法施政，严格按照国有建设用地管理条例和法律规范操作，规避政府监管的错位和缺位；第二，是因地制宜，全国各地要根据本地区所处发展阶段、经济社会发展的实际水平、产业结构、就业等因素，在广泛调查摸底和全面统计分析的基础上，确定具有可行性和可操作性的闲置土地处置方案与转型方向。为确保政策执行效果，山东省需要对闲置土地处置的关键障碍进行诊断和破解，启动追责机制确保依法施政，并以地区优势触发多种调控手段综合运用，将闲置土地处置政策落实到位，并探索体制机制创新。

1. 启动追责机制

当前，在产业发展决策、规划调整等土地管理事项中，地方政府面对的硬约束少，随意性大，因此中央应建立国有建设用地源头追溯机制，对因政府及其有关部门行政审批出现的闲置土地案例启动追责，严查闲置土地处置中的怠政、懒政、不作为典型问题，并挤压可能存在的权力寻租空间。

对因企业弄虚作假出现的闲置土地案例，相关部门将建立诚信档案，做好用地违规违约记录，给其他相关行政监管部分提供管理依据。

2. 加大处置力度

山东省应综合运用行政手段、经济手段和法律手段加大闲置土地处置力度，加大对不按合同约定动工开发建设的土地使用者的处罚力度，试行按照累进比率征收违约处罚金，取得土地使用权后闲置不开发的土地使用者不得再次进入土地出让市场等处罚措施。明确土地闲置费收取"相当于土地使用权出让金20%以下"的标准中"土地使用权出让金"的界定，设置收取上限；明确有偿收回时对用地者的补偿标准。完善闲置土地处理的税费政策，包括土地闲置费的收取和利用、土地闲置税的征收、闲置土地收回的补偿等。

3. 开展实时监控

山东省可结合建设用地供应监管系统，加大技术投入力度，研发集数据录入、图形分析、属性统计于一体的土地利用批后监管系统，对土地来源、土地供应（国有土地使用权出让计划、招拍挂公告以及土地出让结果）、开发利用、市场交易以及集体建设用地等信息进行数字化管理，及时掌握区域内建设项目开发进度，实现从土地来源到土地供应、开发利用和市场交易等全过程的动态跟踪监管。

第7章 农村人口进城定居影响动力分析：潍坊市的实践

人口迁移流动是人类社会发展历程中的重要现象，发展中国家的人口流动更具代表性，其人口流动与该国家的经济社会结构转型紧密结合在一起，主要表现为城市化推动下的人口由乡到城的转移，就是农村人口进城定居（rural populations settling in cities，RPSC）（Todaro，1977；Massey & Akresh，2006；Lahariya Chandrakant，2008；Fan，2011）。中国是世界上人口最多的发展中国家，农村人口进城定居现象尤其具有典型性。在中国，采用户口区别城镇人口和乡村人口，农村人口进城定居（rural population settled down in the cities）特指具有乡村户籍的人口进入城镇居住并放弃乡村户籍转为城镇户籍，即所谓的"市民化"（citizenization），这是一种主张公民权的永久性定居方式，包括乡村人口全面融入城市经济和社会文化环境中。在城乡二元体制的影响下乡村人口大规模向城镇集中，1978～2018年期间，城镇户籍人口数由5亿人上升到8亿人，农村户籍人口数由6亿人下降到4亿人，约3亿（扣除自然增长率影响）农村人口进城定居，转为城镇居民，大量农村人口进入城市，极大地满足了城市生产对于劳动力的需求，也提高了农村人口的收入和生活水平，而且农村人口市民化的分阶段推进与工业化、城镇化进程紧密相关，促进了城乡经济的繁荣和社会的全面进步（Khraif，1992；Constant & Massey，2003）。

随着中国城镇化由快速发展阶段进入成熟阶段，城镇化进程显著放缓，农村人口进城定居现象也出现新的变化。总体上，农村人口进城定居是出于对就业、收入等美好生活的向往，但现实世界中，农村人口定居在城市需要考虑自身的适应能力，还有赖于城市对农村人口的接纳能力。他们常常陷入"留在城市"或"返乡"的困境。城镇化是一项复杂的社会系统工程，它不仅仅是农村人口社会身份和职业的一种转变，也不仅仅是农民居住空间的地域转移，而是一系列角色意识、思想观念、社会权利、行为模式和生产生活方式的变迁，加上乡村土地收益和田园生活的惯性所组成的农村人口厚重的乡土观念，都让农村人口进城定居的意愿充满变数。根据国家卫计委一位官员在报告中透露，"近七成农村户籍流动人口愿意在城市长期居住，但不愿意放弃农村户籍在城市落户"。农村人口进城定居意愿并没有我们想象中的强烈，他们更偏好在城乡之间不断流动，以进城但不定居（落户）的方式，享受两种身份的收益（Lehmann，2012；Zhu，2007）。这种现象显示了进城的农村人口的就业观和生活态度，也体现了城市和农村两种不同的空间对农村人口自我实现的影响机制（章铮，2006；Zhu Y. & Chen W.，2010；杨传开，2017；黄丽芬，2019），乡村人口进城定居的意愿不仅是愿望的初心，还是对现实的权衡。

然而从中国的现实情况来看，尽管中国常住人口城镇化率达到59.58%，但户籍人口城镇化率仅为43.37%，现有城市规模能够吸纳的农村人口尚未达到饱和。而且与人口密度接近的英国、日本等国家相比，当前我国城镇化水平还有待进一步提升。城镇化工作的重点依旧在"化"上，有必要进一步推进以农村人口进城定居为主的市民化，提升城镇化质量。因此，深入分析农村人口进城定居意愿形成的内在逻辑和发生机制，对于判断农村人口乡—城流动的趋势，推动中国城镇化建设具有重要理论研究与现实意义，同时也可为其他发展中国家的城镇化建设提供参考，农村人口进城定居意愿已经成为城镇化引致的人口迁移研究的热点之一。

本章研究借助拉康精神分析理论，分析农村人口进城但不定居（落户）现象的深层次原因，探讨农村人口进城定居意愿形成的社会理性逻辑，判断阻碍农村人口进城定居意愿实现的因素，以期加深对农村人口进城定居意愿的精神层面解读，为农村人口进城定居意愿解释提供一个新的分析角度。

7.1 农村人口进城定居理论分析框架

7.1.1 拉康精神分析理论简介

长久以来,为了不使我们追寻的"永恒"建立在不牢固的物质基础上,哲学成为人类社会发展的根基,从精神层面对客观世界进行解读一直是解决现实问题的可行思路。从工业化时代开始,心理学成为一门实践自然科学,拉康精神分析理论作为后弗洛伊德精神分析理论的分支之一,开启了精神分析的后结构主义的思想体系。拉康主义精神分析重新解释了"主体""无意识""其他""欲望"和其他核心的心理学概念。"主体"是"无意识",通常被简化为"主语","无意识"是"他者"的话语,它像一种语言结构一样从外部插入到符号秩序中,按照符号秩序中的不同关系运作。

拉康认为:"世界上的各种事物都像镜子一样。"[①] 在婴儿时期,主体通过"镜子"也就是"他者"认识到自我,产生欲望,主体欲望是"他者"的欲望,这个客体不是真正的欲望客体,而是引发欲望的客体,在这个意义上,"他者"是一种期望,将其表征为"可以镜像的"(即可见的化身)和非可镜像的(即不能映射的秩序)[②]。在这里,"可以镜像的"并不是真正的他人,而是一种自我的想象,是自我渴望成为的对象,"非可镜像的"是一种象征秩序,包括法律法规和规定习俗等规章制度,"可以镜像的"化身和"非可镜像的"的秩序构成了他者调控无意识主体的欲望逻辑。

拉康精神分析为理解人群的意识形态提供了分析框架。有学者尝试将这一分析视角引入人文地理学和城市规划等研究领域,如 Nichols (2008) 关注人类流动的情感维度,将拉康精神分析与景观分析相结合

---

① Ghosh, M. (2016). Lacan and Post-Structuralism. International Journal of Sociology and Social Anthropology (IJSSA), 1, 85-89.

② Johnston, A. (2013). The object in the mirror of genetic transcendentalism: Lacan's objet petit a between visibility and invisibility. Continental Philosophy Review, 46, 251-269.

来解读城市无意识表达，Yang（2018）从拉康的欲望心理分析视角对外国人才进入新加坡的状况进行分析，对人群的迁移和流动性进行研究。但是总体而言，目前这一方面的应用比较少，还未有学者将这一分析方法应用于乡村人口进城定居领域。

7.1.2　基于拉康精神分析的乡村人口城市定居意愿的阐述

本节研究以拉康的心理分析理论为基础，着重研究了农村人口定居城市意愿的产生和变化过程，探讨了 RPSC 意愿产生心理变化的机制。作为城市化影响下的无意识主体，他们在更广泛的社会文化语境中都是盲目和愤怒的。由于城乡发展差距，繁荣的城市生活方式成为农村人口面对的一面镜子。通过这面镜子，农村人口清楚地认识到自己生活环境的落后和不足。受他者启发，农村人口产生了在城市落户的愿望，即农民入户意愿。

在欲望的驱使下，农村人口开始涌入城市。他们面临的第一件事就是找到工作来生存。因此，农村人口必须接受城市劳动力市场的筛选。这种状态可以抽象为"照镜子"的模式。现实情况是，只有一部分农民工能够被城市劳动力市场所接受。这些被选中的农村移民的个性特征可以整合成一个形象，可以称之为成功的农村移民的"镜像"化身。通过"照镜子"的方式，不符合"照镜子"化身的农村流动人口会主动降低 RPSC 的意愿。

同时，在"照镜子"的过程中，农村人口发现他们所看到的只是繁荣的城市生活方式的一部分。由于城市的不同，为农村流动人口提供了大大小小的一面镜子。镜子的大小决定了被摄体可以看到的视觉，就像它受到镜框的限制一样。镜像框架是由城市的制度安排和政策决定的，可以称之为"非镜像"秩序。"非镜像"顺序代表城市接受农村移民的意愿，农村移民只能遵守"非镜像"秩序。现实中，城乡户籍制度的社会福利分割排斥了大量的农村人口。这些现实的局限性将使农村人口认真考虑是否会安定下来。

最后，在城市劳动力市场选择和城市制度约束的共同作用下，农民工的欲望在现实中不断被激发。农村人口定居城市的意愿是现实条件下欲望的部分表达，是主体与他人的互动。就此，我们构建了本章的理论分析框架（见图7-1）。

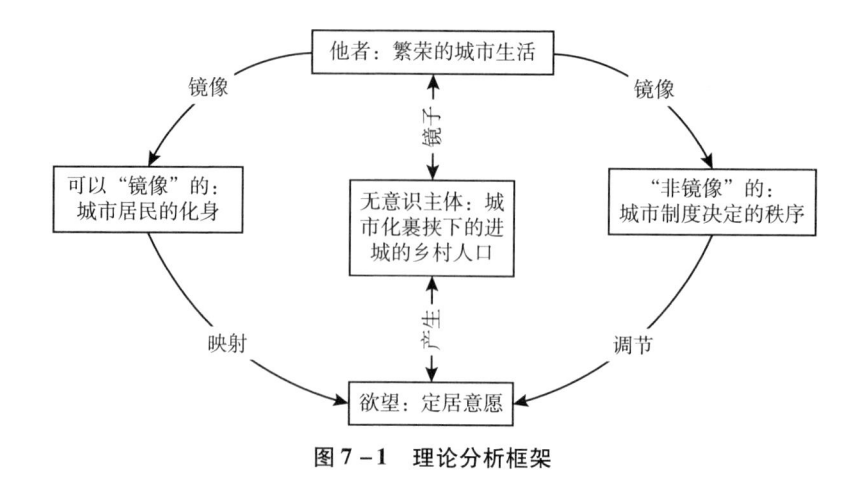

图7-1 理论分析框架

对于代表城市劳动力市场的筛选"可镜像化身"，研究者主要从乡村人口的个人特征出发筛选影响变量，一方面认为关乎就业能力的年龄、性别、健康、职业、受教育程度是决定乡村人口进城定居选择的关键（Thissen et al., 2010; Yao & Xue, 2014）；另一方面认为社会层面的婚姻情况、让子女接受良好教育以及拥有房产等因素等变量，会影响乡村人口的就业选择和稳定性（Cao, 2015; You et al., 2018）。

对于代表城市制度层面约束的"非镜像秩序"，研究者主要从城市政策决定的公共资源和福利出发筛选影响变量，如Wang & Hu（2015）利用2011年全国流动人口抽样调查数据，发现城市农民工的就业保障、社会保险、住房保障及教育保障等社会保障状况对其市民化意愿具有显著影响；侯慧丽（2016）通过对全国流动人口监测数据观察发现，城市提供的公共服务对流动人口具有吸引力，获得了公共服务的流动人口更容易稳定。

7.2 研究区域及数据来源

7.2.1 研究区域

本章以山东省潍坊市为个案研究城市，主要因为潍坊市是中国城市化成熟阶段的缩影。潍坊市是地级市，位于中国东部沿海地区，是山东半岛中心城市之一。作为中国的中小型城市，2018年潍坊市总人口937.3万人，城市常住人口579.3万人，农村人口358.0万人。常住人口城镇化率为61.8%，接近全国平均水平。市区面积470.2平方公里，城市人口密度为1107人/平方公里。目前，潍坊正经历着社会转型：经济增长速度从很高的增长速度放缓，老年人口比重上升，粗放型经济增长方式难以延续。在这些压力下，潍坊市采取了推进市民化战略，以此促进经济增长和社会进步。这也是以人为本的新型城市化政策的核心。

本章研究以潍坊周边县域为研究区域，包括青州、诸城、寿光、安丘、高密、昌邑6个县级市，临朐、昌乐2个县。主城区人口密度较大，人口过度向主城区涌入必然导致"城市病"的出现，关注县域RPSC的意愿，分析他们的心理，可以合理引导RPSC在县城落户，协调大城市和小城镇的城镇化进程。

7.2.2 数据来源

我们根据事先构建的理论分析框架（图7-1），设计了农村人口进城定居意愿的调查问卷并开展了社会调查。研究数据来源于2016年12月潍坊市民化调查，此次问卷主要分为基本信息和农村人口进城定居意愿两大模块，涵盖了性别、年龄、受教育程度、婚姻和家庭状况等个人基本信息，就业、收入、居住情况、养老、医疗等社会保障的覆盖情况。

本次调查覆盖潍坊市8个县级城市。调查样本采取逐次分层抽样方法获取，首先，将潍坊各县城城区划分为均匀的空间格网，按照人口规模分布情况和城市化程度，等比例分配调查问卷的发放数量，进入社区开展入户调查，共发放 200 份问卷；其次，选择乡村人口进城相对集中的地域，如建筑企业、工厂企业、批发零售等的工作场所，开展随机抽样调查，我们用这种方法发出了 55 份问卷。最终共发放 255 份问卷。

为了保证问卷的可信度和真实性，首先，我们对受访者进行了一次简短的面对面访谈，向他们解释调查的主要目的，并保证对全部所得数据依法保密；其次，向他们发放带有问卷编码的卡片，以监测收到的调查，避免重复；最后，抽取部分受访者，通过结构化和半结构化访谈的形式，验证问卷调查的结果。剔除无效样本后，我们获得有效问卷 218 份。问卷有效率为 85.5%，这符合 95% 的置信水平和 25% 的无效样本量。

7.3 分析方法

7.3.1 具体方法

1. 描述性分析法

描述性分析指对调查总体所有变量的有关数据进行统计性描述，一般包括均值、中位数、众数、方差、四分位表、峰度、偏度、频数等，用于指示数据的集中趋势、离散程度以及分布频数等。

2. 主成分分析法（PCA）

本节通过主成分分析法，对调查数据进行分析。主成分分析法利用降维的思想，在损失很少信息的前提下把多个指标转化为几个综合指标。转化后的综合指标称为主成分，每个主成分都是原始变量的线性组合，且各个主成分之间互不相关，这样研究复杂问题就可以只考虑少数几个主成分而不至于损失太多信息，使主成分比原始变量具有某些更优越的性能（李小胜，陈珍珍，2010）。主成分分析法经常被作为一种中间手段，辅助学者构建指标和模型，进行社会科学研究（Laura A. Reese, Xiaomeng Li, Kellee Remer, 2020；Ali Mahdi, Ali Hosseini,

Ahmad Pourahmad, Hossein Hataminejad, 2016; Eddie Chi Man Hui, Zhaoyingzi Dong, ShengHua Jia, Charles Hei Ling Lam, 2016)。本节对指标进行主成分分析，根据碎石图和各主成分对总方差的贡献率，确定主成分分析的结果，探究影响 RPSC 定居意愿的驱动力。

7.3.2 模型

为了进一步分析影响乡村人口进城定居意愿的核心驱动力，我们根据主成分分析的结果，确定具体指标，进行回归分析。由于衡量乡村人口进城定居意愿的数据来源于调查数据，因此得到的意愿数据是一个分类变量，可以分为愿意和不愿意两类。我们使用二元 Logit 回归来估计"镜像"的化身和"非镜像"的秩序对 RPSC 意愿的影响。因变量（RPSC 的意愿）= f("镜像"的化身，"非镜像"的秩序）。模型如下：

$$Y = \text{Logit}(p) = \ln\left(\frac{p}{1-p}\right) = \beta_0 + \sum_{n}^{m=1} \beta_m x_m$$

其中，p 表示因变量的 p 值（该值介于 0 和 1 之间）。X_1，X_2，…，X_n 表示自变量。β_0 表示截距参数，β_1 表示 x_1 的系数。

具体而言，我们通过下列模型分析影响 RPSC 定居意愿的核心驱动力。

$$Y = \beta_0 + \beta_1 \text{mirrored} + \beta_2 \text{nonmirrored}$$

7.3.3 指标体系

流动人口是否定居的决定是一个十分复杂的过程，受到了多重因素的影响。流动人口的意向与性别、年龄、婚姻、受教育程度等个人层面因素密切相关（Mohabir et al., 2017; Liu et al., 2018; HU et al., 2018.）。经济层面的因素如家庭经济状况、城市的经济激励、经济收入等，也是影响流动人口定居意愿的一个主要方面（Chen & Liu, 2016; Yue et al., 2010）；家庭稳定、家庭特征、亲友关系等社会支持性因素会对流动人口的定居产生重要影响（You et al., 2018; 叶鹏飞, 2011; 陈良敏和丁士军, 2019; 朱琳和刘彦随, 2012）；另外，社会文化和生活居住环境、就业状况和职业类型也会影响流动人口的居住满意度和定居意愿（Chen & Liu, 2016; Liu et al., 2018; Li et al., 2014; Cao et al., 2015）。城市与户口相关的医疗和社会保障等政策制度必然影响流动人口的定居意愿和决策（Hu et al., 2011）。

根据现有文献，并结合问卷内容和上述理论分析，选取性别、年龄、受教育程度、家庭规模、子女数量、政治面貌、行业、养老保险、医疗保险、失业保险、工伤保险、生育保险、住房公积金、环境卫生、工作安全保障、住宿、饮食等17个指标，进行主成分分析，验证研究假设和理论框架。表7-1列出了17个指标的定义和测度方法。

表7-1　　　　　　　　17个指标的定义和测度方法

指标	定义	测度
性别	受访者性别	男=1；女=2
年龄	受访者年龄	以实际年龄计算
受教育程度	受访者的文化水平	未上过学=1；小学=2；初中=3；职高/中专=4；普通高中=5；大专/高职=6；本科及以上=7
家庭规模	家庭人口数	以实际数量计算
子女数量	受访者子女的数量	以实际子女数量计算
政治面貌	受访者的政治身份	共产党员=1；民主党派=2；共青团员=3；群众=4
行业	受访者从事的行业	农林牧副渔=1；建筑业=2；制造业=3；交通运输、仓储、邮电通讯业=4；批发和零售贸易、饮食业=5；社会服务业=6；教育、文化艺术、广播电视业=7；房地产业=8；金融、保险业=9；国家机关、党政机关、社会团体=10；医疗卫生、体育业=11；地质勘探业、水利管理业=12；采掘业=13；电力、煤炭、水的生产及供应业=14；科学研究和综合技术服务业=15；部队=16；其他行业=17
养老保险	工作单位是否提供养老保险	有=1；没有=2；不清楚=3；不适用=4
医疗保险	工作单位是否提供医疗保险	有=1；没有=2；不清楚=3；不适用=4
失业保险	工作单位是否提供失业保险	有=1；没有=2；不清楚=3；不适用=4

续表

指标	定义	测度
工伤保险	工作单位是否提供工伤保险	有＝1；没有＝2；不清楚＝3；不适用＝4
生育保险	工作单位是否提供生育保险	有＝1；没有＝2；不清楚＝3；不适用＝4
住房公积金	工作单位是否提供住房公积金	有＝1；没有＝2；不清楚＝3；不适用＝4
环境卫生	工作环境的卫生状况	非常满意＝1，相对满意＝2，不太满意＝3，完全不满意＝4，没有相应条件＝5
工作安全保障	工作单位提供的安全保障	非常满意＝1，相对满意＝2，不太满意＝3，完全不满意＝4，没有相应条件＝5
住宿	工作单位提供的住宿待遇	非常满意＝1，相对满意＝2，不太满意＝3，完全不满意＝4，没有相应条件＝5
饮食	工作单位提供的饮食待遇	非常满意＝1，相对满意＝2，不太满意＝3，完全不满意＝4，没有相应条件＝5

7.4 结果和发现

7.4.1 描述性分析

表7-2给出了描述性分析结果。通过对指标的分析，我们发现：在研究样本中，男女比例是相对均衡的；他们的年龄跨度比较大，平均年龄为36.96，以青壮年为主；进城农村人口受教育程度不高，以中学学历为主，缺少高素质人才（本科及以上学历）；平均每户家庭有4人，多数进城农村人口有1个子女，他们中的多数人为非党派人士，主要从属于制造业、建筑业、批发和零售贸易、饮食业。他们的养老保险、医疗保险、失业保险、工伤保险、生育保险、住房公积金等社会保障存在严重缺陷，流动人口没有得到基本的社会保障。调查结果显示，

进城乡村人口对环境卫生与员工安全比较满意,而员工住宿和饮食方面仍然存在很大的缺陷。这也表明,目前社会上为进城乡村人口提供的社会保障不足,各行业内用人单位提供的条件没有满足进城乡村人口的需要,对进城乡村人口的定居落户形成很大的限制,阻碍城市化发展,这也是政府亟须解决的问题。

表 7-2　　　　　　　　指标的描述性分析结果

指标	N	Min	Max	Mean	SD
性别	218	1	2	1.44	0.498
年龄	218	22	70	36.96	10.888
受教育程度	218	1	7	4.37	1.669
家庭规模	218	1	8	4	1.419
子女数量	218	0	6	1.29	0.702
政治面貌	218	1	4	3.72	0.804
行业	218	1	17	4.22	3.018
养老保险	218	1	4	1.66	0.812
医疗保险	218	1	4	1.62	0.795
失业保险	218	1	4	1.66	0.788
工伤保险	218	1	4	1.61	0.814
生育保险	218	1	4	1.74	0.885
住房公积金	218	1	4	2.03	0.8
环境卫生	218	1	5	1.64	0.719
工作安全保障	218	1	5	1.76	0.75
住宿	218	1	5	2.78	1.654
饮食	218	1	5	2.33	1.357

7.4.2　主成分分析结果

进行主成分分析之前,我们将构建的指标体系进行检验,通过 KMO 和巴特利特检验,对数据的可靠性和指标之间的相关性进行检验。通常,KMO 大于 0.8 被认为是好的,可以使用主成分分析法进行分析

(Cerny, B. A. & Kaiser, H. F., 1977)。在当前的指标体系下, KMO 的值为 0.8459, 巴特利特检验 p<0.000, p<0.001, 拒绝零假设, 组间存在显著性差异, 可以进行主成分提取。结果显著 (见表 7-3)。检验结果表明, 本文的数据和指标适合使用主成分分析方法进行分析。

表 7-3　　　　KMO 和巴特利特检验

KMO 取样适切性量数		0.845
巴特利特球形度检验	近似卡方	2661.077
	自由度	136
	显著性	0.000

主成分分析结果如表 7-4 所示。对相关矩阵进行主成分分析不需要对原始数据进行标准化处理, 我们通过最大方差法对因子负荷矩阵进行正交旋转, 根据碎石图和各主成分对总方差的贡献率, 确定主成分的结构, 最终提取出 6 个特征值在 1 以上、因子负荷的绝对值大于 0.50 的主成分 (表 7-4), 解释了总方差的 77.13%。内部一致性信度通过 Cronbach's alpha 系数 (Cronbach, 1951) 进行评估, 一些社会研究表明, 可靠性 (Cronbach's alpha 系数) 为 0.70 及以上是可以接受的 (Tavakol & Dennick, 2011)。由于成分 3、4、5 主要是关于基本信息的调查, 属于事实性内容, 不适合进行信度分析, 所以只对前两个成分的内容进行内部信度分析。前两个主成分的 Cronbach's alpha 系数分别为 0.957 和 0.709, 说明指标之间具有稳健的内部可靠性 (Cerny & Kaiser, 1977)。

主成分 1 包括养老保险、医疗保险、失业保险、工伤保险、生育保险、住房公积金 6 个指标, 解释了总方差的 29.875%, 是最主要的一个成分。主成分 2 包括环境卫生、工作安全保障、住宿、饮食 4 个指标, 解释了总方差的 13.686%。主成分 3 包括年龄、子女数量、受教育程度 3 个指标, 解释了总方差的 13.040%。主成分 4 包括性别、行业 2 个指标, 解释了总方差的 7.015%。主成分 5 为政治面貌, 解释了总方差的 6.909%。主成分 6 为家庭规模, 解释了总方差的 6.603%。

表 7-4　　　　　　　　　　　主成分分析结果

指标	成分 1	2	3	4	5	6
医疗保险	0.949					
失业保险	0.948					
工伤保险	0.938					
养老保险	0.925					
生育保险	0.884					
住房公积金	0.708					
饮食		0.805				
住宿		0.713				
工作安全保障		0.703				
环境卫生		0.687				
年龄			0.803			
子女数量			0.800			
受教育程度			-0.726			
性别				0.903		
行业				0.504		
政治面貌					0.833	
家庭规模						0.891
Cronbach's alpha 系数	0.957	0.709	—	—	—	—
解释的总方差（%）(77.127)	29.875	13.686	13.040	7.015	6.909	6.603

注：提取方法为主成分分析法；旋转方法为凯撒正态化最大方差法，旋转在 5 次迭代后收敛；特征值大于 1。

7.4.3　影响 RSPC 定居意愿的主要驱动力

从主成分的分解指标来看，可以将表 7-4 的主成分 1 和主成分 2 归于代表"非镜像"秩序的城市社会福利政策和行业福利制度的限制，这是 RSPC 进入城市后必须接受的制约。从成分载荷表现来看，社会福利对进城的乡村人口进城意愿的影响显著。这与其他研究的结果是一致的（Zhen You，Hanbing Yang，Meichen Fu，2018）。在中国，为方便基层社会治理，社会福利往往采取与户口挂钩的方式进行管理，社会保障越完善，进城的农村人口的基本生活条件越有保障，对城市生活的担忧就越少，他们的定居意愿就越强。城市是否为 RSPC 提供完善的社会保障，是城市社会制度影响 RSPC 意愿的一个方面。各行业面向乡村人口的福利制度，如住宿条件、饮食条件、工作安全保证等，会制约乡村人口的生活，影响他们的工作和生活满意度，最终会影响他们的定居意愿。

主成分3、主成分4、主成分5和主成分6包含的7个指标，代表城市劳动力市场——"镜像的"化身对 RPSC 的筛选，劳动力市场主要根据这些指标，选择适合市场需求的人才。一般而言，不同的行业对劳动力的需求有所不同，不同的工作对劳动力的年龄、性别有不同的要求（Zhen You，Hanbing Yang，Meichen Fu，2018）。受教育程度高的劳动力，更容易在城市定居，因为高素质劳动力更容易突破城乡市场的限制，得到城市劳动力市场的认可（Tan，S.，Li，Y.，Song，Y.，Luo，X.，& Zhou，M.，2017）在中国独特的社会环境下，居民积极响应政府的政策，通常可以得到更好的发展。个人的政治面貌一定程度上与他们的政治觉悟是一致的，这会对他们的工作产生不可忽视的影响，政治觉悟高的乡村人口对于政府政策和企业发展方向的判断更加准确，这会使他们更好地把握今后的发展方向，在工作中更具优势。家人和子女是 RPSC 的情感羁绊，会影响流动人口的工作流动和升迁，考虑到这些问题，市场在对流动人口进行筛选时，家庭规模和子女数量等家庭特征成为市场考察 RPSC 的一个方面。

因此，我们可以进一步把5个主成分归为城市劳动力市场的筛选和城市社会福利政策与外界行业环境的约束，即"镜像"的化身与"非镜像"的秩序两类因素。主成分分析结果表明，这两类因素可以有效地代表影响 RPSC 意愿的多种指标。这也验证了研究假设：农村劳动力的定居意愿，是在城市劳动力市场选择与城市福利政策、行业福利制度的共同作用下的现实选择。

7.4.4 进一步分析

对主成分分析结果进一步分析可以发现,"非镜像的"秩序——城市社会福利政策与行业福利制度的约束能够解释总方差的43.56%,这明显高于"镜像的"化身——城市劳动力市场的筛选对总方差33.57%的解释度。这表明,在 RPSC 定居城市的过程中,与劳动力市场的筛选相比,城市社会福利政策与行业福利制度的约束有着更为重要的作用,政府可以通过制定各项福利政策和各种行业规范,形成影响 RPSC 定居意愿的外部环境,政府是城镇化的主导力量。这为政府引导 RPSC 定居城市,推进城镇化进程,提供了现实依据。

为了进一步探究影响 RPSC 意愿的核心驱动力,为政府规划提供具体方向,在主成分分析的基础上,我们使用二元逻辑回归来估计"镜像"的化身和"非镜像"的秩序对 RPSC 意愿的影响。基于研究目的,我们选择 RPSC 的意愿作为因变量,根据被调查者对以下问题的回答来判断 RPSC 的意愿:您是否愿意将户口转移到本市?其中"是"选项重新编码为"1",而"否"选项重新编码为"0"。自变量即为纳入主成分分析的17个指标(见表7-1)。回归结果如表7-5所示。

伪 R^2 系数为0.18,这一结果表明,"镜像"的化身和"非镜像"的秩序可以解释18%的方差。模型预测精度为83.03%,年龄、受教育程度、住房公积金均通过显著性检验。

住房公积金对 RPSC 定居意愿存在显著的负面影响。Tao 等人(2014)指出,住房是农村人口考虑是否在城市定居的一个非常重要的因素。一般来说,由于城市房价高企,进城的农村人口没有购买房地产的能力,他们通常住在临时住房、出租住房、职工宿舍或与亲友同住的地方。住房保障越完善,乡村人口对城市生活的预期越好,他们的归属感和幸福感越强,定居意愿越强。这是政府规划引导 RPSC 定居城市的一个重要方向。

年龄在0.01水平上显著,与 RPSC 意愿呈正相关。本研究样本的平均年龄为36.96岁,以青壮年为主。基于城市劳动力市场对青壮年劳动力的需求,青壮年劳动力更容易被城市接受。随着年龄的增长,他们的生活和工作经验不断积累,能够更好地适应城市生活和工作的节奏,从而更容易满足城市劳动力市场的需求，得到劳动力市场的认可，立足城市，所以年龄越大的人，越倾向于在城市定居。

受教育程度对 RPSC 定居意愿存在积极影响，并且在 0.05 的水平上显著。乡村人口的受教育程度越高，他们越容易通过劳动力市场的筛选，定居意愿越强。一方面，农村人口受教育程度越高，掌握的知识和技能越多，使他们能够更好地适应城市生活的挑战。另一方面，农村人口的受教育程度在很大程度上反映了他们的学习能力。受教育程度越高，学习能力越强，在激烈的城市竞争中更容易获得稳定的就业机会。教育程度关系到农村人口的就业机会，以教育为基础的职业筛选制度对城市劳动力市场的筛选起着决定性的作用。

表 7-5　　　　　　　　　　二元 logit 回归结果

"非镜像"的秩序	B	SE
医疗保险	2.029	1.431
失业保险	-1.974	1.731
工伤保险	-0.349	0.872
养老保险	1.018	0.732
生育保险	0.168	0.409
住房公积金	-1.721***	0.620
饮食	0.136	0.191
住宿	-0.048	0.153
工作安全保障	-0.485	0.380
环境卫生	0.346	0.354
"镜像"的化身		
年龄	0.071***	0.024
子女数量	0.050	0.329
受教育程度	0.333**	0.154
性别	-0.096	0.442
行业	-0.067	0.072
政治面貌	0.532	0.342
家庭规模	-0.020	0.139

续表

"非镜像"的秩序	B	SE
样本量	218	
伪 R^2	0.1800	
-2 Log likelihood	-177.530	
LR chi^2	38.97	

注：*代表 $p<0.1$，**代表 $p<0.05$，***代表 $p<0.01$；为了避免共线性，对医疗保险取自然对数进行处理。

7.5 结论和讨论

上文基于拉康的精神分析理论，从"镜像"的化身和"非镜像"的秩序的分析框架出发，探讨了 RPSC 意愿的形成机制，确定了影响 RPSC 意愿的主导因素，并探讨当前中小城市公共政策吸引农村人口迁移的有效性。本研究在以下几个方面做出了贡献：（1）将拉康精神分析理论引入 RPSC 现象的研究，对农村劳动力转移意愿形成机制进行心理学解释，证明拉康理论能有效解释 RPSC 现象，为后续研究提供了新的思路；（2）从中国的户籍管理和基层社会治理方式来看，政府往往采取将社会福利的供给和就业机会提供与户口性质挂钩的方式，目前城市就业市场已经与户籍松绑，城市福利政策还采取与户口挂钩的方式，随着城镇常住人口管理的制度推出，职工保险、养老保险等都开始城乡接轨，本研究从微观乡村人口定居城市意愿的表达展现了这个社会治理的转型过程；（3）研究结果为政府积极有为地引导城镇化，改进基层社会治理方式提供了现实依据。

研究结果表明，农村劳动力的定居意愿，是在农村劳动力市场选择与城市政策和行业福利制度约束的共同作用下的现实选择，并且在 RPSC 定居城市的过程中，与劳动力市场的筛选相比，城市社会福利政策与行业福利制度的约束有着更为重要的作用，其中，住房公积金是 RPSC 最关心的社会福利问题。这为政府积极有为地引导规划城市化提供了事实依据。当然，劳动力市场的筛选对 RPSC 意愿的影响也不可忽视，年龄和受教育程度是市场选择乡村劳动力的两个重要方面。政府也可以适当关注劳动力市场的发展，引导 RPSC 定居。

政府可以关注 RPSC 的真实意愿，从乡村人口的实际需求出发，制定政策，引导规划城市化发展。具体而言，政府可以扩大社会福利政策对乡村人口的覆盖面，尤其是在住房公积金方面，为乡村人口提供基本的住房保障。加强廉租房、经济适用房建设，稳定房价，尽可能为乡村人口提供良好的住房保障，满足他们的住房需求，增强乡村人口的城市归属感和认同感，提高并稳定他们对城市生活的预期，进而增强他们的定居意愿，推动乡村人口定居落户。另外，各地政府可以设定专门机构，有效地传递市场信息，确保适龄人口及时进入市场，满足市场需求，避免因劳动力大量闲置或过度拥挤造成的资源浪费；同时，加强与市场需求对口的职业教育，提高乡村劳动力综合素养，为劳动力市场提供充足的劳动后备军。当然，对职业教育的投入和提升将是一个长期的过程。

需要注意的是，本章使用的数据是依托于单个地级市的数据，没有展开大城市层面的广泛调研，得出的结论存在一定适用局限。我们在未来将补充不同等级的城市等的案例数据，扩大研究结论的适用性。

第8章 城乡联系视域下的乡村空间重构分析：济南市的实践

城市与乡村之间一直存在着紧密的生产联系与广泛的社会合作[1]，城乡地域系统的开放性决定了乡村空间从来都不是独立存在的，而是深层次社会经济结构转型的产物，城镇化高质量发展要求实现破除城乡发展不均衡，实现城乡一体化发展。在新型城镇化与乡村振兴战略同步推进的背景下，从城乡联系入手关注乡村发展，探寻乡村地域的演化机制，以更加贴近真实社会经济过程的方式反映地理空间变化过程，是推动乡村空间合理组织的现实需求和必然路径。而且长期实施的"重城轻乡"城市偏向政策造成了城乡发展差距拉大，为了改变城乡不均衡的发展局面，研究者开始主张城市和乡村是合作伙伴关系[2]、城乡在城镇化过程中共同发挥作用。

当今，乡村地理学的复兴开启了对乡村地域的重新定义，学者们主张恢复从城乡联系（rural-urban linkages）出发捕捉"乡村状态"演化的分析视角[3][4]，认为城乡联系是城市和乡村之间共生和互动关系的体现，关注两者之间的合作和有机联系，而不是两者的差异，能够更好地理解乡村地域的演化路径[5]。

---

[1] Tacoli, C. 1998b, Rural-urban Linkages and Sustainable Rural Livelihoods, in Carney, Diana (ed.) [J]. Sustainable Rural Livelihoods, DFID, London.

[2] Epstein, T. S., & Jezeph, D. (2001). Development—there is another way: a rural-urban partnership development paradigm. World Development, 29 (8), 1443 – 1454.

[3] Woods, M. 2009. Rural geography: blurring boundaries and making connections. Progress in Human Geography, 33 (6), 849 – 858.

[4] 杨忍、陈燕纯：《中国乡村地理学研究的主要热点演化及展望》，载于《地理科学进展》2018年第5期，第601～616页。

[5] Douglass, M. 1998. A regional network strategy for reciprocal rural-urban linkages: an agenda for policy research with reference to Indonesia [J]. Third World Planning Review, 20 (1), 1 – 30.

从已有研究来看，工业化、信息化、城镇化、农业现代化同步发展是乡村空间变动基本动力的论断得到了广泛认同，城乡联系施加于乡村地域的影响往往被等同于城镇化的力量[1][2]，因此，也有研究将这种影响概括为"城乡关系"，从城乡二元论出发，将城市和乡村看作独立发展的个体，强调城乡差异产生的联系，认为城乡联系是城市扩散回流效应的体现，是一种"城市偏向"观点（Henry et al.，1997；蔡云辉，2003；Lynch，2004；叶超和陈明星，2008）。这种分析视角对城乡联系影响乡村地域的分析过于笼统，将乡村视为城市发展的附庸或被动接受者，仍然将城市与乡村之间的相互影响视为外部动因，没有将城乡联系作为决定乡村地域演化的内部力量。从城乡联系的表现来看，不同乡村地域的客观条件存在差异，面对同一城市的影响，所产生的城乡联系也不相同，也就决定了乡村地域不同的演化路径。本章研究认为城乡联系不仅关注城镇化对乡村地域的影响，同时还反映了乡村地域对城镇化影响的响应，在此基础上，主张将建立在乡村差异基础上的城乡联系作为乡村地域演化的内生变量，强调外部力量内生化的转变。这为乡村生产空间组织提供了新的分析视角。

从现实角度来看，我国很多地域的乡村生产体系依旧停留在传统农业层面，乡村生产活动与区域性产业链和生产网络之间的嵌入性不强，有必要借助城乡联系寻求城乡生产体系之间的良性互动，以充分发掘乡村资源，释放乡村空间的发展潜力。而且，伴随着城镇化发展而导致的乡村衰退已经成为全球问题（Liu & Li，2017），地区生产体系在农业生产尤其是粮食供应方面的调节存在潜在的脆弱性，还没有形成一个运行良好的市场来评估农产品的供需平衡（DEFRA，2006）。考虑到我国未来发展面临的结构转型和粮食安全压力，以城乡联系搭建起农业与非农业、城市与乡村合作发展的框架，用于分析城乡生产要素在特定地理环境条件下的流动，以探寻乡村空间变动背后的本土化动力以及开发秩序，是应对全球性问题提供本土化解决方案的有益尝试（Akkoyunlu，2015；金成武，2019；刘小鹏等，2019；邓祥征等，2020）。

---

[1] Rondinelli, Dennis (1979), Applied Policy Analysis for Integrated Regional Development Planning in the Philippines, Third World Planning Review, 1: 2, 151 – 178.

[2] Potter, R. B., & Unwin, T. 1995. Urban-rural interaction: physical form and political process in the Third World [J]. Cities, 12 (1), 67 – 73.

8.1 城乡联系的相关研究

8.1.1 概念表述

城乡联系的表述始于城乡二分法,发展中国家广泛采用的刘易斯发展模型鼓励将乡村劳动力和资本盈余向城市工业转移,以避免地区发展陷入低生产力水平的内卷化困境,从而促进经济增长和社会现代化转型(Rondinelli,1979;胡必亮和马昂,1993;Douglass,1998)。这种城乡资源配置的外在表现就是城乡联系,也被表述为城乡互动(rural-urban interaction)或城乡依赖(rural-urban interdependence)(Potter & Unwin,1995;段娟等,2006;Wu et al.,2017)。

城乡联系与地区工业化和城镇化进程紧密相关,并随着城市发展与社会进步,城乡联系的内涵也不断拓展。在工业化、城镇化快速发展时期,城市作为非农业生产集中地,城乡联系表现为农业与非农业部门之间的生产联系以及交通等基础设施的互联互通(Tacoli,1998a;b),以城市为主导的城乡联系将乡村裹挟进城市发展洪流中,组织乡村为城市服务。

随着城市由生产中心向控制中心转变,以生产维系的城乡联系变得不那么重要,城乡联系的重点放到社会领域和生态领域的合作,并进一步确认城市地域的生产率提高与相连农村地区的工资水平、生活成本、移民、公共服务水平和通勤流量密切相关(Bosworth & Venhorst,2018)。

综合来看,城乡联系涵盖了城市与乡村在经济、社会、生态环境等领域的多重共生和互惠联系,强调城乡在资源要素配置方面共同的作用,有助于全面认识建立在经济社会层面差异性基础上的地理空间异质性表现。

8.1.2 基本类型

城乡联系涉及的领域广泛,表现出的城乡联系形式也很多,从代表城乡联系的要素类别来看，可以概括为城乡经济联系、城乡人口迁移联系、城乡基础设施联系、城乡技术联系、城乡公共服务联系、城乡环境合作联系以及城乡政治和行政联系等类型。具体来看：

城乡经济联系体现为城乡生产在供应链、产业链与价值链上的分工协作。事实上，自城市产生以来，城乡经济联系就广泛存在于中心城区与城市周边乡村地域之间，农耕时代以食品供应或手工业产品交换等简单形式为主，进入工业社会以后，乡村成为城市的原材料供应地和产品倾销地，以杨小凯为代表的新古典经济学理论很好地解释了建立在工业化基础上的城乡生产专业化分工所表现出的城乡经济联系，并随着生产链条的延伸而不断丰富和加深（苗长虹，1997；Murata，2002；Bosworth & Venhorst，2018）。

城乡人口迁移联系是人口为获得就业机会和提升收入而选择的在城乡地域间流动。基于区域统一的劳动力市场，人口可以选择城市或乡村两种谋生方式，鉴于城市普遍优于农村，城乡人口迁移多为乡村人口向城镇迁移，促进了城乡经济的繁荣和社会结构转型，提供了从微观的家庭和企业等生产单元视角观察城乡地域演化的视角（蔡昉，1995；Veneri & Ruiz，2016）。

城乡基础设施联系指交通、通讯、信息等基础设施在城乡地域之间的互联互通。现代化的交通、通讯和信息技术条件带来了地理空间的时空压缩效应，改变了城乡人口和货物的联系方式，降低运输成本，提高流通效率，并为落后乡村带来发展机遇，是城乡联系与相互作用的外在表现（战金艳和鲁奇，2003；Olsson，2012）。

城乡技术联系主要体现在来自城市企业和研究机构的技术和管理知识在乡村地域的溢出效应。技术进步会促进全社会的生产率提升，尤其对以农业为主的乡村生产来说，传统依赖要素投入的生产潜力已经挖掘殆尽，需要以技术诱导农业生产效率和收益的提升，城市作为技术创新中心起到了引领乡村发展的作用（Roberts，2000；Binswanger - Mkhize，2013）。

城乡公共服务联系主要表现为城乡居民共享义务教育、医疗卫生、养老、住房、就业等公共资源。代表社会进步的社会福利与社会保障体系是城乡不均衡发展的突出表现，由于乡村社区地域广阔，居民聚居程度不高，造成公共服务设施使用效率低，目前普遍采取的措施是推动城市公共服务设施向乡村延伸，以公共服务设施服务半径统筹城乡社区建设（韩增林等，2018；Arnaiz--Schmitz et al.，2018）。

城乡环境合作联系是基于城乡在自然生态环境的相互依存而必须采取的协同治理行动。城乡需要在废弃物减量化与资源化、污染治理、生态多样性和开敞空间的保护等方面紧密合作，以确保区域生态系统稳定健康，合作控制生态环境风险（Capps et al.，2016；Ji et al.，2019）。

城乡政治和行政联系表现在城市和乡村在行政治理体系中的从属关系。我国乡村地域主要采取"县政、乡派、村治"的治理结构，近年来，区县合并或撤县建区等行政区划调整频频打破城乡固有的空间领域，这种现象在本质上是地区生产组织方式的创新，是国家治理意志和制度力量的体现（徐勇，2002；罗小龙等，2010）。

从整体表现来看，各种城乡联系交织在一起，构成了城乡之间的物质联系与社会支持网络，并随着城乡经济社会发展阶段的不同而不断变化，这种变化既体现了对已有发展路径的反思，也为把握未来城乡发展趋势提供线索。

8.1.3 影响层面

基于城乡生产、生活活动的多样化和动态性，城乡之间会产生错综复杂的联系，不断强化城乡地域演化的协同效应，按照城乡联系发生作用的地域范围不同，可以分为"中心城市—腹地""城市—区域网络"两个层面。

"中心城市—腹地"层面主要涉及中心城市与其周边乡村腹地的城乡联系。出于缓解冲突、满足发展需求的目的，城乡地域都具有强烈的互动和关联发展倾向，城乡联系一方面体现为城市蔓延引发的乡村被动转型，另一方面反映了乡村工业化代表的自下而上式城镇化（樊杰，1996；Owusu，2005），特别是以城市蔓延为代表的城市足迹扩大，城市建成环境和乡村地域之间的地理间隙日益模糊，城乡在经济社会领域的密切联系会影响地域空间形态的演化，不断塑造着区域内部的交通网络、用地结构、社会阶层、生态环境（Brueckner，2000；Browder，2002；Nechyba, & Walsh，2004）。

"城市—区域网络"层面综合了不同城市与乡村地域之间的城乡联

系。随着跨国公司的崛起以及国际金融和贸易的扩展，资本的全球流动构建起全球生产性网络，部分中心城市极化为巨型城市，在功能上与城市相连的乡村地域衍生出新的、物理上独立的居住区，形成多节点、准连续的城市—区域网络（Cunha，2001；陆玭等，2010；刘雪莲和江长新，2010；Hugo，2017）。城乡联系代表了这一多中心生产网络内部的关系纽带，拓展新的城乡联系，成为消除内部差距、推动区域和城乡均衡发展的重要手段。这种拓展一方面体现为搭建地域之间新的联系，比如以卫星城镇为节点的城市走廊形成的"Desakota"模式（McGee，1991）；另一方面推进跨领域融合。研究发现，城乡联系能够促进社会资本的培育，形成稳定的社会关系，从而降低经济交易成本，而且由此形成的社会凝聚力能够左右未来地域空间的演化（Beard & Dasgupta，2006；卢燕平，2013）。

同时，在经济全球化和新的国际地域分工体系推动下，城市土地远程连接（Urban land teleconnections）开始出现，以商品供应链连接的全球土地系统远程耦合体现了城市化和乡村土地使用之间的联系（Seto et al.，2012；Güneralp et al.，2013；Bruckner et al.，2015），这意味着在全球化语境中，使用城乡联系解释地域变动的应用范围进一步扩大（Friis & Nielsen，2014；Akkoyunlu，2015；Fox et al.，2018）。

可见，城乡地域之间在功能、结构、形态演化方面存在密切的互馈作用，多种城乡联系的叠加效应将对地域空间起到干扰、促进、抑制及竞争的作用，对理解地域演化的局部特定性和全局普遍性非常重要。

8.2 城乡联系影响下的乡村空间重构

目前来看，虽然尚未有从城乡联系出发分析乡村空间组织的直接文献，但从城乡视角出发研究乡村地域生产到广泛重视，提出城乡统筹、城乡一体化、城乡融合等系列构想，折射出乡村地域的功能演进与空间重构。

8.2.1 空间分化

当把城市和乡村放在统一的区域背景下考虑时，我们会发现城市和乡村共享区域内的产品市场和要素市场，互为生产与消费主体，以城乡联系为代表的城乡要素流动促进了乡村地域的多样化发展，也加快了乡村空间的分化。

（1）功能空间的分化。体现在乡村地域上生产空间、生活空间和生态空间的优化调整，如通过追踪苏南乡村聚落功能变迁的历史事件，学者发现伴随着乡村聚落功能转型，乡村生产、生活等功能空间的性质和边界越来越清晰（王勇等，2011）；西部山地型乡村地域功能的空间分异结果显示，除生态稳定性功能外，其他各功能有明显的空间集聚性（龙花楼，2013；洪惠坤等，2017）。

（2）类型空间的分化。体现在乡村地域类型的划分，如根据乡村地域距城市的地理位置分布情况，乡村地域可分为大城市周边的都市农业区、靠近城镇的乡村地域和远离城镇的偏远乡村地域这三类（Berdegué et al.，2015），这可以确定不同乡村地域与城市地域的联系，制定分类发展政策；也有根据城乡联系强度和资源禀赋确定集聚扩张、内部调整和迁并整合优化三种村镇的发展定位，对其空间进行分类引导和优化（杨昕等，2016）。

（3）空间形态的分化。体现在乡村景观风貌的变迁，如：基于乡村地域承担的生态保育、农业生产、文化旅游等功能，乡村地域的空间形态呈现以城市为中心的圈层式布局模式（李洪庆和刘黎明，2010）；旅游地乡村聚落用地格局表现为从核心到外围、从平面到立体的双重拓展（席建超等，2011）；在使用功能驱使下，乡村公共空间的演进脉络呈现"共存—特殊—脱节—分离"的变化（王东等，2013）。

广泛存在的城乡联系会从不同侧面影响乡村地域的功能演进和空间分化，而且随着城乡经济地位的变化，承载不同功能的乡村空间边界会不断变动，呈现出过渡性和动态性。

8.2.2 用地冲突

城乡联系的多样化和频繁促成了城乡地域在功能和空间上的高度相互依存，基于城乡统一的建设用地市场和生态安全格局也表明，城乡地域在经济增长和可持续土地管理之间存在竞合关系。

农业用地与非农产业用地存在冲突。有学者关注城市化—工业化用地需求和满足粮食安全的耕地供给之间的消长关系，其研究发现，在工业化和城市化初期和中期阶段，耕地面积呈明显的下降态势，且占优补劣现象普遍，快速工业化、城镇化发展、交通基础设施建设、农村居民点建设用地增长等，成为导致沿海地区耕地面积持续减少的重要原因（李秀彬，1999；蔡运龙等，2009；郭丽英等，2012；范辉等，2015）。

农业生产内部也存在用地冲突。面对城市治理的现代化变革，传统食品供应出现新的需求，对农户生计和粮食生产安全提出挑战，农业内部的种植业与林牧副渔等其他各业的用地平衡就极为重要——如苏丹乡村地域面临的农业与畜牧业的土地使用冲突（Adam et al.，2015），而且乡村非农化程度的提高也对用于农业生产的直接生产性用地和配套设施用地的配置提出挑战（Lerner & Eakin，2011），经济发展水平高的地区，乡村建设用地中的工业用地占比较高（李君等，2016）。

我们再来看农业生产与生态用地的冲突。乡村是生态人居环境重要的组成部分，农业用地与生态用地之间的适宜空间重叠是诱发冲突的主要原因，有的研究引入"反规划"和底线思维理念来解决这类冲突（于艳华等，2017），或者强调区域差别化的生态空间和生态用地识别方法，认为农业生产用地与生态用地类型之间呈现出一对多的相互关系，核心生态用地以林地、草地和水域为主，辅助和底线生态用地均以耕地为主（费建波等，2020）。

乡村地域的各类用地冲突是建立在土地预期收益基础上的权衡，体现了城乡资源配置过程中利益相关主体的博弈过程，也反映出以农业为中心的生产空间格局的再组织。

8.3 基于城乡联系的乡村空间重构实证分析

乡村具有自己独特的生产、生活和生态功能，而土地则是乡村生产、生活和生态功能的载体，我们可通过乡村土地利用的特征开展乡村空间重构的评价研究。土地利用可以充分反映乡村的生产力水平、生活发达程度以及生态保护程度，其中，农用地是乡村区别于城市最显著的用地类型与景观。农业是乡村发展的产业基础，更是乡村特征的重要表征。在镇域范围内，可利用农用地的特征来反映农业生产的类型和规模,进而描述乡村生产空间的特征,因此农用地的类型、分布、数量等属性是乡村性的重要表现。随着城镇化和工业化的发展,乡村建设用地不断扩张,乡村生活空间重构主要体现在农村居民点的扩大、道路和基础设施的增加和完善。乡村生态功能主要通过水体、森林等用地类型发挥作用,可通过利用水域、林地等土地利用类型的变化来反映乡村的生态功能。随着城乡一体化的发展,乡村的城镇化水平会逐渐提高,乡村内的建设用地面积会不断增加,因此,乡村特征会逐渐减少,对应的乡村性也会逐渐降低。因此,立足城乡联系影响下的乡村空间重构理论分析,本章研究从土地利用转型的角度探讨了乡村空间重构,构建乡村空间转型评价指标体系。考虑到镇域作为连接乡村与城市的单元,可以很好地反映乡村的特点,能从微观视角研究乡村发展问题。本章研究选择济南市的典型城镇作为研究案例,来开展乡村空间重构分析。

8.3.1 研究方法与数据

1. 构建指标体系

本章研究将乡村空间转型评价体系分为乡村生产、乡村生活和乡村生态三个子系统,构建了 9 个评价因子(见表 8-1)。通过运用 SPSS 软件对所设计的 9 个评价因子进行多重共线性检验,运用容忍度(TOL)、方差膨胀因子(VIF)和条件指数(CI)3 个指标判断变量间的共线性程度。通过对 9 个因子的指标进行多重共线性诊断后得到,$0.231 \leqslant \text{TOL} \leqslant 0.907$,$1.102 \leqslant \text{VIF} \leqslant 3.526$,$1.113 \leqslant \text{CI} \leqslant 10.409$,可见指标间不存在严重的多重共线性问题,可用于乡村空间转型评价的计算。

在乡村空间转型评价过程中,评价指标权重对评价结果的合理性有重要影响。乡村空间转型评价指标体系权重的确定方法主要有主观赋权法、主客观赋权法和客观赋权法。在多因素综合评价方面,层次分析法具有独特的优势。因此,本节选取德尔菲法结合层次分析法这种定性与定量相结合的方法作为指标权重的计算方法,最终测算出研究区域乡村空间转型评价指标权重(见表 8-1)。

表 8-1　　　　　　　　　　乡村空间转型评价指标体系

准则层	目标层	指标含义	指标性质	总权重
乡村生产 (0.693)	农用地比重 (0.600)	农业用地（耕地、园地、林地和牧场）占土地总面积的比例	正	0.416
	耕地变化率 (0.247)	末期耕地面积与初期耕地面积变化值占初期耕地面积的比率	正	0.171
	耕聚比 (0.149)	耕地面积/农村居民点面积，该指标通常用来衡量农村聚落占地状况及其合理程度	正	0.103
	林地变化率 (0.100)	末期林地面积与初期林地面积变化值占初期林地面积的比率	正	0.070
乡村生活 (0.101)	乡村建设状况 (0.571)	该指标是指除城镇用地、农村居民点用地以外的其他建设用地占总建设用地的比率	负	0.058
	农村居民点规模 (0.258)	农村居民点占区域土地总面积的比例	负	0.026
乡村生态 (0.206)	水域面积比率 (0.564)	区域水域面积占总面积的比例	正	0.116
	湿地保护率 (0.321)	湿地面积占总面积的比例	正	0.066
	林地覆盖率 (0.187)	林地面积占总面积的比例	正	0.039

2. 研究方法

上述指标所代表的含义不同，因此存在量纲上的差异。指标的无量纲化处理是解决这一问题的主要手段。因此，在乡村性指数的计算时，首先对各指标采用极值法换算，进行标准化处理，然后采用线性加权法计算乡村性指数（RI）。

3. 数据来源

研究时段为 2009 年和 2015 年，行政边界采用 2019 年的行政区划（http：//www.jinan.gov.cn/col/col24699/index.html，2019-10-31），

社会经济统计数据来源于济南市统计局（http：//jntj. jinan. gov. cn/，2016 - 12 - 10），土地利用数据来源于中国科学院资源环境科学数据中心（http：//www. resdc. cn）的遥感数据解译，解译的土地利用类型包括耕地、园地、林地、草地、建设用地、乡村居民点、水域等土地利用类型。

8.3.2 乡村性评估结果

我们基于土地利用转型的角度设计的乡村空间转型评价体系，计算了历下区和商河县 25 个乡镇的 2009 年和 2015 年乡村空间转型指数（见表 8 - 2）。总体而言，7 年间商河县的乡村空间转型指数均比历下区低，其中商河县的乡村空间转型指数均值由 2009 年的 1.055 下降到 2015 年的 1.021，历下区的乡村空间转型指数均值由 2009 年的 1.736 上升到 2015 年的 4.343，可看出，商河县的乡村发展水平较历下区弱，商河县 2009 年乡村空间转型指数均值比历下区 2015 年的均值低。从中可以看出，商河县与历下区之间的差距很大，而乡村空间转型指数的标准差变化情况也反映出历下区乡村发展水平差异较商河县大，商河县的总体发展水平较弱。

表 8 - 2　　　　　　　　乡村空间转型指数统计值

县（区）	年份	最大值	最小值	平均值	标准差
历下区	2009	12.241	-0.001	1.736	0.310
	2015	56.454	0.000	4.343	0.572
商河县	2009	1.117	0.947	1.055	0.084
	2015	1.218	0.914	1.021	0.083

8.3.3 乡村性强度分类

根据乡村空间转型指数计算结果，我们按照自然断点法把研究区域内 26 个镇域的乡村性情况划分为 5 个等级 [41, 49 - 50]，即弱等级（Ⅰ）（RI≤0.971）、较弱等级（Ⅱ）（0.971 < RI≤1.040）、中等等级（Ⅲ）（1.040 < RI≤1.052）、较强等级（Ⅳ）（1.052 < RI≤1.105）、强等级（Ⅴ）（RI > 1.105）。

表8-3为两个地区26个镇域的乡村性强度变化。历下区2009年的乡村性等级以弱强度为主（84.62%），有2个街道属于强等级（15.38%），但无较强强度、中等强度或较弱强度；2015年全区乡村性等级变化较大，仍有较大比例（76.92%）为弱强度，有3个街道属于强等级（23.08%），无较强强度、中等强度或较弱强度。商河县2009年较强等级所占比重为33.33%，有3个镇属于较弱强度（25.00%），有2个镇属于强等级（16.67%），4个镇属于较强强度（33.33%），1个镇属于中等强度。2015年，弱强度占比较大（41.67%），中等强度消失，强烈度和相对弱强度占比不变（16.67%），较强强度占比下降（16.67%）。历下区和商河县的乡村性强度变化存在差异，历下区2009年乡村性强度以弱强度为主，占比84.62%，虽然到2015年这一比例已降至76.92%，但仍超过75%，说明历下区各镇域乡村性程度低，城镇化水平高。商河县7年间乡村性强度降低幅度较大，2009年以较强等级为主，2015年则以弱强度为主（见表8-3）。

通过对历下区和商河县的乡村性强度变化进行比较，我们可以发现两区乡村性强度的时空变化特征。7年来，历下区东部的乡村性强度较高，西北部较低，乡村性强度变化范围减小，弱强度分布区域更广，东部地区的乡村性强度水平明显高于西北部，这表明，历下区东部地区的发展要稍落后于西北部，其中东关街道、大明湖街道、文东街道和千佛山街道的乡村性最弱，这些镇域的经济发展水平较高。商河县以北地区的乡村性强度较高，中部地区的乡村性强度较低。其中，靠近县政府所在地的许商街道的孙集镇变化最大，强度下降了3个等级，由原来的强等级下降到较弱强度，说明孙集镇城镇化水平较高。

表8-3　　　　　　　　　乡村性强度划分

研究区域	年份	强（V）数量	强（V）比例（%）	较强（Ⅳ）数量	较强（Ⅳ）比例（%）	中等（Ⅲ）数量	中等（Ⅲ）比例（%）	较弱（Ⅱ）数量	较弱（Ⅱ）比例（%）	弱（Ⅰ）数量	弱（Ⅰ）比例（%）
历下区	2009	2	15.38	0	0	0	0	0	0	11	84.62
历下区	2015	3	23.08	0	0	0	0	0	0	10	76.92
商河县	2009	2	16.67	4	33.33	1	8.33	3	25.00	2	16.67
商河县	2015	2	16.67	2	16.67	0	0	3	25.00	5	41.67

8.3.4 乡村空间转型驱动因素分析

1. 经济因素

经济发展水平的差异直接影响区域乡村空间转型的分异,我们必须选取反映研究区域经济发展水平的相关指标与乡村空间转型指数进行相关分析。分析结果表明,乡村空间转型指数与 GDP 水平在 0.01 的显著水平下呈负相关,相关系数为 -0.863,可进一步证实,基于土地利用转型的乡村空间转型指数可以在一定程度上反映乡村经济发展水平,可利用乡村空间转型指数来揭示乡村发展的内部差异。

2. 社会因素

我们可以从镇域的区位条件、基础设施的完善程度、城镇化水平和教育普及程度等多个方面来认识社会发展程度。本章研究采用了社会因素中的离镇政府中心的距离、道路完善程度、城镇化水平和教育普及程度来反映乡村空间转型指数与社会因素的关系,结果表明,乡村空间转型指数与离镇政府中心距离、道路完善程度、城镇化水平和教育普及程度在 0.01 的显著性水平上呈负相关,相关系数分别为 -0.648、-0.562、-0.697、-0.701。因此,区位条件越好,道路面积越大,城镇化水平越高,教育普及程度越高,乡村空间转型指数则越低。

3. 自然因素

本章研究设计的乡村空间转型指数与土地利用类型和土地利用方式密切相关,而自然因素的差异会直接影响土地利用的方式。自然因素包括地形、土壤、气候和水文等要素。历下区与商河县地形差异较大:商河县属于华北冲积平原,境内无高山和丘陵,地势平缓;历下区南高北低,平均海拔 102 米。因此我们利用历下区各镇域的平均高程值与其乡村空间转型指数进行分析,结果表明,历下区各镇域的平均高程值与 2015 年的乡村空间转型指数在 0.05 的水平下显著相关,相关系数为 0.675。这说明历下区的乡村空间转型指数受海拔高度的影响显著,其中平均高程值最低的是东关街道,而龙洞街道的平均高程值最高,相应的乡村空间转型指数也最高。由此可见，在地形变化较大的地区，镇域的发展水平容易受到高程差异的影响，海拔较高的地方乡村空间转型指数也较高，乡村发展水平也相对落后。

综上，本章研究分析了乡村空间转型指数与自然、经济和社会因素的关系，结果表明：乡村空间转型指数与地理高程、GDP 水平、离镇政府中心距离、道路建设水平、城市化水平和教育普及程度之间存在显著的相关关系，基于土地利用转型的乡村空间转型评价指标能较好地反映乡村发展特性。在自然、经济、社会条件较好的地区，乡村发展速度较快，乡村空间转型指数较低，乡村特色也在不断减少。

第9章 面向时代转型的城镇化高质量发展路径

根据以往的研究实践成果,城镇化主要围绕"产、地、人"展开。随着时代发展内涵的变迁,可持续发展理念、新型城镇化的以人为本的内核、生态文明建设的迫切需求,共同决定了高质量发展构想的推出,其核心在于"人尽其材""地尽其用",筑牢生态底线,确保经济持续增长和社会不断进步。面对践行新理念、解决新问题时代发展需求,高质量的城镇化发展路径为从顶层设计层面把控好城镇化发展全局打下基础。

9.1 推进措施

在推进城镇化高质量发展的过程中,诸位学者从多方面阐述了一系列可行方法,大致可分为以下几个方面。

第一,制度层面的推进措施。国务院发展研究中心和世界银行联合课题组李伟等人(2014)提出构建新型城镇化模式的六大优先领域:一是改革土地管理制度;二是改革户籍制度,实现基本公共服务均等化,促进具备技能的劳动者自由流动。赵振宇和丁晓斐(2016)提出,"以人为核心"新型城镇化应着重建立户籍制度,教育、医疗保障制度以及财政、税收、信贷制度,建设具有多方协同配合、系统化的政策体系。李红燕和邓水兰(2017)提出了不断改进和完善农村用地制度及市镇建设体制的建议。赵颖文和吕火明(2015)提出进一步深化土地产权制度改革,合理规划配置农村土地资源,探索建立统一开放、竞争有序的城乡一体化土地市场,有效盘活农村存量建设用地,缓解城镇建设用地扩张对农用地的压力。

第二，社会层面的推进措施。胡倩和常毓婵（2016）提出社会质量视域下新型城镇化的四项重点任务：强化社会经济保障，努力破解保障缺失难题；提升社会凝聚力，努力破解规范、价值缺失难题；加强社会融合，努力破解社会排斥难题；增强社会赋权，努力破解社会参与缺失难题。国务院发展研究中心和世界银行联合课题组李伟等人（2014）提出实现基本公共服务均等化，促进具备技能的劳动者自由流动。张友良（2012）提出实现"两条腿"走路，实现农村工业化与城镇化适度同步发展，按照城乡一体化推进新型城镇化建设，按照公平原则全面推进城乡一体化。杨春志和董晓峰（2016）提出"完善功能、均衡共享"。许青云（2014）提出推动城镇基本公共服务向常住人口全覆盖。唐献玲（2015）提出加强底层推进与顶层设计联动改革，为市民化进程提供系统支持。江波（2017）提出梯度赋权，逐步实现基本公共服务全覆盖。

第三，以提升人的素质为导向的推进措施。赵振宇和丁晓斐（2016）、江波（2017）都提出城镇化要以人为核心，并且江波（2017）提出了以人为核心的城镇化的具体措施：构建政府文化支持系统，舆论引导，营造多元包容的文化氛围，提升素养，构建技能与文化培训体系；构筑社区文化支持系统，开展社区心理咨询与服务，建设"互联网+"学习型社区，进行社区文化建设；塑造组织文化支持系统，实施员工心理援助计划（EAP），提升心理资本，建设"新型工会"，保障合法权益，培育NGO组织，实现社会效益最大化；建立个体内部支持系统，构建开放性的社交网络，实行角色转变与身份认同，加强自主学习，提升竞争力，进行及时的自我心理调适。唐献玲（2015）提出：以核心价值观培育和践行为新契机，提升新生代农民伦理道德素养；加强法治建设，提高新生代农民工市民化的法治保障与用法能力；加强职业教育与基础教育，提高新生代农民及其子女的技能。这一系列措施也是旨在提升人的优秀素质。陈辉（2011）提出加快解决农民工就业问题，积极调整产业机构，大力发展第三产业，开辟更多的就业岗位，在推进城镇化的道路上难免会有大批人口遇到就业难问题，解决了人口与就业问题才能推进城镇化平稳进行。张许颖和黄匡时（2014）提出，以人为核心的城镇化要以人的就业为关键，要创造就业岗位，鼓励农民进城或农村创业，营造良好的创业环境，探索村改企经营模式，推动就地城镇化。

第四，以金融业为导向的推进措施。张超和张晖（2014）提出：金融业对新型城镇化建设具有导向作用，金融业作为国民经济的重要的命脉，联系着国家的各个行业，是国家宏观调控政策实施的重要渠道，国家应通过不同的金融政策对资金进行合理的引导，将资金引入新兴产业和高效集约的行业中去，对于落后的产业通过金融手段给予一定的限制，进而实现节约集约、生态宜居、和谐发展的目标。同时，他们认为，加大金融领域的开放，鼓励各种形式的资金进入金融部门，有助于资本合理的流动，改善资金紧张的状况，有利于引导资金进入政府侧重发展的部门和地区。商业银行、投资银行、政策性银行以及保险、信托、证券等多种形式的金融行业的开放和发展，可以激发经济的活力，解决城镇化建设的资金问题。

第五，以抓规划为导向的推进措施。李光全（2013）提出健康城镇化的发展应以人口城镇化、土地城镇化、经济城镇化、社会城镇化的"四化协调"为健康城镇化推进的主要抓手，以人的需求为根本出发点，形成以城市圈引领发展、整合大中小城市布局以及美丽城市与美丽乡村融合协调发展的合理的城镇体系。他提出了以下战略举措：一是全域一体整合，推进发展提质扩容；二是产城联动互融，促进城市变性换壳；三是双创协调同进，加快城镇转制综改；四是生态文脉同承，实现人文宜居梦想。赵颖文和吕火明（2015）提出走绿色城镇化道路，促使城镇化与生态环境良性互动，同时发展节能环保产业等支持作用，引导和鼓励社会资本投入环保产业，逐渐降低产业发展对物质资源的依赖程度，重视资源占用与分配、环境污染方面的矛盾、冲突，走出一条生态环境保护与城乡经济建设共赢的可持续发展道路。王际宇、易丹辉和郭丽环（2015）提出我国各省市提升城镇化水平的建议：东部省份需要在环境治理、城市规划以及教育方面加强投入，从而使这些省份在发展经济的同时保持环境和人口的可持续发展能力；西部省份可以利用环境优势，吸引资金和优秀劳动力资源发展经济，地方政府应着力在社会治理和改善民生等方面加大投入力度，提升社会城镇化水平；中部省份借鉴东部经济发展优势和西部环境城镇化建设经验，利用中部省份交通、人力资本、环境等相对优势提升城镇化水平。

9.2 现实路径

城镇化高质量发展是在时代背景下对发展模式的思考，为实现目标驱动下的有效行动，需要社会各界把握城镇化进程中的核心要务，通过目标叠合、用地混合和诉求弥合共同促进城镇化的纵深发展。

1. 目标叠合

城镇化牵涉的领域广泛，任何举措都需要多方面的协作与配合，也面临不同利益主张的博弈，尤其在现阶段资源有限的条件下，既有经济、社会、自然综合效益实现的问题，也有不同行政层级下的整体与局部利益处理。立足以人为本的城镇化内核，高质量的发展可以从感知社区居民发展需求出发，寻求各方利益主张下的平衡，并以共建共享理念寻求具体行动的趋同，增强城镇化规划的科学性、法律性和可执行性，强调更广泛的社会效益和开放性参与机制，包括引入民间资本进行基础设施建设，鼓励创新活动增强经济活力和就业支撑，利用市场手段调控不动产投资，农村集体建设用地使用权与股权置换等等，建立多元化合作机制，目标协同，找寻更多发展机会，实现需求导向下的城镇化"供给侧"改革。

2. 用地混合

高质量的城镇化是建立在土地集约利用基础上的，在合理确立"三生"空间的前提下，通过土地混合使用实现收益的多元化和功能复合，是对人地关系中资源环境约束的积极响应，也是高质量发展下的高效开发的见微知用。在当前严控增量盘活存量的用地政策背景下，填充和更新是城镇土地使用和功能布局优化的主要方式，应积极开展存量土地回收储备程序、原有产权人补偿标准、土地增值收益分配比例等方面的研究，分别从政府和企业视角对用地规模与投资意愿进行综合评估，出台相关奖励措施，同时结合生态文明理念和城市快速交通体系的建设，用更多的智慧化解城镇化发展中存在的痼疾。

3. 诉求弥合

城镇往往具有综合性的经济社会网络和联动的功能，资本、社会精英以及新的产业功能放大了城镇化的分散与再集中效应，多年来的"造城运动"带来了房地产业的繁盛，也使居民个人财富和居住环境发生变化，比如老城区遗留的棚户区居民、新城区拆迁改造的原城中村居民以及面对较高的生活成本（收入与房价）难以留在当地的流动人口，分别代表城镇常住人口中的三类人群：老市民、新市民与潜在市民。弥合这三种人群的发展诉求，预防社会财富占有两极分化现象和社会隔阂的出现，需要通过城镇化高质量发展加以解决。应注重运用现代城市管理方式考虑居民身份、知识水平和社会关系，通过改变场所和创造新的合作空间来促进不同群体之间的交融，最大限度地发挥集聚优势，推动更广泛的社会参与与合作。

参 考 文 献

[1] Batty, M. (2013). Complexity and Planning: Systems, Assemblages and Simulations. *Journal of Regional Science*, Vol. 53, No. 4, 2013, pp. 724 – 727.

[2] Becker CL, *The heavenly city of the eighteenth-century philosophers*. Yale University Press, 2003.

[3] Brander, L. M. & Koetse, M. J., The value of urban open space: Meta-analyses of contingent valuation and hedonic pricing results. *Journal of Environmental Management*, Vol. 92, No. 3, 2011, pp. 2763 – 2773.

[4] C. Li, K. Wu & J. Wu, Urban land use change and its socio-economic driving forces in China: a case study in Beijing, Tianjin and Hebeiregion. *Environment, Development and Sustainability*, Vol. 20, No. 3, 2018, pp. 1405 – 1419.

[5] C. Li, K. Wu & X. Gao, Manufacturing industry agglomeration and spatial clustering: Evidence from Hebei Province, China. *Environment, Development and Sustainability*, Vol. 22, No. 4, 2020, pp. 2941 – 2965.

[6] C. Li, X. Gao, B. He, J. Wu and K. Wu, Coupling Coordination Relationships between Urban-industrial Land Use Efficiency and Accessibility of Highway Networks: Evidence from Beijing – Tianjin – Hebei Urban Agglomeration, China. *Sustainability*, Vol. 11, 2019, Article ID1446.

[7] C. Li, X. Gao, J. Wu and K. Wu, Demand prediction and regulation zoning of urban-industrial land: Evidence from Beijing – Tianjin – Hebei Urban Agglomeration, China. *Environmental Monitoring and Assessment*, Vol. 191, No. 7, 2019, pp. 412.

[8] C. Weinert, R. J. Boik, MSU rurality index: development and evaluation. *Research in Nursing & Health*, Vol. 18, 1995, pp. 453 – 464.

[9] M. Chen, C. Ye, Y. Zhou, Comments on Mulligan's "Revisiting the urbanization curve". *Cities*. Vol. 41, No. 7, 2014, pp. 54 – 56.

[10] Christopher A De Sousa. Brownfield redevelopment in Toronto: an examination of past trends and future prospects. *Land Use Policy*, No. 19, 2002, pp. 297 – 309.

[11] D. Jensen, T. D. Baird and G. Blank, New landscapes of conflict: land-use competition at the urban-rural fringe. *Landscape Research*, Vol. 44, No. 4, 2019, pp. 418 – 429.

[12] D. Tang, H. Liu, E. Song and S. Chang, Urban expansion simulation from the perspective of land acquisition-based on bargaining model and ant colony optimization. *Computers, Environment and Urban Systems*, Vol. 82, 2020, Article ID101504.

[13] T Daniels, Smartgrowth: A new American approach to regional planning. *Planning practice and research*, Vol. 16, No. 8, 2001, pp. 271 – 279.

[14] M Degen, MGarcía, The transformation of the "Barcelona model": an analysis of culture, urban regeneration and governance. *International journal of urban and regional research*, Vol. 36, No. 5, 2012, pp. 1022 – 1038.

[15] Fitchen J M. *Endangeredspaces, enduringplaces: change, identity, and survival in rural America*. Westview Press, 1991.

[16] G. D. Luca & P. G. Sekeris, Land inequality and conflict intensity. *Public Choice*, Vol. 150, 2012, pp. 119 – 135.

[17] G. Qin, P. Zhang, X. Hou, S. Wu and Y. Wang, Risk assessment for oil leakage under the common threat of multiple natural hazards. *Environmental Science and Pollution Research*, Vol. 27, 2020, pp. 16507 – 16520.

[18] H. Long & Y. Qu, Land use transitions and land management: A mutual feedback perspective. *Land Use Policy*, Vol. 74, 2018, pp. 111 – 120.

[19] Handy S L, Boarnet M G, Ewing R, Killingsworth R E, How the built environment affects physical activity: views from urban planning.

American journal of preventive medicine, Vol. 23, No. 2, 2002, pp. 64 – 73.

[20] Harnik P, *Urban Green: Innovative Parks for Resurgent Cities*. Washington, D. C.: Island Press, 2010.

[21] Harvey D, From managerialism to entrepreneurialism: the transformation in urban governance in late capitalism. *Geografiska Annaler: Series B, Human Geography*, Vol. 7, No. 1, 1989, pp. 3 – 17.

[22] I. J. Kathrine, Land-use conflicts between reindeer husbandry and mineral extraction in Finnmark, Norway: contested rationalities and the politics of belonging. *Polar Geography*, Vol. 39, No. 1, 2016, pp. 58 – 79.

[23] J. D. Evans, J. B. Kirkpatrick and K. L. Bridle, A Reciprocal Triangulation Process For Identifying And Mapping Potential Land Use Conflict. *Environmental Management*, Vol. 62, 2018, pp. 777 – 791.

[24] J. Han, W. Ge, Z. Hei, C. Cong, C. Ma, M. Xie, B. Liu, W. Feng, F. Wang and J. Jiao, Agricultural land use and management weaken the soil erosion induced by extreme rainstorms. *Agriculture, Ecosystems & Environment*, Vol. 301, 2020, Article ID107047.

[25] J. Yang, A. Guo, Y. Li, Y. Zhang and X. Li, Simulation of landscape spatial layout evolution in rural-urban fringe areas: a case study of Ganjingzi district. *Giscience & Remote Sensing*, Vol. 56, 2019, pp. 388 – 405.

[26] J. Yang, J. Su, F. Chen, P. Xie and Q. Ge, A local land use competition cellular automata model and its application. *International Journal of Geo Information*, Vol. 5, No. 7, 2016, pp. 74 – 86.

[27] J. Yang, J. Su, J. Xia, C. Jin, X. Li, and Q. Ge, The impact of spatial form of urban architecture on the urban thermal environment: a case study of the Zhongshan District, Dalian, China. *Ieee Journal of Selected Topics in Applied Earth Observations and Remote Sensing*, Vol. 11, No. 8, 2018, pp. 2709 – 2716.

[28] J. Yang, W. Liu, Y. Li, X. Li and Q. Ge, Simulating intraurban land use dynamics under multiple scenarios based on fuzzy cellular automata: a case study of jinzhou district, dalian. *Complexity*, No. 4, 2018, pp. 1 – 17.

[29] J. R. Blunde, W. T. R. Pryce and P. Dreyer, The classification

of rural areas in the European context: an exploration of a typology using neural network applications. *Regional Studies*, Vol. 32, No. 2, 1998, pp. 149 – 160.

［30］K. Chen, H. Long, L. Liao, S. Tu and T. Li, Land use transitions and urban-rural integrated development: Theoretical framework and China's evidence. *Land Use Policy*, Vol. 92, 2020, Article ID104465.

［31］L Ma, HLong, STu, Y Zhang and Y Zheng, Farmland transition in China and its policy implications. *Land Use Policy*, Vol. 92, 2020, Article ID104470.

［32］L. G. Hart, E. H. Larson and D. M. Lishner, Rural definitions for health policy and research. *American Journal of Public Health*, Vol. 95, No. 7, 2005, pp. 1149 – 1155.

［33］James A. LaGro, *Site Analysis: Informing Context – Sensitive and Sustainable Site Planning and Design*, 3rd ed. Hoboken, NJ: Wiley & Sons, 2013, pp. 365.

［34］M. Sabir, A. Torre and H. Magsi, Land-use conflict and socio-economic impacts of infrastructure projects: the case of Diamer Bhasha Dam in Pakistan. *Area Development and Policy*, Vol. 2, No. 1, 2017, pp. 40 – 54.

［35］M. Xia, Y. Zhang, Z. Zhang, J. Liu, W. Ou and W. Zou, Modeling agricultural land use change in a rapid urbanizing town: Linking the decisions of government, peasant households and enterprises. *Land Use Policy*, Vol. 90, 2020, Article ID104266.

［36］Michael A. Pagano, A. O. Bowman. Vacant Land in Cities: An Urban Resourse. *The Brookings Instiution*, *Survey Series*, No. 11, 2000, pp. 1 – 9.

［37］Moliner O, Sales A, Sanahuja A, Social Mapping in the Context of a Community-build Day: Strategy to Strengthen Links with Community in a Small Rural School. *Procedia – Social and Behavioral Sciences*, Vol. 21, No. 2, 2017, pp. 237 – 305.

［38］Morris. H, Brownfield Target Met for Sixth Year. *Planning*, Vol. 6, No. 6, 2003, pp. 5.

［39］P. Cloke, and G. Edwards, Rurality in England and Wales 1981: a replication of the 1971 index. *Regional Studies*, Vol. 20, 1986, pp. 289 – 306.

[40] P. Cloke, An index of rurality for England and Wales. *Regional Studies*, Vol. 11, 1977, pp. 31 – 46.

[41] P. Li, S. Liu and L. Sun, Spatial-temporal changes of rurality driven by urbanization and industrialization: A case study of the Three Gorges Reservoir Area in Chongqing, China. *Habitat International*, Vol. 51, 2016, pp. 124 – 132.

[42] R. Froese and J. Schilling, The Nexus of Climate Change, Land-Use, and Conflicts. *Current Climate Change Reports*, Vol. 5, 2019, pp. 24 – 35.

[43] Rapoport A. *Human aspects of urban form: towards a man-environment approach to urban form and design.* Elsevier, 2016.

[44] S. Olatunde, E. R. Leduc and J. Berkowitz, Different practice patterns of rural and urban general practitioners are predicted by the general practice ruralityindex. *Canadian Journal of Rural Medicine*, Vol. 12, No. 2, 2007, pp. 73 – 80.

[45] S. R. Henderson, Managing land-use conflict around urban centres: Australian poultry farmer attitudes towards relocation. *Applied Geography*, Vol. 25, No. 2, 2005, pp. 97 – 119.

[46] Smith N, Newglobalism, new urbanism: gentrification as global urban strategy. *Antipode*. Vol. 34, No. 3, 2002, pp. 427 – 450.

[47] T. Fitzgerald, Y. Kuwayama, S. Olmstead and A. Thompson, Dynamic impacts of U. S. energy development on agricultural land use. *Energy Policy*, Vol. 137, 2020, Article ID111163.

[48] T. Liu, D. Huang, X. Tan and F. Kong, Planning consistency and implementation in urbanizing China: Comparing urban and land use plans in suburban Beijing. *Land Use Policy*, Vol. 94, 2020, Article ID104498.

[49] Tzu – Chin Lin, Land assemble in a fragmented land market through land readjustment. *Land Use Policy*, No. 22, 2005, pp. 95 – 102.

[50] ULI and PwC, Emerging Trends in Real Estate – US and Canada The outlook for 2019. Released at the ULI Fall Meeting in Boston, 2019.

(https://urbanland.uli.org/capital-markets/talent-economic-diversity-connect-top-markets-for-investment-development-emerging-trends-in-real-estate-2019/).

[51] Unesco. et al. Health: a key to prosperity: success stories in developing countries. Geneva: World Health Organization, 2000. http://www.who.int/iris/handle/10665/66616.

[52] US EPA, 1997, Brownfilds Definition. US EPA Brownfields Homepage: http://www.epa.gov/swerosps/bf/glossary.html.

[53] V. Harrington and D. O'Donoghue, Rurality in England and Wales 1991: a replication and extension of the 1981 ruralityindex. *Sociologia Ruralis*, Vol. 38, 1998, pp. 178-203.

[54] Vanheusden, B. Brownfield Redevelopment in the European Union. *Boston College Environmental Affairs Law Review*, Vol. 34, No. 3, 2007, pp. 559-575.

[55] Waldo D, *The administrative state: A study of the political theory of American public administration*. Routledge, 2017.

[56] Y. Liu, R. Yang, H. Long, J. Gao and J. Wang, Implications of land-use change in rural China: A case study of Yucheng, Shandongprovince. *Land Use Policy*, Vol. 40, 2014, pp. 111-118.

[57] Y. Qu and H. Long, The economic and environmental effects of land use transitions under rapid urbanization and the implications for land use management. *Habitat International*, Vol. 82, 2018, pp. 113-121.

[58] Y. Wu, E. C. M. Hui, P. Zhao and H. Long, Land use policy for urbanization in China. *Habitat International*, Vol. 77, 2018, pp. 40-42.

[59] Yang Z, Li C and Fang Y, Driving Factors of the Industrial Land Transfer Price Based on a Geographically Weighted Regression Model: Evidence from a Rural Land System Reform Pilot in China. *Land*, Vol. 9, No. 1, 2020, pp. 1-21.

[60] Yang Z, Li C, Spatial and Temporal Characteristics of Rurality in Urban Suburb Town and Its Driving Factors Based on Land Use Transformation. *Complexity*, vol. 9, 2020, pp. 1-10.

[61] Yang Z, Shen. N, Li C, Key factors of the williness of rural

populations settling in cities（RPSC）from a Lacanian Psychoanalysis theory perspective，*PLOS ONE*，Vol. 15，2020，pp. 1 – 16.

[62] Zhang T, Urban development and a socialist pro-growth coalition in Shanghai. *Urban affairs review*，Vol. 37，No. 4，2002，pp. 475 – 499.

[63] 蔡云辉：《城乡关系与近代中国的城市化问题》，载于《西南师范大学学报（人文社会科学版）》2003 年第 5 期。

[64] 陈来复：《清"闲"加速——深圳市清理处置闲置土地述略》，载于《中国土地》2007 年第 6 期。

[65] 陈美球、吴次芳：《我国小城镇土地利用问题剖析及其对策探讨》，载于《中国农村经济》2002 年第 4 期。

[66] 陈其林：《商品社会价值决定的三个历史层次》，载于《中国经济问题》1986 年第 3 期。

[67] 储根荣：《统筹发展 内涵挖潜 全面推进土地节约和集约利用》，载于《浙江国土资源》2005 年第 7 期。

[68] 崔怡静：《经济发达地区闲置工业用地成因研究》，南京农业大学，2013。

[69] 单卓然、黄亚平：《"新型城市化"概念内涵、目标内容、规划策略及认知误区解析》，载于《城市规划学刊》2013 年第 2 期。

[70] 邓世文：《关于闲置土地若干问题的思考》，载于《国土经济》1999 年第 2 期。

[71] 丁江辉：《中日城市化高质量发展比较研究——基于两国 1985—2014 年的实证分析》，载于《江西社会科学》2018 年第 5 期。

[72] 栋隆：《城市区域闲置土地资源的管理》，载于《世界环境》2005 年第 1 期。

[73] 方创琳：《中国新型城镇化高质量发展的规律性与重点方向》，载于《地理研究》2019 年第 1 期。

[74] 冯洪山、严政、陈建杰：《答卷——浙江省 2007 年建设用地集约利用评价报告》，载于《中国土地》2008 年第 6 期。

[75] 冯淑华、沙润：《乡村旅游的乡村性测评模型——以江西婺源为例》，载于《地理研究》2007 年第 3 期。

[76] 冯艳芬、梁中雅、王芳：《基于土地利用角度的镇域乡村性时空变化研究——以广州市番禺区和从化区为例》，载于《地理科学》

2018年第9期。

［77］高秋华、李梅、张渝庆：《城市存量土地产生的原因及对策》，载于《东北测绘》1998年第2期。

［78］韩冬、乔家君、马玉玲：《基于空间界面视角的新时期乡村性空间分异机理——以河南省巩义市为例》，载于《地理科学进展》2018年第5期。

［79］韩鑫婷：《江西省城镇化发展质量研究》，江西财经大学硕士学位论文，2016。

［80］何书金、苏光全：《开发区闲置土地成因机制及类型划分》，载于《资源科学》2001年第5期。

［81］胡文敏、段建南、楚艺江：《定量化先导区闲置土地评价》，载于《农业网络信息》2010年第11期。

［82］胡祖才：《深入贯彻习近平新时代中国特色社会主义思想 推动新型城镇化高质量发展》，载于《宏观经济管理》2018年第6期。

［83］济南市统计局：《济南市2009年统计年鉴》，中国统计出版社2009年版。

［84］济南市统计局：《济南市2015年统计年鉴》，中国统计出版社2015年版。

［85］贾若祥：《中国城镇化发展40年：从高速度到高质量》，载于《中国发展观察》2018年第24期。

［86］金碚：《关于"高质量发展"的经济学研究》，载于《中国工业经济》2018年第5期。

［87］雷爱先、刘维新：《论解决我国闲置土地问题的财税对策》，载于《中国土地科学》1999年第1期。

［88］李成友、刘安然、袁洛琪、康传坤：《养老依赖、非农就业与中老年农户耕地租出——基于CHARLS三期面板数据分析》，载于《中国软科学》2020年第7期。

［89］李发志、朱高立、侯大伟等：《江苏城镇化发展质量时空差异分析及新型城镇化发展分类导引》，载于《长江流域资源与环境》2017年第11期。

［90］李建新、武小平：《关于闲置土地处理和利用的若干意见和建议》，载于《中外房地产导报》1998年第19期。

[91] 李强、杨开忠：《西方城市土地利用规制方法研究综述》，载于《外国经济与管理》2004年第4期。

[92] 李彤彤：《昆明市闲置土地成因研究》，云南财经大学硕士学位论文，2008。

[93] 李小平、丁晓：《北京市划拨土地闲置成因初探》，载于《北京房地产》2001年第3期。

[94] 李珍贵、张志宏：《二十二年清"闲"政策之演变》，载于《中国土地》2008年第5期。

[95] 梁振民：《新型城镇化背景下的东北地区城镇化质量评价研究》，东北师范大学博士学位论文，2014。

[96] 林依标：《闲置土地的界定与处置》，载于《中国土地》2003年第9期。

[97] 刘高见：《长沙市闲置土地利用研究》，湖南农业大学硕士学位论文，2009。

[98] 刘晓涛、袁强：《对徐汇区闲置土地的分析与思考》，载于《上海土地》2004年第4期。

[99] 刘彦随：《中国新乡村建设地理论》，科学出版社2011年版。

[100] 龙花楼、刘彦随、邹健：《中国东部沿海地区乡村发展类型及其乡村性评价》，载于《地理学报》2009年第4期。

[101] 龙花楼、屠爽爽：《论乡村重构》，载于《地理学报》2017年第4期。

[102] 楼江、邓浩强：《城市闲置土地市场化配置的博弈分析》，载于《同济大学学报》2007年第1期。

[103] 卢新海、黄善林：《房地产宏观调控的有效措施：盘活城市闲置土地》，载于《中国房地产》2007年第3期。

[104] 罗昌荣：《海口市积压房地产处置构架和相关政策分析》，重庆大学，2006。

[105] 罗娟：《发展临时绿地——城市闲置土地的一种应对之策》，载于《中国林业产业》2005年第5期。

[106] 马黎勇：《基于主成分和聚类分析的陕西省各市城镇化发展质量评价》，载于《太原城市职业技术学院学报》2015年第7期。

[107] 马强、徐循初：《"精明增长"策略与我国的城市空间扩

展》，载于《城市规划学刊》2004年第3期。

［108］马土彦、姚格、陈燕玲：《黄陂区处理闲置土地工作调查》，载于《学习与实践》2005年第10期。

［109］孟欢欢等：《安徽省乡村发展类型及乡村性空间分异研究》，载于《经济地理》2013年第4期。

［110］缪军：《广州市闲置土地的利用研究——兼论城市土地供求平衡的关系》，载于《南方建筑》2002年第3期。

［111］聂晓英等：《西北干旱区乡村性评价及驱动机制研究——以甘肃武威为例》，载于《地理科学》2017年第4期。

［112］任国平等：《基于生活质量的大都市郊区乡村性评价及空间自相关类型划分》，载于《农业工程学报》2019年第7期。

［113］石平华：《对解决城市闲置土地问题的思考》，载于《扬州职业大学学报》2000年第3期。

［114］孙永正：《论商品房闲置的制度原因》，载于《合肥联合大学学报》2000年第1期。

［115］孙玉、程叶青、张平宇：《东北地区乡村性评价及时空分异》，载于《地理研究》2015年第10期。

［116］汪增洋、张学良：《后工业化时期中国小城镇高质量发展的路径选择》，载于《中国工业经济》2019年第1期。

［117］王剑锋：《山东半岛城市群城镇化发展质量测度研究》，载于《重庆交通大学学报（社会科学版）》2014年第3期。

［118］王克修：《城镇化高质量发展要实现新旧动能转换》，载于《经济日报》2019年9月8日。

［119］王书明、郭起剑：《江苏城镇化发展质量评价研究》，载于《生态经济》2018年第3期。

［120］王伟同：《城市化进程与社会福利水平——关于中国城市化道路的认知与反思》，载于《经济社会体制比较》2011年第3期。

［121］王耀、何泽军、安琪：《县域城镇化高质量发展的制约与突破》，载于《中州学刊》2018年第8期。

［122］王志平：《"人类发展指数"（HDI）：含义、方法及改进》，载于《上海行政学院学报》2007年第5期。

［123］王祖山、张欢欢：《我国城镇化发展质量评价体系的构建与

测度》，载于《统计与决策》2015年第12期。

[124] 魏后凯、苏红键：《中国农业转移人口市民化进程研究》，载于《中国人口科学》2013年第5期。

[125] 吴开松、张雄：《民族八省区城镇化发展质量研究》，载于《中国人口资源与环境》2016年第6期。

[126] 吴迅：《推行〈换地权益书〉盘活存量土地资源——试议处置上海闲置土地的一种有益思路》，载于《中国房地产》2002年第6期。

[127] 徐静：《扬州市新型城镇化发展质量双态评价》，载于《北京城市学院学报》2017年第6期。

[128] 闫宇飞：《新型城镇化发展质量监测评价指标体系构建及实证研究》，载于《福建质量管理》2017年第12期。

[129] 杨增凡：《推动城镇化高质量发展的策略研究》，载于《中州学刊》2018年第8期。

[130] 姚建忠、王云松、石玉丹：《土地闲置问题与土地的可持续利用》，载于《华南热带农业大学学报》1999年第2期。

[131] 叶晓敏：《城市闲置土地的分布特征与形成机理研究——以杭州市主城区为例》，浙江大学硕士学位论文，2009。

[132] 宜东平：《太原市社会经济发展与土地利用研究》，中国林业科学研究院，2005。

[133] 袁淑君：《长沙市闲置土地认定评价及潜力评价研究》，湖南农业大学，2009。

[134] 张素琴、严政：《完善处置政策创新退地机制——有关闲置土地处置的思考》，载于《浙江国土资源》2004年第11期。

[135] 张小林、范琳芸、吴岚：《金其铭对江苏乡村聚落地理的研究》，载于《乡村规划建设》2015年第3期。

[136] 张小林：《乡村概念辨析》，载于《地理学报》1998年第4期。

[137] 张雪玲、叶露迪：《长三角地区新型城镇化发展质量研究——"创新驱动"视角下的定量分析》，载于《杭州电子科技大学学报：社会科学版》2016年第12期。

[138] 张引、杨庆媛、李闯等：《重庆市新型城镇化发展质量评价与比较分析》，载于《经济地理》2015年第7期。

［139］张占斌：《新型城市化的战略意义和改革难题》，载于《国家行政学院学报》2013年第1期。

［140］张志强、程国栋、徐中民：《可持续发展评估指标、方法及应用研究》，载于《冰川冻土》2002年第4期。

［141］赵蓬璐、孙弘：《论城区工业用地再开发》，载于《当代经理人》2000年第S2期。

［142］赵小风、黄贤金、马文君、张兴榆：《闲置土地的认定思路及处置建议》，载于《中国土地科学》2011年第9期。

［143］中国现代化报告课题组：《中国现代化报告（2007）》，北京大学出版社2007年版。

［144］周剑云、鲍梓婷、戚冬瑾：《"新型城市化"的话语分析》，载于《城市规划》2018年第6期。

［145］周子英：《闲置土地问题的博弈分析》，载于《怀化学院学报》2001年第2期。

［146］朱林兴：《强化处置闲置地》，载于《上海市经济管理干部学院学报》2006年第6期。

后　　记

　　日月如梭，如白驹过隙。自余之所著《城乡融合视野下的城镇化发展研究》出版以来，余继续躬耕于城镇化领域，建言立说，以期不虚度时光，不费箪食瓢饮。

　　前人思想之光灿若星辰，奠定了高质量城镇化发展的顶层设计，为本书的撰写打下了坚实基础。日往月来，时移世易，面对时代发展新需求以及地方发展实践不断涌现出的新问题，高质量城镇化发展方略成为当前破局的关键，是经济发展阶段演进的结果，是人口素质提高、科技实力增强的彰显，也是"人"本主义和资源环境约束的体现。高质量发展将是未来城镇化发展道路上不断追求的目标，聚焦于高质量城镇化发展的实践问题破解，今人若无裨益之言，则深觉惶惶不安，故作此书以抛砖引玉。常恨己之无资，不得尽达，但有昏言乱语，望诸君不吝赐教。

　　感谢师友对我的帮助，感念家人对我的支持，在本书成稿之际，一并致意。

杨志恒
2020年孟秋
于馨苑居